广东省高校人文社科重点基地广州大学广州发展研究院、广州市首批新型智库建设试点单位、广东省教育厅"广州城市综合发展决策咨询创新团队"研究成果

丛书主持　涂成林

中国广州国有资产监督管理报告（2019）

ANNUAL REPORT ON STATE-OWNED ASSETS SUPERVISION AND MANAGERIAL OF GUANGZHOU IN CHINA

(2019)

主　编／陈浩钿
副主编／陈江正　涂成林

社会科学文献出版社
SOCIAL SCIENCES ACADEMIC PRESS（CHINA）

主要编撰者简介

陈浩钿　现任广州市人民政府国有资产监督管理委员会党委书记、主任，1981 年起先后在广州大学、广东省委党校、中山大学接受历史学本科、经济学研究生和工商管理硕士教育，1988 年获经济师职称。1985 年后一直在广州市政府工作，先后任广州市发改委副主任，广州市统计局局长、党组书记，2017 年任现职。主要从事城市战略规划、宏观经济管理、投资项目管理和国资监督、国企改革等工作，主持多项广州市长期发展计划、综合经济政策、体制改革方案、国资国企改革创新发展政策等重大问题研究，并出版和发表经济分析、产业发展、社会发展等相关专著及论文。

陈江正　现任广州市人民政府国有资产监督管理委员会副巡视员，农学学士、哲学学士、工商管理硕士，高级经济师。先后在科研机构、国有企业、政府机构工作，曾牵头或参与一系列全市性或系统性政策文件、改革方案、综合报告、重要研究报告的起草，是"广州迈向国家中心城市的战略抉择"重大课题研究的主要策划者和组织者，主编《广州国资》信息刊物。

涂成林　现任广州大学二级研究员，博士生导师，广州市政协委员，广东省区域发展蓝皮书研究会会长，广州市政府第三、四届决策咨询专家。获国务院特殊津贴专家、国家"万人计划"领军人才、中宣部"文化名家暨四个一批"领军人才、广东省"特支计划"哲学社会科学领军人才、广州市杰出专家等称号。目前主要从事城市综合发展、文化科技政策、国家文化安全及马克思主义哲学等方面研究。在《中国社会科学》《哲学研究》《教育研究》等刊物上发表论文 100 余篇；主持和承担国家社科基金重大项目、一般项目、省市社科规划项目、省市政府委托项目 60 余项。获得教育部及省、市哲学社会科学奖项和人才奖项 20 余项，获多项"皮书奖"和"皮书报告奖"，2017 年获"皮书专业化 20 年致敬人物"。

摘　要

《中国广州国有资产监督管理报告（2019）》由广州大学、广东省区域发展蓝皮书研究会与广州市人民政府国有资产监督管理委员会联合主持编撰，面向全国公开出版发行。本书由总报告、创新发展篇、混合改革篇、转型升级篇、监督管理篇、社会责任篇和国企党建篇七部分组成，汇集了广州市国资委、国有企事业单位等深度调研后的最新研究成果，是关于广州2018年国有经济运行状况和相关专题分析与2019年预测的重要参考资料。

2018年，广州市属国有经济业绩总体稳中有进。其中，工业收入平稳增长，盈利承压，汽车制造业业绩压力明显；金融业扭转上年下滑趋势，业绩明显提升；商贸服务业规模平稳增长，但受经济环境影响，盈利能力下滑；房地产建筑业逆市快速增长，扩张创新成效显著；基建和公共服务业运营平稳，资产负债率进一步优化。分企业类型看，2018年，广州竞争性国企市场主体地位进一步凸显，准公益性企业国有净资产持续增加；直接监管企业运行状况良好，委托监管企业利润大幅增长。

2019年，广州市属国有经济将进一步全面夯实自主创新基础，坚持以上市公司为主体大力推动国企混合所有制改革，狠抓重大产业项目投资，积极培育壮大发展新动能，预计国有经济发展将取得新成效。

关键词： 广州　国有经济　国资监管　市属国企

目　录

Ⅰ　总报告

Ⅱ　创新发展篇

Ⅲ　混合改革篇

Ⅳ　转型升级篇

Ⅴ　监督管理篇

Ⅵ　社会责任篇

VII 国企党建篇

皮书数据库阅读**使用指南**

总 报 告

General Report

2018年广州国有经济运行情况
分析与2019年展望

广州市国资委经济运行分析课题组*

摘　要： 2018 年，广州市属国有经济业绩稳中有进，工业收入平稳
增长，金融业贷款规模和收益率明显提升，房地产建筑业
实现逆势快速增长。2019 年，广州市属国有经济将进一步
全面夯实自主创新基础，大力推动国企混合所有制改革，
积极培育壮大发展新动能，预计国有经济发展将取得新
成效。

关键词： 国有经济　市属国企　广州

＊ 课题组成员：陈浩钿，广州市国资委党委书记、主任；张道泉，广州市国资委党委委员、副
主任；陈江正，广州市国资委副巡视员；马文锐，广州市国资委财务监管与经济运行处主任
科员；吴坤友，广州市国资委综合调研处主任科员。

一　2018年广州市属国有经济运行情况分析

（一）整体运行情况分析

2018年，广州市属国有企业总体保持稳中有进的运行态势。全年实现营业收入7603.5亿元，同比增长8.5%；实现利润总额652.3亿元，同比增长4.7%；实现国有净利润204.6亿元，同比下降6.2%；上缴税费607.6亿元，同比下降2.9%。实现在地工业总产值3980.0亿元，同比增长4.9%。截至2018年末，市属国企资产总额33539.4亿元，同比增长12.7%；负债总额24614亿元，同比增长9.6%；国有净资产6470.6亿元，同比增长26.6%。期末资产负债率73.4%，同比下降2.1个百分点（见图1至图4）。

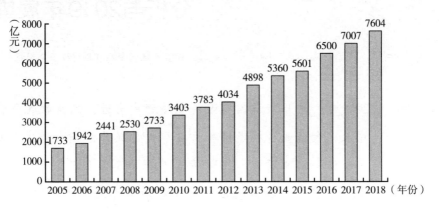

图1　2005～2018年市属国有企业营业收入

（二）分行业运行情况分析

从业绩增长的行业分布看，金融业、商贸服务业、房地产建筑业收入实现两位数快速增长，金融业对收入增长的贡献能力进一步提升，工业、基建和公共服务业增速放缓；金融业和房地产建筑业是利润增长的中坚力量（见图5）。

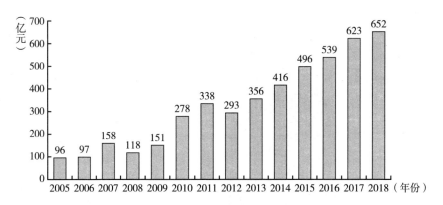

图2　2005~2018年市属国有企业利润总额

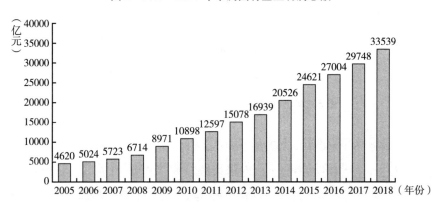

图3　2005~2018年市属国有企业资产总额

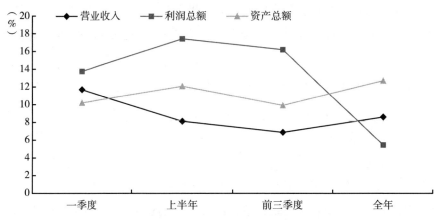

图4　2018年市属国有企业主要指标各季度累计增速

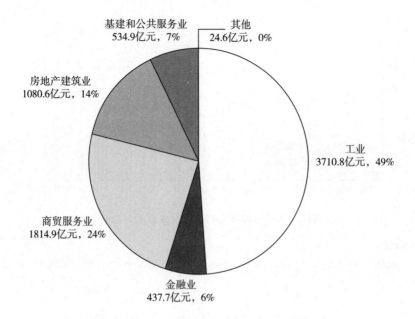

图5　2018年市属国有企业营业收入行业分布

1. 工业收入平稳增长，盈利承压，汽车制造业业绩压力明显

2018年，广州市属国有工业板块实现营业收入3710.8亿元，同比增长6.4%；实现利润274.9亿元，同比下降2.2%；年末资产总额1639.3亿元，同比增长1.4%。实现在地工业总产值3980亿元，同比增长4.9%。

汽车制造业业绩增长压力明显，对广州市属工业板块的影响较大：2018年，市属汽车制造业实现收入和利润分别为2699.2亿元和191.8亿元，同比增长8%和下降4.3%，占市属工业板块的比重分别为72.7%和69.8%。

2. 金融业扭转上年下滑趋势，业绩明显提升

2018年，广州市属国有金融业板块实现营业收入437.7亿元，同比增长27.7%；实现利润195.2亿元，同比增长23.1%。年末资产总额18692.9亿元，同比增长12.8%。其中，银行业实现收入和利润同比增长30%和17.8%，证券和资本市场服务业实现收入同比增长18%。

市属金融业板块特别是银行业，经过持续的业务优化和不良贷款清理，进一步减轻包袱，实现轻装上阵。2018年贷款规模和收益率明显增长。

3. 商贸服务业规模平稳增长，受经济环境影响，盈利能力下滑

2018年，广州市属国有商贸服务业板块实现营业收入1814.9亿元，同比增长11.1%；实现利润20.5亿元，同比下降34%。年末资产总额3006.6亿元，同比增长2.5%。在经济大环境压力下，商贸服务企业旗下部分投资项目出现减值，计提坏账导致投资收益下滑。

4. 房地产建筑业逆市快速增长，扩张创新成效显著

2018年，广州市属国有房地产建筑业板块实现营业收入1080.6亿元，同比增长11.2%；实现利润83.7亿元，同比增长15.8%。年末资产总额4075.6亿元，同比增长26.4%。

在国家持续高压调控环境下，广州市属房地产建筑业企业不断创新商业模式，加大市场营销力度，经营业绩逆市增长，建筑集团实现收入同比增长24.6%，利润同比增长68.8%；珠实集团实现利润同比增长27.3%；越秀地产实现利润同比增长16.7%。

5. 基建和公共服务业运营平稳，资产负债率进一步优化

2018年，广州市属国有基建和公共服务业板块实现营业收入534.9亿元，同比下降1.8%；实现利润72.3亿元，同比下降1.1%。年末资产总额5976亿元，同比增长13.6%。年末资产负债率36.3%，同比减少6.7个百分点，资产负债率明显优化。

（三）分企业类型运行情况分析

1. 竞争性企业市场主体地位进一步凸显，准公益性企业国有净资产持续增加

2018年，竞争性企业实现营业收入7205.24亿元，同比增长8.9%，占广州市属国企营业收入的94.8%；实现利润总额626.74亿元，同比增长6.5%，占广州市属国企利润总额的96.1%。年末资产总额25886.7亿元，同比增长10.2%，占广州市属国企资产总额的77.2%；国有净资产2271.1亿元，同比增长21.5%，占广州市属国企国有净资产的35.1%（见图6和图7）。

准公益性企业2018年实现营业收入398.23亿元，同比增长4.0%，占

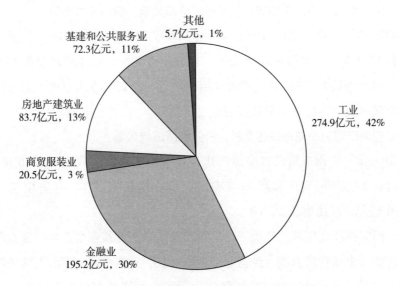

图6　2018年市属国有企业利润总额行业分布

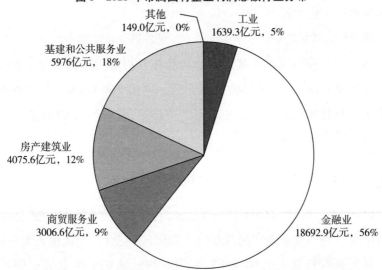

图7　2018年市属国有企业资产总额行业分布

广州市属国企营业收入的5.2%；实现利润25.52亿元，同比下降15.7%，占广州市属国企利润总额的3.9%；年末资产总额7652.65亿元，同比增长22.2%，占广州市属国企资产总额的22.8%；国有净资产4199.4亿元，同比增长 29.6%，占广州市属国企国有净资产的 64.9%。

2. 直接监管企业运行状况良好，委托监管企业利润大幅增长

2018 年，广州市国资委直接监管企业实现营业收入 7563.27 亿元，同比增长 8.7%，占广州市属国企营业收入的 99.5%；实现利润 647.59 亿元，同比增长 5%，占广州市属国企利润总额的 99.3%；年末资产总额 33405.7 亿元，同比增长 12.8%，占广州市属国企资产总额的 99.6%。

市国资委委托监管企业 2018 年实现营业收入 40.19 亿元，同比下降 10.1%，占广州市属国企营业收入的 0.5%；实现利润 4.66 亿元，同比增长 148.9%，占广州市属国企利润总额的 0.7%；年末资产总额 133.69 亿元，同比增长 5.6%，占广州市属国企资产总额的 0.4%。

（四）企业运营效率情况分析

1. 收入情况分析

2018 年，广州市国资委直接监管企业中，营业收入超百亿的企业共 19 户，其中，超千亿的 1 户。营业收入同比增长的有 29 户，占企业总户数的 87.9%；其中，同比增速超过 20% 的有 7 户，同比增速超过 10% 低于 20% 的有 9 户。从预算完成情况看，基本完成年度收入预算目标（95% 以上）的企业有 27 户，超额完成的有 24 户。收入规模排前五位的分别是：广汽集团、建筑集团、广药集团、轻工集团、广州越秀。

2. 利润情况分析

2018 年，广州市国资委直接监管企业中，利润同比增加的有 22 户，占企业总户数的 66.7%；其中，同比增速超过 20% 的有 14 户。从预算完成情况看，基本完成年度利润预算目标（95% 以上）的企业有 24 户，其中，超额完成的有 19 户。利润规模排前五位的分别是：广汽集团、农商银行、广州越秀、广州银行、广药集团。

3. 资产情况分析

2018 年，广州市国资委直接监管企业中，资产规模超百亿的企业共 28 户，其中，超千亿的 7 户。资产规模排前五位的分别是：农商银行、金控集

团、广州银行、广州越秀、广州地铁。

4. 社会贡献情况分析

2018 年，广州市国资委直接监管的企业中，上缴税费同比增长的有 20 户，占企业总户数的 60.6%；其中，上缴税费同比增速超过 20% 的有 14 户。市属国企全年上缴税费 607.6 亿元，同比下降 2.9%。年末市属国企职工有 40.8 万人，同比增加 2.2 万人，增长 5.7%。

2018 年，广州地铁安全运客 30.25 亿人次，占全市公交客流的 51%，日均客运量 829 万人次，运能利用度全球排名第一，全线网实现交通一卡互联互通。公交客运量 20.62 亿人次，占全市公交客流的 34.8%，完成 8091 辆纯电动公交车采购更新，助力广州通过公交都市验收。完成供水 17.67 亿立方米、污水处理 12.16 亿吨，同比分别增长 3.4% 和 13.1%。完成生活垃圾处理 707.45 万吨，日均处理量 1.98 万吨，占全市垃圾处理量的 95%，极大地缓解了"垃圾围城"困局。燃气保障新覆盖居民用户 24 万户，发展非居用户 3388 户，累计注册用户近 194 万户，新签工商业和公福用户日用气量达 23 万立方米。

5. 国资横向对比情况分析

根据财政部和广东省国资委提供的国家和省级地区国资经济数据显示，2018 年，全国国有企业营业收入 587500.7 亿元，同比增长 10%；利润总额 33877.7 亿元，同比增长 12.9%。其中，中央企业营业收入 338781.8 亿元，同比增长 9.8%；利润总额 20399.1 亿元，同比增长 12.7%。地方企业营业收入 248718.9 亿元，同比增长 10.4%；利润总额 13478.6 亿元，同比增长 13.2%。从地区横向对比看，广州市属国有企业主要经济指标规模保持副省级城市首位。

二　2018年广州市国资管理工作重点与主要成效

（一）深化体制机制改革，激发国企发展活力

一是完善改革顶层设计。2018 年，广州市国资委推动出台市委市政府

《关于促进国资国企改革创新发展的实施意见》、市政府《关于市属国有企业发展混合所有制经济的实施意见》及相关配套文件，提出三年改革目标及具体举措。广汽集团、无线电集团被纳入国务院国资委国企改革"双百行动"企业名单。

二是深化国有资本授权经营体制改革。以无线电集团为基础改组组建国有资本投资公司，授予与国有资本投资运营相关的10项事权，完善系列配套政策，形成国有资本投资公司（无线电）、运营公司（广州国发）各司其职、协同推进国有资本运作的格局。广州国发出资5亿元增持广州市属国有控股上市公司股票，参与地铁设计院增资扩股项目并开展股份制改造，协助解决地铁设计院IPO面临的同业竞争问题，有效发挥国资运营平台作用。

三是深化混合所有制改革。2018年，广州市国资委召开混改重点项目推介会，向社会推出20个混改重点项目。支持170户企业引进非国有全资投资额233.7亿元，占引进资金总额的73.4%，涵盖汽车制造、金融、信息服务等领域。广州银行引入2家战略投资者和5家财务投资者，迈出"重组、引资、上市"的重要一步。越秀集团完成100亿元债转股，引入工行总行作为战略投资者。广州地铁入股创兴银行。广州浪奇通过并购重组实现华糖公司与百花公司资产证券化。艾茉森成为国内数码乐器行业首家登陆新三板的企业。推进员工持股试点企业改革，艾茉森、广东奇化完成工商变更，广州酒家、广百股份实施上市公司股权激励，地铁设计院实施国有科技型企业股权和分红激励。

四是开展集团层面职业经理人试点。2018年，广汽集团职业经理人改革试点方案经广州市委、市政府审定正式实施，管理层转聘工作顺利推进，首开广东省大型国企集团层面实施职业经理人制度的先河。广州市国资委出台了《关于在监管企业开展总会计师由出资人委派试点工作的意见》，大力推进总会计师制度建设。

五是完善企业负责人经营业绩考核机制。广州市国资委研究制定了《关于完善监管企业分类考核的实施方案》，根据企业功能定位，分类明确考核导向，建立差异化考核机制，增强业绩考核的科学性和精准性；修订出台了《广州市国资委监管企业负责人经营业绩考核办法》及 4 个配套实施细则，优化考核指标设置，强化考核目标管理，形成年度与任期相结合的经营业绩考核制度体系。

六是深化供给侧结构性改革。根据广东省关于国有"僵尸企业"出清重组的最新标准和要求，广州市国资系统 2018 年大力推进"僵尸企业"出清重组，476 户"僵尸企业"累计出清重组 250 户、占 52.5%，其中 361 户关停企业已实质出清 155 户、占 42.9%，115 户特困企业已脱困 95 户、占 82.6%。开展市属国企管理层级压缩和法人数量精简工作，预计可压缩层级企业 681 户、精简企业 885 户。推动广州市范围"三供一业"分离移交总体签约率达 100%，60 个国企办社会职能机构基本完成分离移交和改革。顺利关停广州发电厂、旺隆热电厂，每年减少企业亏损约 2 亿元，减少煤炭消费 140 万吨。

（二）夯实创新发展基础，推动高质量发展

一是加大创新研发投入力度。2018 年，广州市属国企完成创新研发投入 120.3 亿元，同比增长 17%，6 家企业研发投入增长超 20%。市国资委安排国资收益 6.6 亿元大力支持国企创新，占统筹安排国资收益支出总额的 20.6%。广汽集团 2018 年研发投入达 66.3 亿元，同比增长 30%；无线电集团研发投入强度达 8.4%，地铁集团研发投入强度增长 1.5 个百分点。广州市国资委制定国企创新投资基金组建方案和管理暂行办法，明确自 2018 年至 2020 年每年从国资经营预算利润收入中安排不低于 20% 的资金投入基金，预计母基金规模 25 亿元，带动社会资本 100 亿元。广州金控与中科院创投共同发起设立科技成果投资基金，通过"投资基金 + 科研成果转移转化"的创新合作模式促进创新成果转化。

二是推动国企自主创新。2018 年，广州国资系统新增院士工作站 4 个，新增各级研发机构 45 个（其中国家级 4 个、省级 15 个），新增高新技术企业 22 家，获得各级科技奖励 242 项（其中国家级 3 项、省部级 148 项）。广州地铁完成国家工程实验室建设，14 个项目实现关键技术突破。广汽传祺

GS4 项目获得中国汽车工业科学技术奖一等奖，连续 6 年获得 J. D. Power 新车质量报告中国品牌、售后和销售服务满意度自主品牌双料第一。广州建筑获得各级科技奖励 71 项、专利授权 148 项、省级工法 71 项、成果鉴定 140 项，创新组建高附加值的"互联网＋"建材集采中心。珠啤股份科技成果转化率达 95% 以上，新产品利润贡献率超 45%，中高端产品销量占比达 87%，利润贡献率超 90%。广州市设计院主编的《岩溶地区建筑地基基础技术规范》成为广东省标准，填补了全省建筑工程在岩溶地基技术应用领域的空白。企业大力创新营销方式与手段，广州酒家电商销售增长超 50%，岭南集团电商销售连续三年保持超 40% 的增长，广州轻工电商销售收入增长 25%，珠江钢琴电商销售利润增长超 25%。

三是营造创新发展良好氛围。2018 年，广州国发研究组建科技创新服务集团、大湾区科技金融服务中心，打造科技创新服务和科技产业化的重要平台。市国资委组织开展对市属国企创新情况进行全面摸查，针对创新投入偏低的问题研究制定专项扶持政策；举办首届市属国企创新大赛，对 20 项优秀成果进行表彰奖励；举办国企创新与改革发展 40 周年征文比赛，评选出一二三等奖 21 名；组织企业申报"全国国企管理创新成果和优秀论文"，2 项成果荣获一等奖、13 项成果荣获二等奖，广州市国资委荣获"创新成果（案例）创新团队"称号。广汽集团举办第 13 次创新广汽（IGA）活动，创造直接经济效益近 11 亿元，增长超 30%；无线电集团举办科技创新大会暨人工智能创新与应用高峰论坛；广州地铁开展劳动竞赛、技术比武 540 多项。

四是推动企业数字化转型。2018 年，广汽智联新能源汽车产业园建设扎实推进，智能生态工厂一期竣工，成为全球领先的数字化自主决策工厂和深度互动式定制工厂。珠啤股份成功打造以先进高效的生产制造执行系统为核心的智能生产线、数字化车间、智能仓储物流体系，实现全价值链流程再造，小批量产品生产效率提升 30%，劳动生产率整体提升 4.8%。广州市国资委联动阿里云公司举办国企数字化转型总裁培训班，推广数字化转型实践经验、生产模式和组织模式变革做法；组织国资系统近 200 名代表到广汽智联新能源汽车产业园进行考察学习，带动形成数字化转型良好氛围。

（三）推动资源要素整合，建设现代产业体系

一是推动国企资源重组整合。广州国资系统完成城投重组广州基金、广州国发重组工业发展、越秀重组风行、友谊置出并注入广百、珠实划入水投等一系列资源重组整合，截至 2018 年末广州市国资委直接监管企业调整为 33 家。积极有序推进 239 户市财政登记的行政事业单位所属企业移交广州市国资委统一监管，其中 191 户正按计划推进落实。完成 8 家行政单位 303 宗、183 万平方米的土地及物业划转至 7 家市属国企，评估值达 53.9 亿元，提升企业投融资能力。

二是支持制造业高端化发展。2018 年，广州市国资委成功举办广州国际投资年会智能制造分论坛，搭建起了制造、科技、金融企业沟通对接平台。总投资 450 亿元的广汽智联新能源汽车产业园所属新能源工厂一期竣工，电芯 A 样能量密度居行业领先。广智集团全球首台 ±1100KV 直流高压换流变压器应用于国网项目，首次实现批量生产制造单台重量超 400 吨的超大直径超重压力容器，自主研发中速柴油机成功进入欧盟高端市场，扶梯研发制造许可由 18 米提升到 31.2 米。2018 年先进制造业板块贡献了广州市属国企营业收入的 43.6% 和利润总额的 33.1%。

三是加快国资金融业做强做大。2018 年，广州市属国企战略性增持广州农商行 H 股股份并推进其 A 股上市，广州农商行响应广东省政府要求战略支持潮州、韶关地区农信社改制组建农商银行。广州银行引入 7 家央企和省企投资者优化股权结构，大股东单一持股比例和集团持股比例分别降至 22.58% 和 42.30%，为上市奠定坚实基础。创兴银行制定在广州设立内地法人银行方案，通过"配股＋增资"新增资本金 46 亿港元，成功跻身全球银行 500 强。广州国发参股建投中信资产管理公司，推动第五大全国性资管公司落户广州。广州市国资委指导金融企业开展国际信用评级，其中广州金控获得全国地方国有金控平台最高的标普 BBB＋稳定评级，广州农商行成

为全国唯一同时被穆迪和标普评定为投资级的区域银行。截至2018年末，国资金融业板块净资产占市属国企的比重为22.7%；贡献利润总额的29.9%，比上年提升4.3个百分点。

四是鼓励支持新兴产业发展。2018年，广钢金博划入广州建筑大力发展装配式建筑产业，预计项目一期营收可达20亿元，带动绿色建筑市场总包产值210亿元。无线电集团成立了人工智能研究院、智能金融联合创新实验室，联合建行在业内首推无人银行，智慧金库解决方案上线运行。珠江钢琴上线国内首款人工智能音乐教育互联网产品"钢琴云学堂"。广智集团设立智能研究院，第二代动车组车底检测机器人系统在上海虹桥、成都、三亚、郑州、广州东等多个动车所广泛应用，3000多套电梯运行状态远程智能监控系统投入使用，广日股份成为国家工业互联网创新发展工程项目推荐企业。广州发展多个分布式光伏项目并网发电，通过并购四川150兆瓦风电项目实现新能源业务"走出广东"。

五是围绕产业链实施并购重组。2018年，广州国发联合市属国企组建总规模超200亿元的产业并购基金，广州港、万宝、广州金控、万力、广州轨交基金等公告并购6家上市企业，涉及总市值超210亿元，加快智能装备、绿色金融、轨道交通、港口航运等行业发展。越秀集团广州资产公司受让165户国企73.5亿元资产包，越秀交通受让广晟集团150亿元资产包，新增高速公路里程近200公里。

（四）强化国企责任担当，发挥重点项目建设支撑作用

一是超额完成千亿市重点项目投资。2018年，广州市国资委全力推动市属国企承担的市重点项目建设，积极协调解决存在问题，项目数量（117个）、项目总投资（8422亿元）、年度计划投资（957亿元）分别占全市重点项目的29.3%、34.9%和36.5%，实际完成投资1004.7亿元，完成率105%，超额完成年度计划目标任务。

二是统筹资源保障重大项目资金需求。2018年，广州市国资委印发《实施基础设施建设和公共服务提供类企业三年投资方案》，统筹利用财政

资金、国资收益、相关基金、土地出让收益等多种方式筹集项目建设资金。通过国资收益支持城市基础设施建设和公共服务项目资金 18.95 亿元，占市国资委统筹安排国资收益支出总额的 59.2%。广州基金落实支持全市基础设施建设和产业发展的"两个回归"政策，国寿、新华基金在广州市基础设施类确定投资额超 140 亿元。珠实集团成功发行 10.2 亿元 PPP 项目专项债券，成为全国发行的首支 PPP 项目专项债、首支社会领域产业专项企业债。

三是全力加快重大基础设施项目建设。2018 年，广州地铁建设完成投资 768 亿元，4 条（段）87 公里新线建成开通，地铁线网总里程达 478 公里，6 条（段）110 公里新线开工建设。22 项国铁、城轨和轨道交通场站综合体工程完成投资 273 亿元，超过年度投资任务近 11 亿元。8 个重点高速公路项目完成投资 56 亿元，北三环高速建成通车。供排水项目完成投资 80.18 亿元，同比增长 99%，北部水厂一期通水运行，9 座污水处理厂全面开工，石井污水处理厂二期工程建成，累计完成污水管网建设 2594 公里。5 座垃圾焚烧发电厂建成投入运行，广州市垃圾焚烧处理能力提升至 1.4 万吨/日，约占生活垃圾处理量的 70%。南沙港区四期工程确定全自动化集装箱码头建设"广州方案"。

三 2019 年广州市属国有经济发展展望与重点任务

（一）2019 年广州国有经济发展展望

2019 年，广州市国资系统将深入贯彻中央和广东省关于深化国资国企改革创新发展的精神，全面落实广州市委、市政府"1+1+4"工作举措，牢牢扭住粤港澳大湾区建设这个"纲"，突出"党建提升、改革攻坚、产业升级、人才保障"，坚定不移地加强党的领导和党的建设，加快国企新旧动能转换，打造高素质专业化企业家队伍，预计 2019 年广州市属国有经济营业收入、利润增长 8% 左右，国有资产保值增值率达 110% 以上，市攻城拔寨项目投资增长 20%，固定资产投资增长 10%，国有经济在广州经济社会发展中的支撑作用进一步提升。

（二）2019年广州国有经济重点任务与发展方向

1. 狠抓责任落实和运行监测，助力全市稳增长

一是科学制定全年经营目标。按照广州国资系统全年发展目标，结合各企业实际情况和行业发展形势，逐项分解落实各企业全年经营目标和计划安排，鼓励监管企业勇担责任、自我加压，制定更加积极进取的经营目标，为广州市稳增长做出更大贡献。

二是层层压实经营管理责任。坚持以全面预算管理为纲，以经营业绩为领；以目标管理、问题导向为抓手，推动任务层层分解、压力层层传递、责任层层落实，做到目标到岗、任务到人。由广州市国资委领导班子成员带队到企业开展调研督导，了解和协调解决经营管理中存在的问题，督促各企业认真抓好经营管理。

三是加强经济运行监测分析。依托"智慧国资"平台对企业经济运行情况进行实时监测和预警，高度关注宏观经济运行状况和企业微观运营情况，及时研究分析指标异常波动情况并提出预警。坚持问题分析和综合评价相结合，强化月度、季度、年度经济运行分析，研究开展项目专项分析，为及时调整优化决策提供依据。

2. 落实创新发展举措，推动国企高质量发展

一是全面夯实自主创新基础。围绕加大科技研发投入力度，会同科技、统计部门开展深入调研工作，2019 年，广州将研究出台鼓励市属国企增加科技研发投入的"创八条"举措，推动企业研发费用保持 15% 以上增长，力争 2019 年度经核定 R&D 经费占企业增加值比重由 2.6% 提升至 3%。指导广州金控做好国企创新投资基金设立及子基金申报组建工作，从国有资本经营预算收入中安排不少于 20% 的资金比例用于国企创新投资基金，支持科金控股等更多创投公司加大创新项目投资力度。研究构建符合企业发展战略和经营实际的高质量发展指标体系。

二是加快推进创新园区开发建设。大力支持广汽智联新能源汽车产业园、广州建筑大湾区高端装备制造创新中心等园区建设，打造"新能源+无人驾驶"产业园区和装配式绿色建筑"广州模式"。推动广智集团与央企智慧海洋装备产业合作落地南沙大岗装备基地，大力发展海工装备和海洋经济。重点支持企业对黄金围、广州发电厂地块实施新兴产业园区开发改造。支持轻工集团利用 TIT 创意园经验品牌，加快 TIT 文创园、智慧园等一批城市科技和文化园区开发。加快广药集团白云生物医药基地及广药生物岛研发总部等创新平台建设，加快创新药、仿制药和大健康产品开发。鼓励建筑领域市属国企积极参与本地市场建设，扩大本地市场份额，大力发展装配式建筑产业。

三是构建高端化创新人才队伍。大力支持企业引入国家千人计划、海外高层次人才等高端人才和团队，实行市场化薪酬，鼓励支持创新人才依托创新成果参与收益分配。研究设立人才创新创业基金，重点扶持全市各类领军人才担任牵头人的创新项目发展，解决人才创新创业融资问题。依托城投集团、珠实集团住房租赁平台，打造面向市属国企及各类在穗企业的人才公寓。

四是推进盘活国企闲置资金。搭建监管企业资金融通平台，加强闲置资金统筹管理，为企业构建资金安全、收益稳定的融通渠道，切实降低融资成本，提升资金使用效率。

五是推进实施全面对标管理。以打造具有全球竞争力的一流企业为目标，指导督促企业选取国内外行业龙头企业实施全面对标，制定提升管理方案及举措，全面加强基础管理、质量管理，提升内控体系有效性，稳步向一流水平迈进。

3. 培育壮大发展新动能，积极构建具有国际竞争力的现代产业体系

一是狠抓重大产业项目投资。强化逆周期调节理念，发挥投资关键作用，利用行业处于调整期的契机，重点围绕汽车、装备制造、人工智能、工业互联网、生物医药等领域，积极谋划实施一批重大产业项目，加大产业项目并购力度，加快推进技术改造和设备更新，力争全年市重点产业项目投资

增长20%以上，培育一批经济新增长点。

二是提升高端制造业规模效益。继续做强做大汽车产业，集中资源打造新能源拳头产品，推出具有L3级别自主驾驶技术的新能源车型，力争汽车产销保持行业平均水平以上的增长。围绕智能制造领域并购优质企业，增量发展工业机器人及核心部件、智能物流设备等业务。谋划发展先进轨道交通装备、电力装备、信息通信设备、海洋工程装备及高技术船舶等高端制造业，力争高端制造业占市属国企利润比重进一步提升。

三是做强做大国资金融业。围绕大湾区金融要素整合及服务需要，聚焦广州建设区域金融中心目标，更加突出产融结合，支持实体经济和地区经济发展，加快推进广州农商行、广州银行A股上市，支持创兴银行设立内地法人银行，推动证券、保险、基金等产业做强做优做大。

四是加大力度布局战略性新兴产业。加快推动广电运通向人工智能解决方案提供商转型。加强抗肿瘤药、心脑血管用药、神经精神类药物等领域的研究及新制剂技术、抗体类生物药开发，积极推进行业并购，推动生物制药规模化发展。通过自主建设与兼并收购两轮驱动，加大对优质风电、光伏发电项目的投资力度，推动新能源产业发展。

五是深入推进供给侧结构性改革。加快国有"僵尸企业"处置出清，解决职工存量公房、国有土地划拨、工商销号等难点问题。全面完成四级及以下企业层级压缩以及企业法人数量精简40%的工作目标。按要求完成"三供一业"资产划转和维修改造。下大决心有序退出亏损三年以上扭亏无望、资源枯竭、污染严重、技术落后的企业，切实止住"出血点"。

六是积极实施对外并购。结合国资产业发展需要，加快推进已公告拟并购上市公司的有关工作，积极推动具备条件的企业持续开展并购，推动智能装备、绿色金融、轨道交通、港口航运等产业发展。

4.推动机制变革和队伍建设，激发企业发展活力

一是全面落实企业董事会决策职权。落实好广汽、无线电"双百"企业改革，在市委市政府和相关部门大力支持下，向"双百"企业、国有资

本投资运营公司等企业董事会下放主业及发展规划、业务管理、工资总额、选人用人等更多自主权，并动态调整授权事项。结合"放管服"改革，研究对企业下放职权实行分类管理，对于内部治理完善、运作规范的企业放宽授权权限，更好地激发企业活力。

二是积极推进职业经理人队伍建设。完善广汽集团职业经理人试点制度体系，尽快取得实质性成效，形成可复制、可推广的经验。继续扩大集团层面职业经理人试点，在二级及以下企业全面推行经理层市场化选聘和契约化管理，打造高素质专业化职业经理人队伍。

三是积极推动完善激励约束机制。结合职业经理人试点，探索建立职业经理人市场化薪酬分配机制，落实差异化薪酬分配。鼓励上市公司特别是科技型企业实施股权和分红激励，大胆探索项目跟投、超额奖励等激励约束机制。落实企业工资决定机制改革，激发企业内生动力。

四是着力激发企业家队伍活力动力。落实中央激励干部担当作为的要求，在资源整合、改革试点、激励政策等方面向敢干事、能干事的企业和企业家团队倾斜。配合纪检监察部门出台更具操作性的创新容错制度，细化具体标准和要求，激励企业家主动担当、敢于作为。

5. 坚持以上市公司为主体，推动混合所有制改革

一是推动国企上市和上市公司"二次混改"。2019 年广州将力争完成广电计量 IPO 上市，完成地铁设计院、万联证券申报 IPO 上市材料。支持具备条件的上市公司实施"二次混改"。加大市属国企优质资产证券化力度，实现投资收益最大化。

二是实施资源整合重组。按照"三集中"原则，结合产业和企业发展需要，打破企业边界，进行跨企业集团资源整合，再完成若干一级企业整合重组。按照市统一部署，推进广州市设计院、畜牧总公司等一批事业单位转企改制。

三是支持民间资本参与国企改制重组。跟进重点混改项目推进会对接成果，坚持宜控则控、宜参则参原则，广泛吸引民间资本参与，推进 20 个混改重点项目落地实施，打造不同所有制资本合作发展的典范。

四是多种方式对民企进行"纾困"。积极落实广州市委市政府工作部署，结合国资国企改革和产业发展需求，依托国资产业发展并购基金、"纾困债"等，帮助主营业务突出、经营状况良好的上市公司化解流动性困难。支持市属国企对外并购优质企业，鼓励将收购企业的注册地、经营地、第二总部、优质项目、增量业务等落户广州。

6. 聚焦交通联通产业联动，主动参与粤港澳大湾区建设

一是确保完成重大基础设施建设任务。督促企业加强与相关职能部门、属地政府对接，确保完成广州市重点基础设施建设项目年度投资任务，2019年力争新开通2条（段）53.4公里地铁，为打造全新一体化的大湾区交通网络体系、提升广州与各城市的互联互通水平做出更大贡献。

二是积极推进资源整合优势互补。以广州港为龙头，持续推进珠江口内及珠江西岸沿海沿江港口资源整合，打造世界级枢纽港。支持地铁集团按照省市部署承接珠三角城际铁路运营管理，做好运营筹备、验交接管及人员配置等，构建"地铁+城际"全新运营模式。加快广湛高铁、深茂高铁和广清城际二期开工建设。

三是全面完成产业帮扶任务。鼓励企业加大梅州、清远、毕节、黔南、齐齐哈尔产业帮扶工作力度。制定新一轮广梅产业园入园企业生产经营激励政策，实现7个项目投产、3个项目开工。抓好清远南部物流枢纽园区项目一期建设，积极申报国家级枢纽园区。落实好毕节、黔南产业帮扶及"百企帮百村"任务，力推广药集团刺梨项目尽快实现产业化、品牌化，增强扶贫造血功能。落实好市内乡村振兴战略工作任务，助力生态宜居美丽乡村建设。

7. 推动资源整合机制建设，防范化解重大风险

一是着力深化国资委自身改革。深化简政放权，精简监管事项，动态完善出资人监管清单2.0版。落实《关于在监管企业开展总会计师由出资人委派试点工作的意见》，分批次稳步推进试点工作。实施广州市国资委内部管理机制改革，结合年度重点改革发展任务，强化重点攻关、重点突破。

二是持续完善国有资本授权经营体制。在现有国有资本投资、运营公司试点基础上，2019年广州将根据改革推进情况再改组1～2家国有资本投资公司，充分发挥国有资本投资公司产业引导功能，促进新一代信息技术等产业加快发展。推动更多上市公司股权及国企资源整合进入国有资本运营公司，在更大范围和更高层次上推进资本运作。

三是充分发挥综合监管机制作用。处理好依法加强监督和增强企业活力的关系，尊重和维护企业经营自主权，改进监督方式，增强监督的针对性和有效性。坚持出资人管理与监督的有机统一，围绕职能转变改组设立监督处，定期不定期开展对各业务领域制度执行情况、不同时期的重点任务和突出问题开展检查和抽查。组织开展国有资产重点损失调查，围绕企业财务、重大决策、运营过程中涉及国资流失的事件和关键环节，强化当期和事中监督。整合多元监督力量，以重大决策、项目投资、资产交易、资金管理、土地物业管理等为重点，实施更有针对性的监督。

四是坚决防范化解重大风险。2019年，广州将出台实施防范化解重大风险攻坚战三年行动方案，健全企业债务风险防控机制，控制企业整体债务规模，严控高风险业务，遏制隐性债务，将企业杠杆率控制在合理水平。加强企业应收应付款项管理，严控成本费用过快增长，鼓励引入各类资产与权益增加企业资本。把企业投资、土地处置、物业出租等全部纳入信息化监管，消除监管盲区。

创新发展篇

Innovation and Development

广州市属国企创新驱动发展调研报告

广州市国资委发展规划课题组*

摘　要： 创新是引领发展的第一动力，是建设现代化经济体系的战略支撑。当前广州市属国企科技创新投入总体保持快速增长态势，创新型标杆企业和创新平台在广东省地市国资系统中处于领先地位。但部分国企也存在对创新缺乏长远稳定规划、创新活力不足等问题。因此需要采取强化国企创新协同平台、加大考核力度等措施，进一步促进广州市属国企创新驱动发展。

关键词： 市属国企　研发投入　广州

---

* 课题组成员：张道泉，广州市国资委党委委员、副主任；叶珊瑚，广州市国资委党委委员、副主任；陈杰威，广州市国资委规划发展处副处长；钟华超，广州市国资委规划发展处主任科员。

一 调研背景

十九大报告提出，创新是引领发展的第一动力，是建设现代化经济体系的战略支撑；要深化科技体制改革，建立以企业为主体、市场为导向、产学研深度融合的技术创新体系，加强对中小企业创新的支持，促进科技成果转化。2017年开始，研发投入计入GDP，更是凸显国家对创新驱动经济增长贡献的重视。以研发投入计入GDP为契机，着力创造环境，改进完善体制机制，加大研发投入的力度和提升研发的经济转化效率，为高质量发展厚植根基、注入动力将是未来各地争胜的关键所在。

为贯彻落实国家关于全面落实创新驱动发展战略的精神，加快推动监管企业加大创新力度，切实增加科技研发经费投入，近期，广州市国资委会同创新联盟组织课题组开展针对市属国企科技创新投入情况的调研工作，对33家市属国企75家重要子企业开展问卷调查，实地走访或专题座谈13家企业，并听取广州市科技局、统计局等部门的相关意见。其后，市国资委在前期深调研的基础上，联合市科技局、统计局和创新联盟进一步对4家重点企业进行了实地调研，并共同形成本次市属国企科技创新发展调研报告。

通过本报告，对市属国企科技创新现状进行准确定位和问题深入剖析，查摆原因并在此基础上提出有针对性的解决思路和举措，推动市属国企全面深入落实创新驱动发展战略，真正将科技创新打造成企业转型升级和可持续发展的"助推器"，带动广州国资产业布局调整和改革重组，为支撑广州成为粤港澳大湾区科技创新排头兵做出国有企业应有贡献。

二 广州市属国企科技创新发展现状调查

（一）广州市属国企科技创新发展总体概况

经调研发现，广州市属国企研发投入总体保持较快增长态势，研发投入占

GDP 比重略高于全市平均水平，率先培育出了一批创新型标杆企业和创新平台，形成了一批在全国具有较高影响力的优秀科技成果，涌现出了一批有实力的科技创新团队，对广州创新驱动发展起到了重要的促进作用。但同时，市属国企在全市创新工作中仍有较大提升空间，部分企业存在对科技创新缺乏长远稳定规划、创新活力不足、市场化激励程度低等问题。具体情况如下。

1. 创新投入保持快速增长态势

按统计口径，2017 年市国资委监管企业在广州市内研发投入近 50 亿元，研发投入占当年 GDP 比重（2.7%）略高于同期全市平均水平。根据企业财务口径数据初步汇总，2016 年、2017 年、2018 年市国资委监管企业研发投入分别为 85 亿元、104 亿元、120 亿元，同比分别增长 20%、22%、15%（见图 1）。

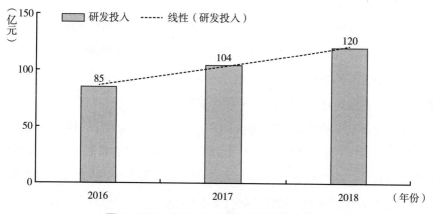

图 1 2016～2018 年市属国企研发投入情况

2. 培育一批创新型标杆企业

2018 年，广州市属国企研发平台保持双位数以上增长，且国家、省级研发机构比重超过一半，在广东省地市国资系统中处于领先地位；2018 年共培育高新技术企业 178 家，市属国企中高企覆盖率约达 5%；创新型企业或创新型试点企业 70 家，共组建各类技术和工程中心等研发机构 390 多个（国家、省级占比超过 50%），规模以上工业企业建有研发机构比例超过 50%。其中广汽集团汽车研究院、广药集团研究总院、无线电广电运通研究院及海格通信研究院等居于行业前列，10多家企业成为行业标准制定者，累计主编或参编国家、行业标准600多项，8家企业荣登"广东创新TOP100榜"。

3. 形成一批全国领先科技创新成果

据摸查，2018年广州市属国企新增各级科技奖励项目共242项。广汽、无线电、广药、广州地铁等多家集团相当一部分关键技术属国内外首创或处于行业领先水平。比如，广汽集团具备同时承担多个车型的主导自主开发能力，旗下"A级SUV车型自主研发及产业化"项目（GS4项目）荣膺2018年中国汽车工业科学技术奖一等奖，先后承担国家级科技项目12个；无线电集团拥有国内外技术领先的ATM技术研究院和无线通信技术研究院，连续32年跻身"中国电子信息百强企业"，旗下广电运通、海格通信分别进入"中国软件和信息技术服务综合竞争力百强企业"，截至2017年末广电运通获国外发明专利更是占广州市总数的一半；广智集团"12MW/3300V四极隐极汽轮发电机"产品在低电压、大电流发电机设计方面填补了国内空白，首次实现批量生产制造单台重量超400吨的超大直径超重压力容器，自主研发中速柴油机成功进入欧盟高端市场；广州地铁集团成立"城市轨道交通系统安全与运维保障国家工程实验室"，成为全国轨道交通行业中首个牵头建设国家工程实验室的企业；广州港集团自主研发的科技成果"现代汽车理货RFID智能管理平台"，成为首届中国科技成果交流会10大高精尖科研项目；广州发展集团牵头国家重点研发计划核心子课题"综合能源与智能配用电系统示范工程"；轻工集团注重创新成果转化，下属多家企业参与制定国家标准39个、行业标准44个；珠江钢琴拥有国内同行中唯一的国家级企业技术中心；广州建筑集团获国家技术发明、科技进步奖、优秀专利等多项荣誉，正在研发建设国家最先进的高端装备制造工厂并取得初步成果等。

4. 涌现一批有实力的科技创新团队

当前广州市属国企各类科技人员博士、硕士超过5000人，并引进了一批国际、中央及省创新团队等高端人才，无线电集团、广药白云山和黄、白云山制药总厂、地铁集团等建立10个院士工作站。此外，广药集团聘请两位诺贝尔奖获得者，广汽研究院、地铁集团引入行业科技领军多位院士担任企业创新顾问等，为企业创新发展打下了坚实的人才基础。

（二）采取"政策+联盟+基金"三位一体举措支持企业创新发展

1. 加强顶层设计，不断完善创新发展政策

2016 年印发《广州市人民政府办公厅关于推动市属国有企业加快创新驱动发展的若干意见》（穗府办〔2016〕16 号），2018 年 6 月印发《中共广州市委广州市人民政府关于促进国资国企改革创新发展的实施意见》（穗字〔2018〕12 号），相关意见明确提出大力推进市属国有企业创新发展，从营造创新氛围、集聚创新资源、强化创新考核、加强资本对创新引导作用等多个方面，支持市属企业全面实施创新驱动，带动企业科技实力和创新发展水平提升。2018 年 8 月修订完善监管企业负责人年度经营业绩考核办法，明确将企业自主创新作为考核重点之一，并与企业经营班子薪酬"挂钩"。与广州市科技局、统计局等部门联合出台针对市属国企的研发增量后补助政策，与市知识产权局出台文件加强企业专利申报管理等，形成合力共同推动企业创新发展。

2. 充分发挥创新联盟协同功能，推动创新资源合作共享、互联互通

2016 年成立广州市国资国企创新战略联盟，是国内第一个地方性国企创新联盟，为市属国企构建了跨部门、跨区域、跨行业、跨学科、跨所有制的高端产业技术服务平台，推动企业"优势互补、专业分工"，实现产业链、创新链、价值链更深层次的战略合作。

3. 提升产业和资本协同效应，充分发挥国有基金对创新的引导作用

2016 年 11 月，由广州市国资委指导、联合市属国有企业发起设立了广州国资国企创新投资基金（母基金）。目前，该创新基金（母基金）资金规模达 30 亿元，累计过会投资金额超过 23 亿元，预计未来可撬动和联动聚集社会资本规模超百亿元，引导创新联盟成员产业转型升级，保障和支持广州国资国企创新发展，并投资了一批包括云从科技、寒武纪、宁德时代等在内的科技创新企业项目。2018 年，市国资委牵头组建广州市国企创新投资基

金，发挥财政资金对市属国有企业实施创新驱动发展战略的引领带动作用，2018年至2020年，每年从国有资本经营预算利润收入中安排不低于20%的资金投入到广州国企创新基金，预计母基金规模约25亿元，可带动社会资本100亿元，重点支持符合广州市属国企创新驱动发展战略的项目和广州市科技成果转化的有关政府投资项目。

（三）主要存在问题

一是广州部分企业对创新缺乏长远稳定规划。由于创新技术成果产出耗时较长、不确定性和风险大等，部分企业不愿意增加创新投入。

二是广州市属企业产业结构中贸易、金融、基础性设施、传统行业所占比例较高，受行业共性影响，研发投入普遍不高。尤其是在部分传统行业企业，创新技术的应用将旧动能转换成新动能的成效未达预期。

三是难以吸引高端科技人才。总体上看，国企与民企相比，在薪酬待遇、股权、期权、分红等方面仍需加大对高端科技人才的激励力度，尤其是对具有国际视野的高层次、复合型、跨界型管理人才、高端科技领军人才吸引力不足。

四是广州部分市属国企虽然拥有行业领先的研发技术成果，但市场化转化方面成效不明显，没真正形成企业新增市场业务。

三　进一步推进广州市属国企创新驱动发展的工作举措

创新是引领发展的第一动力，是建设现代化经济体系的战略支撑。加大研发投入的力度和提升研发的经济转化效率，为高质量发展厚植根基、注入动力，将是未来各地争胜的关键所在。下一步，广州市国资委将深入实施创新驱动战略，促进市属国企转型创新发展。广州市属国企要紧紧扭住粤港澳大湾区建设这个"纲"，努力成长为粤港澳大湾区现代产业引领者、创新驱动践行者，着力提升广州大湾区区域发展核心引擎功能，加快建设科技创新强市和先进制造业强市。具体的工作举措如下。

一是认真实施《关于推动市属国有企业加快创新驱动发展的若干意见》和《中共广州市委广州市人民政府关于促进国资国企改革创新发展的实施意见》，指导企业做好创新发展工作。

二是引导国有企业加大科技创新力度，增加研发投入，建立研发机构，积极开展研发活动。联合市科技局支持企业申报各类创新载体，至2020年力争国有高新技术企业数量再创新高。

三是强化国企创新协同平台，协助举办创新大赛、科技对接会等活动，实现国企创新资源共建共享创新发展。指导创新联盟对首届国资国企创新大赛获奖项目落地孵化，打造一批"双创"精品典范。

四是进一步加大考核力度。采取正向激励的考核方式提升企业增加研发投入的积极性，减少企业家在任期内对创新投入的顾虑。

五是营造良好创新氛围。指导企业定期举办科技人员创新培训班，提升国企员工创新能力；定期举办创新项目对接会，实现国有企业、投资基金、创新项目三方无缝对接，促成创新项目落地。

六是加快淘汰落后产能。积极推动市属国企闲置资源转化为发展创新动能。

七是加强组织架构建设。鼓励有条件的企业设立独立的科技创新部门或者集团研究院，提供必要的人财物资源，并负责统筹集团本部及管理下属企业创新工作。

八是建立完善的创新容错机制，为企业创新发展创造宽松环境氛围。

建设现代化经济体系目标下
广州金控的创新发展研究

广州金融控股集团有限公司课题组 *

摘　要： 面对宏观经济增速换挡、经济结构转型升级、国资国企改革提速等新趋势，金融控股集团在为实体经济提供全方位多元综合金融服务中具有明显的核心优势。广州金控以增强金融服务实体经济能力为宗旨，坚持稳中求进的工作基调，全面融入广州市"三中心一体系"的建设工作，积极落实国资国企改革，承担国有资本职责，坚持推行管理创新，充分发挥国有资本在全面贯彻党的十九大精神、建设现代化经济体系中的重要作用。

关键词： 广州金控　创新发展　国资国企改革

一　广州金控加快创新发展的现实背景

党的十九大以来，我国确立了贯彻新发展理念、建设现代化经济体系的发展目标①，经济结构转型升级、防范化解重大风险、深化国资国企改革都

---

*　课题组成员：李舫金，广州金融控股集团有限公司党委书记、董事长；梁宇，广州金融控股集团有限公司副董事长、总经理；王达，广州金融控股集团有限公司总经理助理；刘新华，广州金控集团金融研究院院长、博士、博士后、高级经济师；廖歆欣，广州金控集团金融研究院研究员、博士、博士后、中级经济师。
①　习近平：《决胜全面建成小康社会，夺取新时代中国特色社会主义伟大胜利》，《十九大报告》，2017。

亟须多元金融服务提供全方位的支持，金融控股企业在提供多元综合金融服务上具有明显的核心优势，将迎来蓬勃发展的新机遇。

（一）现代化经济体系建设亟须多元金融提供弹药

随着宏观经济增速换挡，我国进入转变发展方式、优化经济结构、转换增长动力的攻关期，传统产业转型和新兴行业发展都亟须多元金融服务提供全方位的支持，为培育战略性新兴产业提供多元融资渠道，为出清低效落后产能提供多元退出方式①。多层次资本市场是传统产业转型升级的迫切需要，也是解决新兴行业发展和应对经济下行的迫切需要，更是建设现代化经济体系的迫切需要。

（二）金融控股企业具有多元综合金融服务的明显优势

金融混业经营时代，金融控股企业作为金融资本运营平台，拥有丰富的金融资源，可实现金融与产业资源有效对接，业务合作渠道更加多元，信息资源及时共享，降低业务板块之间交易和谈判成本。金融控股企业通过整合资源、客户、技术和服务渠道，打造资源协同生态圈，为客户提供全方位的金融服务，提高公司运作的整体效率和竞争力。

（三）新机遇下金融控股企业需要升级创新发展新模式

从 2002 年国务院批准中信集团、光大集团和平安集团作为金融控股公司试点至今，我国金控集团先后经历了起步、快速发展、野蛮生长和规范发展四个阶段，在十九大"深化金融体制改革"和"支持金融创新"的趋势下，金融控股企业迎来了健康发展的新时代。

按照设立性质进行分类，我国的金融控股企业可以分为以央企为代表的全牌照金控集团、以地方国资委整合地方资源成立的金控集团、民营企业自发建立的金控集团以及互联网巨头涉足金融领域形成的金控集团四大类；其

---

① 《国企改革之金融控股公司，地方与央企的异同》，《中信建投研究报告》，2016。

中，央企金控以银行、非银行金融和产业集团作为股东，又可进一步分为银行系控股、非银金融控股和产业资本控股三种类别①。

当前，在全国金融风险化解工作打响攻坚战、国企国资改革进程步入深水区、经济结构转型升级更上一台阶、金融控股集团规范监管迈进新时代的浪潮下，金融控股企业迎来蓬勃发展新机遇，同时亟须加速其发展模式的创新和升级，更好地对接新时代下的金融服务需求。

新机遇下，金融控股企业发展模式升级的核心逻辑是通过资源整合打造内部协同生态体系，实现产融结合和融融结合，凭借其在资金、资产和平台端的优势，构建完整的"客户－平台－资产"闭环生态，建立闭合生态链条，实现资金流、资产流和信息流的内部流转②，提升公司竞争力，是金融控股公司搭建与完善金控平台的最终目标。

二 广州金控的创新发展实践探索

为全面贯彻落实党的十九大精神，积极响应国家"一带一路"倡议和粤港澳大湾区建设战略，广州金融控股集团有限公司（以下简称"广州金控"）以增强金融服务实体经济能力为宗旨，围绕"控杠杆、提质量、严考核、强风控"的工作思路，坚持稳中求进的工作基调，全面融入广州市"三中心一体系""两区一枢纽"国家重要中心城市、国家创新中心城市、国际综合交通枢纽、商贸中心及区域金融中心建设的工作，并积极落实广州市国资向"以管资本为主的国资监管模式"转变政策导向下筹建国有资本投资运营平台的任务，在推动经济结构转型升级、深化国资国企改革、防范化解重大风险等攻坚战中扮演了重要角色，是广州市打造现代金融服务体系、建设区域金融中心、推动形成全面开放新格局的主力军和生力军，也是广东自贸区、"一带一路"经济带和粤港澳大湾区建设的重要参与者，极大

---

① 《地方政府金融平台公司——驱动金融引擎，共谋协同发展》，《中信建投证券研究报告》，2017。
② 《沐浴改革春风，金控产业扬帆起航》，《广发证券研究报告》，2017。

地发挥了国有金控集团在服务实体经济、承接国家战略、履行社会责任等方面的效能，其创新发展实践具体体现在以下几个方面。

（一）深化国企改革，聚焦金融主业，壮大集团实力

1. 整合金融资源，优化板块结构

经过十余年的创新发展，广州金控通过国资划拨、兼并收购和股权投资等方式，积极拓展金融牌照，整合金融资源，不断完善金融服务产业链，完善金控布局，业务范围已涵盖各主要金融领域，成为华南地区金融牌照最齐全的金融控股平台，对华南地区的金融资源实现了有效整合，提升了地方金融产业核心竞争力。

依托集团旗下全金融服务产业链，广州金控依据企业生命周期的金融服务需求，对集团旗下的全金融服务产业链进行结构调整，形成了主金融业务、类金融业务、基金业务、平台业务和实业业务五大业务板块，全面优化集团业务布局。目前，集团五大业务板块发展迅速，板块之间的协同效益持续提升（见图1）。

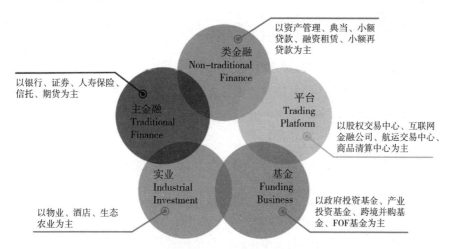

图1　广州金融控股集团五大业务板块

2. 专注金融本职，推进集团协同

广州金控长期专注金融行业的本职工作，致力于提升旗下各金融板块的

专业能力，按牌照资源进行整合，构建业务协同信息共享机制，逐步推进各金融牌照之间以及集团内部资源与业务之间协同，为企业客户提供全生命周期的金融服务，业务范围涵盖了从上游的金融基础设施和征信，中游的互联网金融机构和传统银行金融服务，到下游的担保、不良资产处置和保险服务在内的全金融产业链，满足企业全生命周期的多元综合金融服务需求。2018年，集团合计达成协同业务869笔，同比增长230.4%，完成2018年全年度考核目标数的165.2%，合计达成业务协同金额36.6亿元，为上年的3倍，集团综合金融服务能力竿头日上。

3. 加强资本运作，坚持做强做优

广州金控坚持战略引领，积极探索国企改革路径。集团稳步推进现代企业制度改革，加速集团和下属子公司以并购、IPO、增持等多样化的方式登陆资本市场，提升集团资产证券化程度；积极引入战略投资者，帮助下属企业理顺股权关系、优化股权结构、促进业务转型，推进国企混改工作；并购整合上市公司，积极探索产融结合新模式，推动资本经营和产业经营双轮驱动，提升金融资本服务实体经济的效能。

（二）承担国资职责，落实省市部署，服务发展全局

1. 上缴国资收益，贡献地方财税

广州金控始终秉持稳健经营原则，有效实现国有资产保值增值，积极履行上缴国资收益和税收的义务。截至2018年底，广州金控（未经审计）注册资本64.21亿元，总资产5927亿元，实现营业收入和净利润分别为134.25亿元和33.45亿元，累计上缴国资收益达到41.91亿元，近五年累计上缴税收68.28亿元，实现了较好的社会效益。

2. 化解金融风险，优化国资布局

作为广州金融业协会会长单位，广州金控发挥行业引领，积极呼吁和推动行业自律，倡导广大会员单位合法、合规经营，并按照市政府工作部署，通过重点项目清收、债务重组谈判、风险代理清收、抵债资产公开转让等方式，等价置换和处置广州银行不良资产，推动化解政府性债务，维护地方金

融稳定。同时，根据广州市政府关于优化国有资本布局结构的规划指引，配合市政府落实土地项目类重大国有资产价值提升工作，帮助特困企业脱离困境，为增长型国企提供多元融资支持，推动效率低下的国企进行结构调整和战略性改革重组，积极保全和盘活国有资产，推动国有资产保值增值，实现国资布局优化。

3. 发展普惠金融，支持中小企业

近年来，广州金控持续加大对中小微企业的支持力度，围绕广州市金融功能区布局规划，积极参与广州民间金融街建设发展，着力构建普惠金融服务体系，构建由小额贷款、小额再贷款、典当、基金等业务组成的中小微企业金融服务链，开展创新服务，多渠道多形式服务中小微企业。近三年，已通过广州银行、立根小贷、再贷、融资租赁等间接融资平台累计为 200 多家中小企业提供超过 281 亿元贷款，通过万联证券、广金基金、广永国资、绿色金控等股权投资平台累计为 50 多家中小企业投放资金近 10 亿元；截至目前，通过广州股权交易中心累计挂牌展示企业超过 1.3 万家，累计实现融资 1113.6 亿元，积累了丰富的普惠金融实践经验，有效拓宽了中小微企业的融资渠道，极大缓解了中小微企业融资难题。

4. 落实国家战略，构建全新格局

紧抓粤港澳大湾区建设国家战略的重大机遇，广州金控积极探索粤港澳大湾区金融合作模式，通过增资扩股提升香港子公司实力和推动机构、基金、国企混改、人才培养等项目建设推动大湾区建设；同时，服务于广州市创建国家创新中心城市的发展目标和科技产业创新中心的战略定位，在广州市政府关于优化国有资本投向的指引下，广州金控加速利用自有资金及与多家外部机构合作发起设立各类投资基金，如通过与广州市 11 个区级政府合资设立政府投资基金、受托管理广州市国企创新投资基金和广州市科技创新成果产业化引导基金等，累计带动超过 100 亿元的国有资本与社会资本投向基础性、公共性、战略性、平台性等关键领域、优势产业和核心企业，推动广州市的城市更新改造、基础设施建设和产业升级。

（三）健全内部管理，推行管理创新，护航金控发展

1. 筹谋前瞻战略，引领发展方向

在广州国资向"以管资本为主的国资监管模式"转变的政策导向下，广州金控明确集团国有资本投资公司的战略定位，确立了以全面贯彻落实党的十九大精神和全面融入广州市"三中心一体系"及国家创新中心城市、区域金融中心建设为主旨的发展思路，制定了"重点突破、协同发展、人才驱动、产融结合"四大发展战略，积极围绕主金融、类金融、基金、平台和实业五大业务板块，重点落实"全面优化企业布局、全面服务广州经济、全面提升创新活力、全面完善风险防控、全面抓好人才管理、全面加强党建工作"六大重点任务，全面提升集团在重点金融业态和金融领域的核心能力，推进集团实现跨越式发展。

2. 强化风险管控，促进稳健经营

广州金控高度重视集团的风险防范工作，搭建并持续完善全面风险合规管理体系，保障集团整体的稳健经营，通过设立"全覆盖、全流程、严管控"的总体目标和基本原则，引导集团的风险偏好，并通过全面升级风险管理体系、完善内外部风险提示和风险监测工作、推行外派风控总监机制等方式，推行集团的全面风险管理工作。

3. 创新激励机制，完善人才管理

广州金控坚持以人为本的发展原则，实施人才驱动战略，内部培养和外部引进双管齐下，持续优化人才队伍，激发人才活力。首先，集团依据中央出台的《关于适应新时代要求大力发现培养选拔优秀年轻干部的意见》，大力实施"7、8、9"人才工程，加大力度培养"70后""80后""90后"年轻干部，为集团发展提供充足的人才储备；其次，集团结合人力资源配置现状，依据企业发展规划，针对不同层级岗位，制订人才储备计划，定期更新人才技能清单和人才库，形成分层类、结构合理、数量充沛的人才梯队；最后，集团积极探索制订各业务板块间、各部门间、与其他先进企事业单位间的轮岗交流专项人才培养计划，重点培养复合型人才，并狠抓干部教育培训

工作，创办"金控大讲堂"并举办38期，搭建高端学习平台，促进干部政治素养、理论策水平和工作能力的提高。

近三年，集团累计引进高层次金融专业人才30名，内部提拔干部15名，交流挂职轮岗干部20名；同时，共有22人次获评"广州市金融高级专业人才"，11人次获评"金融高级管理人才"，9人次获评"产业高端人才"，4人次获评"产业急需紧缺人才"，人才驱动发展战略初见成效。

4. 重视党群建设，培育责任担当

广州金控党委以政治建设为统领，全面加强集团党建工作，集团及下属子公司全部完成了党建进章程工作，制订了集团公司内政治生活三年行动计划，全面推进了意识形态工作责任制落实；同时，集团以专题教育活动为抓手，全面加强思想建设，认真贯彻党的十九大精神，深入学习近平总书记系列重要讲话精神，积极开展"三严三实"专题教育和"两学一做"学习教育；此外，集团还以夯实党的工作基础为主线，全面加强基层党组织建设，制定了《集团公司党务管理制度》《关于加强基层组织建设的决定》等多项党建工作制度，全方位部署推进加强基层党建工作措施，强化了组织体系建设，实现基层党组织全覆盖，做到"企业发展到哪里党组织就建到哪里"。近五年，集团合计开展讲党课200次，开展参观、学习研讨会300余场，累计2500多人次参加各项专题教育活动，撰写心得体会200余篇，全面落实了新时代党建工作新要求，不断加强干部队伍建设。

三 广州金控创新发展实践带来的启示

（一）服务实体经济是金控集团生存发展的终极使命

习近平总书记在第五次全国金融工作会议上指出："金融是实体经济的血脉，为实体经济服务是金融的天职，是金融的宗旨，也是防范金融风险的根本举措"，科学地阐述了金融与实体经济的辩证关系，为新时代中国金融发展指明了方向和道路。作为金融混业经营时代下的弄潮儿，金融控股集团以推进产融结合和融融结合为成立初衷，在践行金融行业服务实体经济的天职和使命上具有天然的优势，也肩负着更为重大的责任。

金融控股集团依托其作为金融资本运营平台的优势和丰富的金融资源，实现金融与产业资源有效对接，业务合作渠道也更加多元，信息资源及时共享，降低业务板块之间交易和谈判成本，并通过有效整合资源、客户、技术和服务渠道，打造资源协同生态圈，构建完整的"客户－平台－资产"金融生态闭环，为客户提供全方位的金融服务，更有效地发挥金融行业在优化资源配置，提供信息，以及分散、转移和管理风险等方面的功能，对实体经济具有更高效的调节和推动作用，在推动中国经济结构转型升级、推进重大发展战略实施、践行科技金融、普惠金融和绿色金融等方面产生更大的效益，提升金融行业服务实体经济的效果和效率。

（二）持续管理创新是金控集团做大做强的立身之本

金融控股集团在享受混业经营产生的规模经济、范围经济、资源协同、风险平滑、品牌效应等方面的优势时，也由于规模庞大、内部结构复杂、经营业态多元化而引发风险和管控难题，金控集团需要从战略规划、投资计划、财务预算计划、人力资源管理各个维度分别制定管控重点，形成权责明晰的差异化管控体系，并加强对旗下子公司风控管理，针对旗下各板块业务特点，制定下发各自业务领域的业务操作指引、营销指引、项目审批规定、风险管控办法等规章制度，同时结合业务情况和市场变化持续更新业务指引和风险提示，设立"防火墙"机制；此外，金融控股集团还应立足集团层面，加强资本充足率监管，严格股权结构管理，明晰公司治理结构，增强集团整体风险管控，强化关联交易监管，保障集团整体持续稳健经营。

（三）政府深度支持是金控集团提速发展的重要推力

金融行业在推动地方政府债务化解、深化地方国企国资改革、拉动区域经济发展、贡献地方财政收入、提升地区就业率、整合地方金融和产业资源等方面发挥着积极作用，深度服务地方政府多方面的需求，是地方政府履行政府职能的重要支持力量，地方政府具有扶持本土金融机构做大做强的内生动力。

地方政府依托其丰富的金融和产业资源，凭借其强大的资源获取能力、议价能力、谈判能力和整合能力，以政府强大的信用背书为后盾，在金融控股集团的初始设立、高速发展及后续的做大做强阶段均发挥着重要推动作用。初始设立阶段，地方政府通过盘活地区金融存量，对地方金融资产和牌照进行整合，成立具有地方和产业特色的金融控股集团；高速发展阶段，地方政府借助外部多方面力量，为金融控股集团提供地方优质资产，帮扶地方金融控股发展资产端业务的开发和议价能力，并通过为金控集团寻求战略投资合作方、构筑朋友圈，向外部巧借人才、团队、平台等力量，助推集团成长壮大；做大做强阶段，地方政府推动金控平台开展资本运作，一方面通过IPO等方式登陆资本市场，另一方面通过收购外部证券、保险、银行等大型金融资产，提升金控集团的资本实力，帮助金控集团成为具有地区重要影响力的金融机构。

四　进一步推进广州金控创新发展的政策建议

广州金控整合地方金融资源，通过构建完整的"客户－平台－资产"金融闭环生态和投融资一体化的综合服务体系，在推动广州市金融资源、商品贸易资源和航运金融资源的有效集聚上贡献了重要力量，是广州市打造现代金融服务体系、建设区域金融中心、推动形成全面开放新格局的主力军和生力军，也是推动落实粤港澳大湾区建设等重大国家战略的重要参与者，来自政府的全方位深度支持将有利于充分激发广州金控服务实体经济的效能，促进广州市各项重大战略目标的顺利实现。

（一）资金支持

2018年以来，宏观经济复苏缓慢，在中央去杠杆背景下，市场流动性紧缩，中美贸易战等内外部因素影响持续，广州金控的发展资金较多依赖负债，资本金不足和融资成本过高、压力较大是制约广州金控进一步发展壮大的主要因素，亟须广州市政府通过增加注册资本金、国资收益返还、注入优质资产等方式，优化广州金控的资本结构，加快做大做强。

（二）资源支持

2018年，随着资管新规、理财新规、理财子公司管理办法的相继发布，大资管行业新时代开启，公募基金承压，同时迎来重大机遇与挑战，广金基金谋求新的业务增长点，发力强化政策性基金业务，需要广州市政府支持以广金基金作为基金管理人管理市国企创新投资基金、市新兴产业发展引导基金、市科技创新成果转化引导基金，并增加集团参与政府统筹决策重点项目的机会。

（三）政策支持

2018年7月，国务院推动实施国有资本投资、运营公司改革试点工作，广州市也于年内开启了改革试点施行工作，推动国有资本授权经营体制从"管资产"向"管资本"转变的改革。广州金控凭借金融牌照齐全、业务门类广泛、资产结构良好的综合优势，在发挥国有资本投资、运营公司平台作用上具有综合优势，能有效地促进国有资本合理流动，优化国有资本投向，向重点行业、关键领域和优势企业集中，推动国有经济布局优化和结构调整，提高国有资本配置和运营效率，更好地服务国家战略和推动区域经济转型发展，希望市政府支持广州金控纳入市国有资本投资公司试点名单。

粤港澳大湾区智慧交通示范区建设研究

广州市公共交通集团有限公司课题组*

摘　要： 交通作为经济发展的重要支撑，是粤港澳大湾区实施区域一体化发展战略的重要组成部分，是保证湾区经济增长、社会进步不可或缺的基本条件。为促进湾区经济一体化发展，构建现代化城市群交通体系，本文研究湾区智慧交通示范区建设，明确了示范区建设目标，搭建了示范区建设框架，并基于框架分析了主要建设内容。

关键词： 粤港澳大湾区　智慧交通　交通一体化

一　引言

建设粤港澳大湾区是新时代我国的一项重大国家战略，而便捷的交通系统是国际一流湾区的典型标志之一。2017年国家发改委与粤港澳三地政府签署的《深化粤港澳合作推进大湾区建设框架协议》，就明确将推进交通领域互联互通作为六大重点合作工作事项之首，为大湾区的交通一体化规划与发展指明方向。2019年中共中央国务院印发的《粤港澳大湾区发展规划纲要》进一步明确提出要畅通对外联系通道，提升内部联通水平，全面构建现代化的综合交通运输体系，优化提升信息基础设施，推动形成布局合理、

---

* 课题组成员：赵子毅，广州市公共交通集团有限公司 - 广州交通信息化建设投资营运有限公司总经理，中级会计师；黄钦炎，广州交投公司规划发展部副经理，中级经济师；冯川，广州交投公司规划发展部经理助理，中级工程师。

功能完善、衔接顺畅、运作高效的基础设施网络，为粤港澳大湾区经济社会发展提供有力支撑。

通过共建世界级港口群和空港群，形成功能互补的港口、机场、高铁、客流、物流服务体系，有利于提升粤港澳大湾区在国际交通运输网络中的重要综合枢纽地位[①]。以信息化手段优化粤港澳大湾区的交通供给资源分配，推进城市群各种交通工具的综合接驳，以智慧交通搭建湾区快速交通网，促进粤港澳大湾区经济生活圈成形，推动粤港澳大湾区内社会经济活动的便利化，以促进湾区形成分工协作、竞合有序的城市群格局。

本文结合新时代粤港澳大湾区发展背景，为促进湾区一体化发展，构建湾区现代一体化交通体系，试点研究湾区智慧交通示范区建设，明确了智慧交通示范区建设目标，面向未来智慧交通发展需要，融合创新、协调、绿色、开放、共享的发展理念，分析智慧交通示范区建设框架及建设内容。

二 智慧交通示范区建设框架设计

（一）智慧交通示范区建设目标

智慧交通示范区建设目标是打造具有国际先进水平的区域智慧交通发展新格局，使得交通基础设施设备更智能、先进技术与交通业务融合更深入、政府管理与决策更科学、企业运营组织更高效、交通运输服务更人本，实现交通要素全面感知、交通信息全面共享、交通生产全面智能、交通管理全面智慧、交通服务全面优质。

（二）智慧交通示范区建设框架

现代化城市交通管理服务已进入了以数据资源和信息技术为双轮驱动的

[①] 卢佩莹、王波：《从区域一体化看融合交通——以粤港澳大湾区和港深广高铁线为例》，《地理科学进展》2018 年第 12 期。

新时期，未来城市交通系统也将更加关注智能效率、主动安全、生态环保、交互体验等多目标的协同，为构建现代化、高并蓄、可持续的智慧交通体系，以创新、协调、绿色、开放、共享的发展理念，设计智慧交通示范区建设框架，如图1所示。

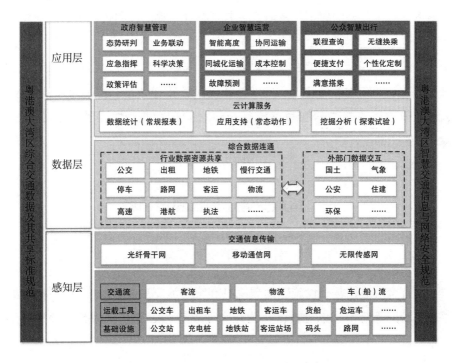

图1　粤港澳大湾区智慧交通示范区建设框架

粤港澳大湾区智慧交通示范区建设框架从结构上可分为"三个层级"和"两个规范"。三个层级分别为感知层、数据层和应用层，两个规范分别是综合交通数据及其共享标准规范和智慧交通信息与网络安全规范。

感知层通过信息化感知技术实现对交通基础设施、运载工具以及交通流的采集，采集对象覆盖公路、水路全行业，并以光纤骨干网、移动通信网、无线传感网为载体实现信息传输。数据层将感知层上传的数据进行存储，形成示范区数据资源的共享格局，与相关部门建立畅通的数据交互渠道，以云计算实现数据高效处理，支持常规报表统计、常态应用运作以及数据挖掘试验分析等工作。应用层在现有信息化、智能化应用的基础上，围绕政府、企业、公众三类对象应用智慧化，实现政府智慧管理、企业智慧运用和公众智慧出行的智慧交通发展格局。

数据标准与共享规范是信息跨部门应用、融合挖掘的先决条件，在以数据为重要生产资料的数字经济时代，共享融合是数据驱动技术发展和应用创新的有效途径。网络安全与信息化是一体两翼，双轮驱动，必须统一部署、统一实施。交通作为基础性城市服务行业，车路互联精细化运行有益于交通有序运作及动态效益提升，反过来失联或误联极有可能引发交通连锁反应，因此依赖数据和网络的智慧交通示范区必须配套相应的信息与网络安全规范。

三　智慧交通示范区建设内容

（一）强化感知，完善泛在互联交通感知体系

围绕交通运输基础设施、运载工具和交通流三要素，充分利用物联网、移动互联网等新一代先进技术，构建全面感知、泛在互联的智慧交通感知体系。

1. 交通基础设施信息采集

建设全面覆盖、泛在互联的交通基础设施感知系统，丰富交通行业数据库，夯实粤港澳大湾区交通数据基础，实现交通运输基础设施的数字化、在线化、互联化。以交通基础电子地图、空间信息及 GIS 功能服务为基础的技术服务体系，建设交通基础设施一张图，为全行业各类应用提供全方位的空间信息服务。

2. 运行状态与交通流感知

健全全面覆盖客货运行状态感知，进一步加大对交通网络运行状态信息的采集力度，实现交通基本要素和核心要素的数字化。利用状态传感、卫星定位、身份识别等技术手段，实现对客货车运输全过程运行状况的跟踪监

测；利用传感网络、智能终端、移动互联网等技术手段，实现对社会公众交通出行状况、旅客运输运行状况的感知，实现对交通系统运行状态全面、实时、动态、精准的掌握。

3. 交通信息传输网络

以光纤骨干网、移动通信网、无线传感网为基础构建交通信息传输网络架构，创新 5G 技术应用，重点提升高速公路、港口等传输网络覆盖面与传输能力，形成覆盖全面、便捷、快速、经济的交通信息通信网络。

（二）深入挖掘，提升交通现代化治理能力

通过开放的架构，建立粤港澳大湾区综合交通数据枢纽，实现交通行业相关数据的交互与共享，构建数据融合关联分析平台，通过平台输出数据服务能力，支撑各类交通业务与服务，促进现代化交通体系建设。

1. 数据资源共享集成

建立和健全交通基础数据库，完善综合交通数据目录标准，建设以数据汇聚与共享为核心的智慧交通数据枢纽，实现行业数据资源的全面整合，明确数据开放范围和安全保障要求，以开放式的架构促进数据共享与交互，推进跨区域、跨部门、跨业务信息资源的互联互通，实现多种运输方式的数据融合及政企数据融合。

2. 数据服务智能高效

加快推进粤港澳大湾区数据能力建设，发挥人工智能、云计算等技术优势，构建湾区交通数据能力服务体系，开展综合交通大数据处理及分析的关键技术研究及应用，围绕交通规划、运行管理、行业监管、监测预警、行业发展趋势研判、政策制定、效果评估、现场执法、应急处置等领域，建设湾区智慧交通专家智库；构建高效率智能推理机，实现基于海量数据挖掘的自反馈、自适应、自学习决策，全面提高交通运输决策科学性。

（三）联动协同，促进湾区交通管理同城化

以大数据、云计算等新一代信息技术为支撑，建设以知识工程为特征的

交通运输管理及服务体系，促进联动执法、运输组织建设，提高政府管理决策能力，促进运输供给结构合理化。

1. 运行协调与应急指挥

整合各类运行监测和应急资源，建设覆盖公路、水路的交通运行协调与应急指挥中心，基于交通运行信息分析，实现综合交通运行状态的动态监测、安全生产的有效监管、突发事件的高效处理，承担安全生产监察和交通突发事件值守接报、指挥调度、资源管理以及信息报送等职能，实现与公安、安监、气象、国土资源等相关部门的互联互通和协调联动。

2. 业务联动与协同执法

加强与政务数据资源的关联分析和融合利用，加强跨部门数据关联对比分析，充分挖掘政府公共数据价值。加快推进交通综合执法数据互通，推动行政执法联防联控以及行政执法案件信息异地交换共享；加强交通执法和行政许可管理的信息共享，实现行政执法和行政许可管理的业务协同；加强湾区治超现场执法、源头治理、运政管理等方面的联网工作，提高超限超载运输联网联控能力。

3. 交通推演与态势研判

在基础设施数字化和运行智能化的基础上，加强综合运输服务能力和运行动态监测分析，应用大数据分析技术，开展交通运输系统微观推演，实现交通趋势分析等预警预判；综合运用各类信息资源，开展经济运行分析、政策实施效果评价、交通发展趋势研判等工作，开展政策反馈评估分析，提高交通运输宏观掌控能力。

4. 智能调度与协同运输

加快建设运输组织智能调度系统，在公交、公路客运、水上巴士等企业实现在线自动排班，结合运营数据调整运力供给，优化运载工具资源配置，促进绿色环保运输结构转型；推进建设跨企业、跨线路协同运输系统，实现不同运营企业、经营线路的联动调度，提高客运枢纽与换乘站点联运效率。

（四）无缝衔接，构建一体化交通服务平台

基于城市群信息共享融合，利用大数据移动互联网等技术，构建一体化

交通服务平台，具体包括信息查询、交通支付、联程联运、多式联运等区域协同服务建设。

1. 一站式联程查询服务

综合多种运输方式的动态运行数据，在公交到站提醒、出行规划、便捷换乘、交通路况、动态导航、网络约车、停车诱导、慢行交通等交通出行服务领域，利用社会资源开展全面、精确的一站式出行信息服务，提供点到点的多种交通方式联程出行方案。

2. 便捷交通支付环境

加快一卡通、移动支付、金融卡等支付环境建设，满足公众多种支付方式选择；完善公共交通移动支付服务基础，提升支付安全与效率，优化粤港澳大湾区移动支付窗口，实现公交、出租、水巴、地铁、高速等一体化支付。

3. 同城化公共交通

研究粤港澳大湾区城际交通运输组织，利用信息技术建设城际快速公交系统，搭建多通道城际交通走廊，减少城市群交通阻抗，实现相邻城市的高效运输；结合班次信息连通城际交通走廊与城市核心商圈，实现城市群公共交通同城化运输。

4. 客运无缝换乘

加快制定公路、水路电子客票标准，依托电子支付及移动互联技术，建立多种运输方式之间客票信息共享机制，建设公路、水运多种运输方式的联网售票系统，打造一站式全程出行链服务。开展客运联程联运无缝换乘建设，整合不同运输方式班次信息，推进换乘枢纽的不同运输方式之间的联动调度及联合安检，方便旅客便捷换乘。

5. 货运多式联运

推进粤港澳大湾区多式联运公共信息共享建设，完善公路、港口、铁路、航空一体化综合运输业务协同运作模式，鼓励多式联运经营，以企业为主体、市场为导向，建设虚拟网络与实际经营网点相结合的多式联运经营网络，实现粤港澳大湾区货物运输一单到底。

四　智慧交通示范区建设保障措施

（一）把握全局，加强一体化建设组织

湾区一体化建设涉及多个城市群及城市，要想推进湾区交通一体化建设，切实发挥交通一体化对湾区经济及城市发展的有益作用，需要成立相应组织机构，统筹协调智慧交通规划、建设、实施工作，结合粤港澳大湾区整体布局和规划，有序推进湾区智慧交通一体化建设。

（二）整合资源，促进湾区交通融合发展

湾区智慧交通示范区建设需要打破城市间、行业间、部门间的信息壁垒，进一步发展交通一体化，改善当前联运存在的衔接问题，以智慧交通资源集成促进物理运输网络衔接，以物理运输网络耦合支撑智慧交通融合发展。

（三）多方融资，创新智慧交通建设模式

智慧交通的投资金额直接影响其建设与应用成效，更精细化的采集能力、更高效的计算能力、更强大的存储能力等都要求智慧交通发展具备长效的资金投入机制。地方政府财政资金有限且立项审批程序复杂，为此建议多方融资推进智慧交通建设，制定有效且可操作的资金投资政策。

风行乳业创新发展探索与实践

广州风行发展集团有限公司课题组 *

摘　要： 在国家全面推动奶业高质量发展、实现民族奶业振兴的大背景下，面对市场、环保、成本等压力，以及消费升级和人民对美好生活向往等发展机遇，作为广州本土历史最悠久的国有乳品企业，风行乳业积极探索生产加工技术、运营模式及体制机制等全面创新，打造风行独特的核心竞争优势。

关键词： 系统创新　融合创新　协同创新　风行乳业

广州风行发展集团有限公司（以下简称"风行集团"）是一家以乳业为主体、以畜牧养殖和与主业相关的现代服务业为支撑的都市型现代农业产业集团，旗下广州风行乳业股份有限公司（以下简称"风行乳业"）可溯源至1927年，是历史最悠久的全产业链国有乳品企业、华南最大的乳品企业之一。拥有3个现代化奶牛养殖场（其中华美牧场为华南地区唯一一家国家级良种奶牛场），奶牛存栏8000多头，年产鲜奶3万多吨，广州鲜奶市场占有率超过40%。近年来，风行乳业立足长期积累的品牌、技术及营销网络等优势，推动平台建设、源头养殖、乳品加工、质量检测、市场营销及体制机制等全面创新，加速新旧动能转换，提升核心竞争力。

---

* 课题组成员：曾郴湘，广州风行发展集团有限公司党委书记、董事长；危珊珊，广州风行发展集团有限公司办公室主任。

一　风行乳业创新发展现实背景

（一）国家奶业振兴要求

2018 年 6 月，国务院办公厅印发《关于推进奶业振兴保障乳品质量安全的意见》明确提出，到 2020 年，奶业供给侧结构性改革取得实质性成效，奶业现代化建设取得明显进展；到 2025 年，奶业实现全面振兴，奶源基地、产品加工、乳品质量和产业竞争力整体水平进入世界先进行列。并提出强化科技支撑和服务的保障措施，推动奶畜养殖、乳制品加工和质量检测等科技创新，加强乳制品新产品研发，加大技术推广和人才培训力度。2018 年 12 月，农业农村部、科技部等九部委联合发布《关于进一步促进奶业振兴的若干意见》，提出以实现奶业全面振兴为目标，优化奶业生产布局，创新奶业发展方式，切实提升我国奶业发展质量、效益和竞争力。

在国家的重视及行业的努力下，近年来，我国奶业转型升级加快，在奶源基地建设、技术设备、企业管理、质量安全方面均取得长足进步，产业素质明显提升，竞争力不断加强。但是，中国奶业发展仍面临着诸多困难和系列挑战，成本不断攀升，养殖效益偏低；乳品结构单一，区域消费不平衡；产品同质化严重，个性化需求难以满足；资源束缚趋紧，环保压力增大；先进设备依赖进口；新兴加工技术相对落后；等等。要实现高质量发展，我国奶业亟待提高整体研发创新能力。

（二）行业发展趋势

2017 年全国人均乳制品消费折合生鲜乳只有 36.9 公斤，是亚洲平均水平的 1/2，是世界平均水平的 1/3，是发达国家平均水平的 1/10，比发展中国家平均水平还低约 40 公斤。① 随着城乡居民收入水平提高、城镇化推进

---

① 《中国奶业质量报告（2018）》。

和二胎政策的实施，乳业未来发展前景广阔。预计到 2020 年，全国奶类总需求量为 5800 万吨，年均增长 3.1%，比"十二五"年均增速高 0.5 个百分点。① 相比发达国家，国内的现代乳业起步较晚，中国乳业近二十年的发展，从市场主导时代到奶源控制时代，2016 年开始进入全产业链整合时代，行业集中度不断提升。根据国家统计局数据，至 2018 年末，全国规模以上乳品企业 587 家，2018 年全国乳品加工销售收入 3398.9 亿元，其中伊利、蒙牛、光明等 12 个"中国乳业领军品牌"销售收入占全行业的比例已超50%，先进乳企在行业高端化持续进行的过程中更具核心优势，通过持续布局全产业链整合，行业创新更加深化，从养殖、加工、包装到运输、销售、研发，在各个环节都加快了创新步伐。特别是以大单品为主的产品结构成为行业发展趋势，从点到线的产品升级进化到线到面的品类升级，产品创新成为乳制品加工企业重要竞争策略及重要利润来源。

（三）企业现实需要

随着行业整合的加快，风行乳业规模效益、发展模式及区域布局都亟待突破。

1. 企业规模偏小，竞争能力偏弱

风行乳业作为区域性乳品加工企业，产品销售、品牌影响力集中在广东省，在乳业巨头及区域乳品企业的双重夹击下，企业市场占有率有限，规模偏小，竞争力偏弱。

2. 环保压力逐年增大，企业发展受限

风行乳业是本土唯一一家拥有规模化养殖场的乳企，但是受禁养限养以及环保要求提高等影响，风行乳业在广州及周边地区很难再拓展新的养殖空间，甚至原有奶源基地也在缩减。

3. 经营机制不灵活，创新动力不足

企业管理机制与市场经济要求还有差距，缺乏市场化的营销、资本运营等人才，激励机制不完善，营销创新、技术创新动力不足。

---

① 《全国奶业发展规划（2016～2020 年）》。

二 风行乳业创新发展探索与实践

（一）集聚资源打造创新平台

1. 设立乳业研究院

为破解科研力量分散、缺乏独立研发机构、未形成全产业链技术研发合力等难题，通过整合内部科研资源，风行乳业于2016年8月成立了研究院，作为乳业创新的核心载体。两年多来共投入科研经费5000多万元，占营业收入比重超过3.2%。风行乳业研究院是华南地区首家全产业链乳业研究院，致力于奶牛养殖技术创新、乳业新产品开发及乳制品加工工艺创新等全产业链研发，力争通过解决制约行业发展的关键技术问题，加速华南乳业发展。

2. 加快科技平台建设

风行乳业将科技创新平台建设作为深入实施创新驱动发展战略、提升企业自主创新能力、提升创新效能的重要抓手。近年来，风行乳业获得高新技术企业认定，申报的省级工程中心、市级研发机构及市级技术中心也陆续挂牌。依托科技创新平台，申报市区级科技项目12项，累计获得政府补助资金460多万元；完善知识产权管理体系制度文件，完成知识产权贯标工作，近两年专利申请量逐年上升，目前共获得一种果酱分层酸奶及其制备方法、一种用于流水线的自动分道装置等12项专利授权。

（二）大力提升技工技术及产品开发能力

1. 打造国家优质乳工程

制定和完善29项标准文件，开展实施36项优化措施，对奶源、生产加工、冷链三大环节实施改进并形成严格把控，建立完善的供应链体系，特别是进一步优化工艺流程，最大限度保存牛奶中的天然活性营养，成功通过优质乳工程项目验收，成为华南地区首批通过优质乳工程验收的企业。参与制定《中国农垦生鲜乳生产和质量标准》，该标准是中国乳业史上最高生鲜乳标准，接轨国际最高标准。

2. 加大新产品开发力度

风行乳业产品涵盖巴氏奶、超高温奶、炼奶及甜品四大类，近 100 种规格产品，2015 年以来已开发约 40 款新产品，成功认定高新技术产品 6 个。积极落实中央推动供给侧改革要求，适应市场开发中高端产品，其中仙泉湖已成为华南高端奶的代表，乐悠果层酸奶为华南地区首创，广式酸奶填补公司在高端常温发酵酸奶产品中的空白。

3. 提高产品质量

风行乳业建有华南地区最大的乳品检测实验室，检测能力、检测项目符合国家标准。对生鲜乳实行批批全项目质量检验，检验项目包括三聚氰胺、黄曲霉毒素、农药兽药残留、重金属等 30 多项。此外，公司产品定期送检至第三方机构（广州市质检院等）进行全检，取得第三方检验报告。检验室每年与第三方机构进行专项比对，保证自检数据的准确性，检测能力达到同行先进水平。加强技术攻关，解决一批质量难题，产品质量明显提高，2018 年产品合格率为 99.92%，投诉同比下降 19%。

（三）全面巩固牧业领先优势

1. 加强华南良种奶牛繁育

为打造本土优质放心奶源，风行乳业先后从美国、澳大利亚等地引入优质奶牛，通过持续改良，已培育出具有抗高温高湿基因特性的优质高产和抗逆性强的亚热带地区特色奶牛群体。利用 2013 年获得的国家华南亚热带良种奶牛繁育中心平台，风行乳业与上海光明育种中心、山东奥克斯种业公司等合作，抓好核心牛群建设，争取稳定遗传基因，加快构建与北京、上海三足鼎立的全国良种奶牛繁育格局，为后续输出华南良种奶牛打好基础。

2. 加强牧场技术攻关

在华南地区成功推广奶牛散栏饲养模式、应用奶牛全混合日粮（TMR）

饲养管理技术、沙床及防暑降温等先进的奶牛养殖技术，实现奶牛生产经营集约化、饲养配方科学化、生产操作机械化、牧场管理标准化。连续30多年供港，生鲜乳内控标准远远优于国家标准和欧盟标准，牧场生鲜乳乳脂肪平均值4.1%、乳蛋白平均值3.29%，远高于国家3.1%及2.8%的标准；菌落总数平均值控制在0.6万个/毫升，体细胞数平均值不超过20万个/毫升，优于欧盟及新西兰10万个/毫升及40万个/毫升的标准。

3. 推进信息化管理

风行乳业是国内率先使用信息化管理牧场的企业之一，利用奶业之星、帝波罗和TMR等系统提升牧场精细化管理水平。奶业之星管理系统为综合性的牧场管理系统，涵盖兽医、配种、饲养、营养、仓管等，为全场的管理提供数据依据，为牧场的育种方向提供科学的数据支持。每头奶牛身上都装了电子识别牌和电子计步器，通过帝波罗系统收集、分析数据，确保牛的健康，合理安排奶牛分群、配种等各项工作。利用TMR监管系统配料、投料误差可控制在3‰以内，降低奶牛饲养成本，同时通过精料混合搅拌，提高奶牛采食量，并保证奶牛营养。未来还将利用信息化系统对养殖全过程进行详细的数据采集、分析，实现对牧场的智能控制和信息追溯，最终打造智慧牧场。

4. 构建环境友好型牧业

风行乳业始终坚持以创建高效、高产、高质的环境友好型乳业为目标，推动绿色发展。风行乳业下属穗新牧场在污染源排放方面作为国家重点监控企业，是广东省内唯一安装"污染源在线自动监测系统"的农业企业，通过环保部验收并实现联网运行。风行乳业致力于规范奶源基地生产环境和标准化生产管理，通过中国良好农业规范认证（一级）。风行乳业是国内首家获得产品碳足迹标签的乳品企业，碳足迹案例入选2014年全国低碳日优秀案例及2015年"直通巴黎气候大会活动"优秀案例。风行乳业将碳足迹认证项目的科研成果及时转化，并逐步形成工作标准化，2016年牵头制定国内乳品行业首个产品碳足迹评价地方标准并发布，该标准完善了国内乳品行业低碳认证产品相关地方标准体系。

（三）创新构建独特运营体系

1. 实施全渠道营销布局

风行乳业围绕传统经销、学校机团、送奶上门、商超、专卖店、电商、体验营销七大渠道不断完善升级，完成全渠道营销布局。2007 年，风行乳业开创了广东省牛奶连锁专卖店模式的特色渠道，到现在省内外各地建成的牛奶连锁专卖店达 700 家，极大提升了乳品消费的便利性，也抢占了一定的市场份额。

2. 以互联网＋专卖店探路新零售

新零售时代，传统专卖店的转型升级势在必行。风行乳业提出"专卖店＋"O2O 营销战略，并于 2014 年进行系统部署，逐步建立以销售管理为核心基础的 SSM 门店管理中台系统、POS 销售前台系统，以及 ERP 供应链管理后台系统，2015 年 4 月实现各系统的无缝集成及同步上线。2017 年"风行生活"在广州上线，标志着风行乳业已形成完善的闭环式 O2O 营销管理体系，探索电子商务与实体经济深度融合发展的新零售模式。2018 年"风行生活"销售收入 5200 万元，会员已超 50 万，借助风行 700 多家线下门店，创国内同城速配最高效率，外卖快送下单最快 8 分钟内送达。

3. 打造四位一体生鲜冷链物流运营模式

围绕将"风行生活"打造成为广州第一冷鲜平台的定位，风行乳业进一步构建"生产企业＋电商体系＋冷链物流配送＋自提点"的四位一体生鲜冷链物流运营模式。牛奶已经实现智能化全程冷链管理，奶牛通过自动挤奶设备挤出牛奶，挤奶过程实现瞬间冷却，由通道直接转储到密封式冷藏运奶车。牧场距离加工厂不超过 60 公里，冷藏运奶车温度始终控制在 2℃ ～ 6℃，生鲜乳运输时间不超过 1 小时。到达加工厂后，经过质检，原料奶连接进入生产车间的全密封低温管道内，加工成为成品。牛奶从牧场到终端产品，全程接触不到空气。接下来，风行乳业还将进一步布局社区智能提货，联合第三方合作伙伴，推动互联网＋冷链配送标准化、产业化、品牌化。此外，还将整合更多本土生鲜农产品，借助四位一体生鲜冷链物流运营模式，实现全过程监控、全链条可追溯。

（四）积极推动老品牌焕发新活力

1. 制定风行品牌战略规划

制定风行乳业及长城乳业品牌战略规划，围绕中国优质乳专家的定位，以"优质（鲜活）"为核心价值，按照"深耕大湾区，拓展京津冀，迈向全中国"的发展思路，全面梳理产品品类，从中低端产品结构向中高端转型，构建以"风行"为母品牌、以"仙泉湖""乐悠""长城"等为子品牌的品牌架构体系，将风行品牌从区域性品牌打造成为全国性品牌。完成品牌视觉设计，打造全新品牌形象。2018年底，风行新品牌战略及形象正式对外发布，彰显"新鲜、活力、专业、卓越"的品牌个性。

2. 开展特色品牌营销

借助老字号、广州迎春花市等传统文化强化风行百年品牌。利用全产业链优势开展体验营销，每年举办牧场及加工厂参观活动150多场次，接待近万人。

（五）积极构建市场化体制机制

1. 加快改制上市

2015年重启乳业股改上市工作，以风行乳业为主体，风行集团整合归集集团乳业资源。通过逐一理顺长期积累的土地等历史遗留问题和产权关系，于2016年底取得股份公司营业执照。力争2020年完成乳业IPO上市，或通过并购上市公司注入资产实现乳业上市，打造成为规范透明的公众公司。

2. 并购长城乳业

2017年8月，风行乳业成功投资控股长城乳业，历时仅10个月，创造了行业并购项目最高效率，是广东乳企中首家走出去并购的企业。长城乳业的区域、奶源、加工、品牌等优势，对于风行乳业的战略发展及区域布局都具有重要作用。长城乳业所处的张家口市是世界公认的"黄金奶源带"，奶源充足，并购完成后，风行乳业在北方就拥有了重要的可靠奶源基地，还可利用现代化冷链物流，进一步提高广东鲜奶自给率。长城乳业将作为风行乳业在北方的基地，立足张家口，辐射京津冀地区，逐步实现全国布局。

3. 推进混合所有制改革

作为广州市国资委混改重点项目之一，风行乳业完成混改方案，计划采取增量方式推进员工股权激励，核心员工持股比例为5%。2019年计划增资扩股方式，择机引进具有研发、生产、销售乳制品经验、战略合作资源以及资本运作经验优势的2~5家战略投资者，持股比例不超过20%。通过发展混合经济，推动风行乳业股权多元化，建立起更加市场化的公司治理结构，利用战略投资者资源延伸产业链条，加快做强做大。

三 风行乳业创新发展实践带来的启示

（一）围绕产业链，推进系统创新

乳业是一个涉及农牧业、工业和服务业的特殊产业，横跨一二三产业，具有较长的产业链，而且各个环节比较复杂。近年来，全产业链模式受到政府部门重视和倡导，也逐渐成为行业发展的新趋势、新动力。风行乳业自成立之初就秉承优质新鲜安全的经营理念，采用牧工商一休化运作模式，对企业的经营、品牌的打造及市场的占有都有重大促进作用。为进一步巩固发展优势，风行乳业设立研究院，研究院下设乳品研究室、畜牧研究室、检验室等部门，统筹创新资源，制定战略规划，通过深入研究乳制品产业内部上游、中游、下游之间的技术需求及互动联系，协调完善产业链各环节的创新，以实现整体突破。

（二）布局"互联网＋"，推进融合创新

随着电子商务的迅速发展，消费习惯和获取信息的渠道发生了巨大的变化，越来越多的消费者喜欢通过互联网进行购物、交易与支付，追求个性化的定制服务，纯实体经营的线下连锁专卖店可持续发展形势越来越严峻。为

适应市场发展趋势，不断提升自身服务运营能力与消费交付体验是行业制胜的关键，风行乳业大胆探索电子商务与实体经济深度融合发展的新零售模式，自建"风行生活"O2O电商平台，是国内首个由乳企自建的业务供应链全面协同的电子商务平台，并因个性化订单、修改灵活性、高效配送、精准定位等特点深受市场好评。

（三）深化产学研，推进协同创新

技术从研究开发到投入生产及应用是一个很长的过程，充满了诸多不确定因素，如果企业独自承担科技研发，特别是基础性研究技术储备，风险会比较高，通过与国内外科研机构或同行业企业合作开发，既能获得创新成果带来的经济效益，也能共同分担可能失败造成的经济损失。风行乳业研究院设立之初就采用固定研究人员和流动研究人员相结合的运行机制。企业培育一支固定的专业研发团队，拥有明确的研究方向和科研经费，同时通过产学研等合作模式，风行乳业与澳大利亚科学与工业组织、华南理工大学、光明集团育种中心、山东奥克斯种业公司等国内外科研机构、高校及行业企业等专家合作，共同开展课题研究，联合实施技术攻关等。

广州公交集团打造线上线下融合
发展的新型客运模式研究

广州市公共交通集团有限公司课题组 *

摘　要： 广州公交集团主动适应乘客需求变化，积极探索道路客运行业在新时代的新发展，打造线上、线下融合发展的新型客运组织模式。通过如约定制、商务专线等试点项目的实施，取得了良好的经济与社会效益，为行业发展探索出了一种可复制、可推广的"以乘客需求为导向、互联网平台为工具"的运输组织模式和客源组织方式。

关键词： 定制客运　互联网＋交通　融合发展　二汽公司

随着我国新的综合运输体系的逐步建立，道路客运在该体系中的地位和在社会经济发展中的作用不断减弱，传统的道路客运管理模式已不能适应我国道路运输快速发展的需要。与此同时，为贯彻落实党的十九大报告和政府工作报告正式提出的"粤港澳大湾区"一体化发展战略，结合湾区城市群组团发展战略，未来湾区市民个性化、多样化、高端化出行需求将日趋明显，出行市场也将逐渐从"供给型"向"需求型"转变。因此，广州公交集团第二公共汽车有限公司（下简称"二汽公司"）通过创新管理理念，以

* 课题组成员：朱世强，广州公交集团第二公共汽车有限公司党委书记、董事长、总经理，经济师；王军，广州公交集团第二公共汽车有限公司党委委员、董事、副总经理，高级经济师；罗文彬，广州公交集团第二公共汽车有限公司总经理助理，助理经济师。

需求为导向，实行供给侧改革，主动适应乘客需求变化，在更好地满足乘客需求的同时，实现了与轨道交通的互补，积极探索道路客运行业在新时代的新发展，打造线上、线下融合发展的新型客运组织模式。

一 道路客运模式创新背景

（一）新的综合运输体系需要道路客运新的功能定位

近年来，国家通过机构改革、技术创新，带动了航空、轨道、道路综合运输体系的平衡发展，实现了航空的平民化、高铁的网络化、私家车的普及化，形成了中长途以航空为主、中短途以高铁为主、短途以道路为主的综合运输网络体系。特别是高铁、城际、地铁等轨道交通的快速发展，以及轨道交通相对于道路客运所具有的安全、快速、准时、运量大的比较竞争优势明显，逐步替代了大客流、主干线的城际直达客运班车和城市常规线路的道路客运。如武广、南广、贵广高铁建成后，广州往湖南、广西、贵州等方向的道路客运量出现了 20% 以上的降幅，且降幅仍在逐步增大；如广佛地铁开通后，广州与佛山地区道路客运量年降幅达到 20%。

航空、轨道交通相对于道路客运所具有的安全、快捷、准时、运量大的比较竞争优势，以及国家实施绿色发展交通战略，决定了其在中长途运输中占有绝对优势。新的综合运输体系和新的国家发展战略要求道路客运主动创新求变，转变与铁路、民航同线竞争的观念，提供主动衔接和差异化服务，逐步从中长途运输转向中短途运输，在综合运输体系中进行重新定位。如当前出现机场巴士、高铁巴士等新的发展，就很好地适应了综合运输体系的发展需要。

（二）新的区域经济发展需要道路客运新的运输组织模式

为紧密结合《粤港澳大湾区发展规划纲要》关于打造大湾区经济一体化的发展布局，届时湾区内出行市场将逐渐从"供给型"向"需求型"、从

"将就型"向"讲究型"转变，湾区乘客个性化、多样化、高端化出行需求将日趋明显。因此，二汽公司以大湾区新的出行需求为导向，加快转型升级，推出线上、线下融合发展的新型客运组织模式，开展以定制包车、商务定制为主线的试点项目，使用小容量、高配置、大密度、优服务的运输保障模式，垂直细分道路客运目标市场，实施差异化服务，通过供给侧改革带动需求，提高道路客运行业的整体竞争力，进一步迎合湾区一体化发展所衍生的小众化、个性化、高端化出行需求，有效提高大湾区内城市组团互联互通服务水平。

（三）新的客运市场需要道路客运新的服务产品

随着社会经济的快速发展，综合运输体系的不断完善，道路客运市场逐渐从中长途距离、大客流主干线向小批量、个性化、多样化、高端化方向转变。新的市场需求，需要道路客运转变当前单一的"企业定线、站场定时、集中乘车"班车客运和包车客运的服务产品，通过创新服务产品，充分发挥道路运输点到点、门到门、灵活的比较竞争优势，实行供给侧改革，以创新供给带动需求，满足乘客需求的同时，解决当前受轨道交通影响大区域客运班线的供求矛盾，谋求道路客运行业新的发展。如江苏推出的 7 座及以上的小型商务专线，就较好地满足了小批量、高要求乘客出行需要，如广州通过在站场设立旅游集散中心，开设旅游线路，较好地满足了个体出行旅游的需要。

（四）新的技术需要道路客运新的组织方式

随着互联网、GPS 等信息技术的发展，尤其是互联网的创新成果深度融合于经济社会各个领域中。近年来，互联网企业加速进入市民出行领域，如在出租车市场出现了滴滴出行、优步打车等，在小汽车租赁行业中出现了神州租车，在道路客运行业中出现了嗒嗒巴士、嘟嘟巴士，同时，腾讯、携程等大型互联网企业全力进入。互联网企业因使用大数据思维、用户思维，能及时掌握乘客出行需求，根据乘客需求推出定制班车、定制包车等服务产品，较快地赢得了市场欢迎。但因互联网企业更注重当前利益、更注重乘客其他需求的开发，在规范经营、安全管理、服务质量等方面均未能达到道路运输行业的标准与要求。

因此，道路客运行业要充分利用互联网信息技术，利用互联网和大数据思维，创新道路客运组织模式，从定班定线、定线不定班向定区域、定方向发展，在客车安全检查和企业资质合格的情况下，从现在班线审核制向备案制发展，通过以市场、以需求为导向"按需定制、灵活发班"，进一步发挥道路客运门到门、点到点的灵活优势，有效解决当前道路客运的发展困局。

二 二汽公司客运模式创新实践

二汽公司也不例外，每年呈近两位数的下降趋势，且降幅逐年扩大。因此在深化道路运输改革的大环境下，二汽公司根据六部委《关于鼓励支持运输企业创新发展的指导意见》以及《广东省道路客运深化改革实施意见》的精神，在上级管理部门的指导下申报开展的试点项目，通过创新管理理念、主动服务乘客群体、实行供给侧改革、满足乘客需求的同时，实现了与轨道交通的互补，探索道路客运行业新的发展，项目于2016年7月获得广东省交通厅批复，成为第一批试点企业。

（一）二汽公司开展客运模式创新的目的和方向

二汽公司试点项目目的是通过充分利用当前移动互联网、大数据、云计算等信息技术，结合社会经济快速发展、市民消费需求不断提升的要求，充分发挥道路客运点到点、门到门、灵活的比较优势，在强化安全监管、保障现有道路运输秩序的前提下，按照"边试点、边总结、边完善、边推广"的工作思路，细分客户市场，创新组织模式，实施精准服务，通过"供给带动需求，需求改变供给"的发展模式，构建道路客运快速、舒适、便利出行服务体系，实现各种运输模式的无缝接驳，助力粤港澳大湾区交通网络建设，满足大湾区乘客个性化、多样化、高端化的出行需求。

（二）二汽公司试点项目实施计划

第一，组建专业化的、独立的定制包车运营管理团队，具体负责客运市场调研、线路的开发及合作经营、客户关系管理维护等事项，并负责客运市场开发。

第二，搭建客户关系管理平台以及如约城际巴士客户端，具有乘客包车信息填写、定制包车线路发布、乘车信息推送、客户关系管理、优惠信息发布、积分优惠券推送等功能，并结合试点进一步完善，将客户关系管理平台打造成一个向所有乘客、包车客运企业开放的同业平台、政府管理的监管平台。

第三，按照"边试点、边总结、边完善、边推广"的思路，在充分调研客流市场的基础上，在平衡好现有包车客运、班车客运秩序的前提下，稳步推进如约定制业务。

第四，向同行业推广，经市交通管理部门、省交通运输厅许可相关的操作流程可在粤港澳大湾区乃至全省范围内推广，客户关系管理平台也逐步向其他符合资质、诚信好的客运企业开放，通过平台时实发布乘车需求信息，运输企业可时实发布供给信息，通过需求与供给的匹配，切实提高运输效率，政府管理部门可通过平台数据，实现对企业、车辆全方位、全过程的监管。

（三）二汽公司试点项目的相关措施

1. 获批试点资质

经与上级主管部门积极申请，于 2016 年 7 月获得广东省首批试点企业资质，运行如约定制、商务专线试点项目。

2. 获批上下客点

获得市运管部门批准上下客点 15 个，占广州市份额的 60%，实际建设使用 8 个上下客点（招呼站），以点带面构建起外围配客站点辐射圈，弥补客运站场覆盖不到的区域，满足旅客就近方便乘车的需求，提升了道路客运企业经营效益。

3. 运行定制客运专线

开行了如约定制和商务专线，成为全省试点成效最明显的企业，截至 2018 年 12 月，累计开行线路 75 条，发班 7.22 万班次，运送乘客 106.1 万人次，收入 2998.3 万元。

4. 建设自主网约平台

自主研发了客户关系管理平台，实现与广州如约行和省厅系统的对接，二汽公司运行的车辆、定制包车电子合同、定制班车电子路单等信息均能上传到省厅监管系统，实现及时合规的报备功能。同时，二汽公司还将用户规模达 100 万的企业对外微信公众号"绿色出行部落"以及下属各分子公司的城际出行公众号矩阵，作为乘客用户端实现线上购票，推出司机端和站务端进行实名制检票认证。

5. 拓宽定制客运类型

围绕深化粤港澳大湾区互联互通交通布局，开行了南沙至深圳机场、中山、顺德、芳村、佛山等 5 条如约商务定制线路，在拓展如约城际定制业务过程中不断积累运营经验、完善客服体系建设，并拓宽如约城际服务范围，全面建立了如约城际、如约旅游、如约商务、如约包车四大定制服务板块。

（四）二汽公司新型客运模式的主要创新性

1. 服务模式创新

依照以需求为导向的大数据思维，按需定制，服务于同一或相近区域具有共同需求的个体乘客，突破原有包车只提供固定集体出行服务的模式。

2. 运作模式创新

一是如约定制可通过在地铁口、人流聚集区域设立上下客点，根据乘客需求开展定制包车客运业务，并通过电子合同方式进行报备，改变传统的只能进行集体包车、纸质合同的运作模式；二是定制客运班车和商务专线可一端为客运站，另一端在景区、上下客点进行运作，改变传统的班车只能进站的运作模式，充分发挥道路客运点到点、门到门的灵活优势；三是商务专线实行完全市场价，可按时段设置不同的票价，打破了客运班车实施的政府指导价、同一班车只能统一票价的运作模式；四是商务专线可选择中巴以下七座以上的舒适性车型，弥补当前高端客运出行的市场空白，完善了道路客运的出行体系。

3. 站场发展模式创新

调整道路客运在综合运输体系中的定位，根据客流聚集地实际情况，按照便民服务原则，依托现有客运站场规划建设专用、专线客运班线配客点，以适应道路客运小批量、多批次、门到门服务的发展趋势。

4. 组客模式创新

实施互联网＋运输服务模式，公路站场通过互联网平台组织客源，建立企业与乘客的直接互动关系，调整当前单一的线下服务到线上、线下共同服务，按需定制，提高运输效率。

三　二汽公司新型客运模式创新实践的效益分析与贡献

（一）经济效益成果分析

1. 业务经营成效明显

二汽公司在取得试点资质后，于 2017 年 9 月开行了如约定制和商务专线，成为全省试点成效最明显的企业，并逐步建立了如约城际、如约旅游、如约商务等定制服务板块，为公司公路客运板块发展培育了新的增长点，寻求了新的客运市场。截至 2018 年 12 月共开行线路 82 条，发送 10 万班次，运送旅客 129.2 万人次，收入 4637 万元。收入同比增幅 113.38%，与传统公路班车收入同比 7.97% 的降幅相比，新型业务模式更适合当前客运发展环境，业务经营成效明显（见表 1）。

表 1　二汽公司定制客运 2018 年经营规模

开行线路数量（条）	发班（万班次）	客运量（万人次）	收入（万元）
82	10	129.2	4637

（1）如约城际主要是针对特定时间、特定人群、特定区域的集约出行，通过充分利用客户关系管理平台进行大数据分析，按需定制，满足乘客个性化、多样化的出行需要，实现精准化服务。二汽公司在城际定制客运发展的基础上，进一步拓展校园定制、旅游定制、周末定制等业务，丰富定制客运业务结构。

围绕广州至深圳大剧院、深圳湾口岸、中山的城际定制业务，2018 年累计发送 3.66 万班次，运送旅客 70 万人次，收入 2663 万元，实载率 55.6%。围绕广州白云区高校师生群体，前往惠州、东莞、深圳、中山的校园定制业务，2018 年累计发送 3.07 万班次，运送旅客 31 万人次，收入 1080 万元。结合广州周边大型楼盘社区居民的出行需求，开行了广州至清远北部万科城、肇庆大旺的社区定制线路，2018 年累计发送班次 9032 班次，运送旅客 17.63 万人次，收入 328.5 万元，实载率为 60.48%（见表 2）。

表2   二汽公司定制客运各业务类型 2018 年经营情况

定制类型	发班（万班次）	客运量（万人次）	收入（万元）	实载率（%）
城际定制	3.66	70	2663	55.6
校园定制	3.07	31	1080	—
社区定制	0.90	18	329	60.48

（2）如约旅游是二汽公司深化试点项目，结合交通运输 + 旅游的模式。设立如约旅游模块，通过与旅行社、徒步团、景区以及酒店等合作，以班车线路延伸至景点、车票 + 门票、车票 + 酒店等多种形式为广大乘客提供广州至周边地区游玩的旅游定制客运服务，在拓展经营业务宽度的同时，也有效提升车辆利用率和经营收入。2018 年累计共发送班次 3099 班次，运送旅客 4 万人次，收入 223 万元。

（3）如约商务是通过提供高端出行服务，垂直细分目标客户市场，使用小容量、高配置、大密度、优服务的客运组织模式，通过供给侧改革，实施差异化服务，以供给带动需求，为道路客运有效补充多层次的出行服务。二汽公司在对商务专线作了充分的市场调研和车型选型工作，重点了解高铁南站乘客的时空分布和乘车需求后，于 2017 年 4 月 29 日正式上线南站至南海地区商务定制业务，并结合南站地区的日常和节日客流情况，开行了夜间如约商务业务，为深夜抵达南站的旅客提供定制服务。随后又陆续开通了南沙至深圳机场、中山、顺德、芳村、佛山5条如约商务定制线路，拓展南沙自贸区以及大湾区的交通出行业务。

2. 站点申报建设管理效果好

在上级运管部门的大力支持下，二汽公司已申请并获同意的上下客点共15个，分布在体育西、车陂南、广州南站、海珠广场、陈家祠、华工、萝岗等热门商圈和地铁口。目前已设置站牌并正式投入使用的上下客点有体育西路、车陂南、华工、萝岗骏成商务酒店、陈家祠、白云公园、白云学院7个，构建起外围配客站点辐射圈，弥补现有客运站场覆盖不到的区域，各站点累计发送4万班次，发送客运量55万人次，其中体育西站点日均发送35班次，日均发送客运量1750人次。

3. 网约平台功能建设齐全

二汽公司自主开发建设的定制客运网约平台——客户关系管理平台，实现了线上组客、线下运输的有效结合，并通过与广州如约行和省厅系统对接，使得运行车辆、定制包车电子合同、定制班车电子路单等信息均能按要求上传到省厅监管系统。在应用过程中，不断根据客户需求和营销的需要，迭代升级平台功能，提供更好的用户体验，围绕旅客运输逐步向综合性生活服务平台升级，并通过属下各新媒体矩阵的运营，用户数已突破276万。

（二）管理创新成果分析

1. 创新道路客运改革思想和理念

社会经济快速发展、市民消费需求不断提升，二汽公司充分发挥道路客运点到点、门到门、灵活的比较优势，在强化安全监管、保障现有道路运输秩序的前提下，按照"边试点、边总结、边完善、边推广"的工作思路，细分客户市场，创新组织模式，实施精准服务，通过"供给带动需求，需求改变供给"发展模式，构建道路客运快速、舒适、便利出行服务体系，实现各种运输模式的无缝接驳，满足乘客个性化、多样化、高端化的出行需求。

2. 可推广的"五个一"管理模式

二汽公司通过本项目建立了可推广的"五个一"管理模式，即建立一个专业试点团队，一个客户关系管理平台，一系列如约出行品牌，一套试点管理制度以及一套试点项目管理经验，取得较好效果，获得乘客认可。

（1）建立一个专业的试点项目团队。二汽公司于2016年7月成立旅游包车事业部，设置创新业务部进行试点项目的开展和运行管理工作，实行平台、企业相对独立运作的机制，对安全、营运、服务进行统一监管，并推广到属下各分公司。

（2）建立客户关系管理平台。二汽公司自主开发了如约定制管理平台——客户关系管理平台，上线乘客端、司机端、站点端等功能模块，具备车辆、线路、站点、电子合同与省厅平台的报备对接，以及实名制购票、检票等核心基本功能，形成适应定制客运发展的自主网约平台。

（3）建立一系列如约出行品牌。二汽公司在原来如约定制发展的基础上，通过拓展校园定制、旅游定制、社区定制等业务，丰富如约定制业务结构，初步建立了综合业务类型的"如约"出行品牌体系。

（4）建立一套试点管理制度。结合上级主管部门的管理要求和实际运行管理情况，二汽公司制定了定制客运创新业务的相关管理规定共5份，从平台后台的班次调度安排、车辆调度安检、乘客实名制购票，到电子包车合同和电子路单上传、上下客点管理以及乘客安检检票，规范了二汽公司如约定制服务的运行，确保职责清晰、流程科学、服务规范。

（5）得出一套试点项目的管理经验。在试点过程中，二汽公司总结了关于定制客运线上组客、安全管理以及营销推广的一套管理经验。具体体现在线上组客方面，要以乘客需求为导向、以互联网平台为工具，所有购票和组客环节均在平台上进行，通过平台进行排班调度和运行监控；在安全管理方面，通过二汽公司客户关系管理平台进行车辆安检情况上传、乘客实名信息登记，在上下客点安排现场服务人员协助驾驶员进行乘客实名制检票和安检工作；在营销推广方面，策划多种营销模式，如扫码送券、重点客户送券、购票送券等，吸引新客户，巩固老客户。

（三）试点项目贡献分析

1. 企业管理效益贡献

（1）通过创新运输组织模式、组客模式、服务模式，实现供给与需求的有效匹配，不断提高服务质量和运输效率，为道路客运行业新发展模式、新运行管理机制的探索奠定基础，对推广到全省、全行业具有长远意义。

（2）通过定制客运先试先行，提高市场知名度，树立二汽服务品牌，为公司长远发展争取主动权，也有利于公司在今后道路客运市场竞争中取得有利的先行优势。

（3）项目缓解了当前道路客运市场运输效率低下、服务质量不高的问题，也打击了当前非法互联网企业通过建立微信平台组织非法车辆运营的行为，维护了消费者权益和市场秩序。

2. 理论应用贡献

项目将学术理论与实际的生产经营全面结合，运用客户关系管理理论、大数据技术以及市场营销，使得传统的道路客运行业找到新的发展方向。

3. 行业和社会效益贡献

（1）为行业探索一种可复制、可推广的"以乘客需求为导向、互联网平台为工具"的运输组织模式和客源组织方式，切实提高行业在综合运输体系的竞争力。

（2）为企业和乘客搭建一个城际出行服务平台，实现需求和供给的有效匹配，提高乘客出行的便利性和供给的精准性，实现智慧交通、绿色交通。

（3）有效打击了当前非法车辆利用非法互联网平台进行组客的非法营运，维护行业的市场秩序。

（4）为政府探索建立一套完整的运营制度、服务标准、监管制度和管理规范，促进行业转型升级、持续发展。

广州友谊集团以创新驱动打造"智慧零售"实践研究

广州友谊集团有限公司课题组*

摘　要： 广州友谊集团大力实施创新驱动战略，主动进行"实体零售＋互联网"数字化转型，部署推进"智慧零售"建设项目，通过"三大平台"构建具有实体零售行业领先水平的智能化网络应用终端，在打造"高品质、有情怀、可信赖、智慧型的本土商业优秀品牌"上精准发力、出新出彩，使广州友谊这个老品牌持续焕发新活力。

关键词： 智慧零售　数字化转型　广州友谊

广州友谊集团深入学习贯彻习近平新时代中国特色社会主义思想和党的十九大精神，切实用习近平总书记系列重要讲话精神武装头脑、指导实践、推动工作，坚持新发展理念，坚持高质量发展要求，主动适应新时代的变化，以满足人民日益增长的美好生活需要为核心，大力实施创新驱动战略，主动进行"实体零售＋互联网"的数字化转型，部署推进"智慧零售"建设项目，通过"三大平台"的打造，构建具有实体零售行业领先水平的智能化网络应用终端，使"广州友谊商店"这个老品牌持续焕发新活力。2018年，集团获评为"广东省电商企业100强"。

---

* 课题组成员：王晖，广州友谊集团副总经理；王红海，广州友谊集团信息部部长。

一 广州友谊集团以创新驱动打造
"智慧零售"的背景分析

（一）发展"智慧零售"是消费升级换代的必然趋势

目前，我国人均 GDP 正朝向 10000 美元迈进，规模巨大的国内市场正在形成，消费升级理念进一步得到深入推进。在互联网数字化时代，消费者接触新的渠道越来越多，使新时代下的消费理念日趋多样化，使重视生活美学、简单便捷、环保健康、强调体验、自我价值体现成为新消费需求，促使零售企业不断加强商业与科技的融合，以进一步满足消费者对新奇事物的追求。

（二）现代信息技术变革为"智慧零售"提供有力支撑

近年来，互联网、移动支付、大数据、人工智能、物联网、区块链等新科技持续涌现并蓬勃发展，推动了供给侧结构性改革和需求侧结构性改革的无界对接，一方面不断改变着消费者的消费方式、消费理念，另一方面重构了传统零售中"人、货、场"之间的关系，为实体零售实现线上线下资源的整合融合提供了更多的手段和可能性，同时也有力地促进了零售企业自身的迭代。

（三）发展"智慧零售"是企业实现高质量发展的重要手段

创新是第一驱动力，在"新零售"时代通过创新供给激活需求的重要性显著上升。对实体零售企业而言，信息技术创新是实施创新的重要一环。如何通过数字化为企业赋能，进一步扩展销售渠道、提高边际消费率、推动业态和模式创新、提高效率和降低成本，实现线上线下零售深度融合协同发展，以推动企业实现高质量发展，成为零售企业在满足消费升级需要时必须攻克的一个关键课题。

二 广州友谊集团以创新驱动打造 "智慧零售" 的经验做法

（一）聚焦基础建设，打造信息化数字化零售应用生态平台

"人民对美好生活的向往就是我们的奋斗目标。"广州友谊集团紧密围绕广大消费者在便捷、智慧、安全上的消费诉求，打造信息化数字化零售应用生态平台，提高顾客消费品质。

1. 为"便捷消费"建设行业领先的基础设施环境

"九层之台，起于累土。"广州友谊集团深知信息化基础建设对推进"智慧零售"打造的重要性，在实施打造"创意零售升级版"的过程中坚持加大对新信息技术应用的投入力度，先后投入 1000 多万元全面升级集团 ERP（企业资源计划）系统，新增对接数据分析、商品管理、营销创新、服务升级等多个主业经营核心领域的功能模块，并以超前 5～10 年为目标实现集团及下属各商店数据库的扩容升级，筑牢实体零售对接互联网的硬件基础。同时，根据移动端应用开发要求，全面升级 POS 系统数据库平台，升级过百台微支付 POS 机，重新梳理业务系统 VLAN，再次定义路由协议，并通过在集团下属所有商店实现 WiFi 全覆盖、增设 117 个 Ibeacon 蓝牙点等举措，进一步打通线上引流与线下经营服务的有效连接。

2. 为"智慧消费"培育内部自主研发创新氛围

为加快推进"智慧零售"建设，广州友谊集团近年来不断加大对信息化、智能化专业技术人才的引进和培育力度，并通过"友谊商学院"信息专业课程开发、修订《集团岗位职级薪酬管理办法》使用人条件适度向信息技术人员倾斜，以及建立集团改革创新容错机制等手段，在企业上下营造鼓励技术创新的宽松环境和氛围。同时，坚持加强对信息行业和零售行业前沿技术的学习应用，结合企业实际持续开展自主创新，其中企业自主研发的百货手持终端销售凭证及收款通用系统（简称"PDA 销售凭证及收款系

统")、电子商务与百货实体店库存一体化系统、微信大数据营销系统三大系统先后成功获得国家版权局软件著作权登记证书,并成功应用于集团下属各商店的实际经营,有力提升了企业在新零售技术领域的核心竞争优势。

3. 为"放心消费"构建稳定可控网络安全生态

因应新形势下的网络安全环境特点,广州友谊集团始终把消费者、合作伙伴和企业自身数据安全、运营安全作为建设"智慧零售"的必要前提,并在制度建设、网络建设、应急管理上不断筑牢内部"安全防火墙"。包括根据我国首个《网络安全法》的实施,结合企业实际修订完善《集团官方网站管理办法》《集团信息系统等级保护安全管理制度》《计算机信息系统保密管理规定》等系列制度,建立安全运维保障和应急处置机制,防范网络攻击窃密和重大网络安全事故,着力堵塞安全风险漏洞;同时,对集团总部和下属各商店的核心交换机进行升级改造,超前 5 年建立核心数据异地备份系统,并对集团官网和网上商城的等级保护及时实现备案,建设无线网、监控网、办公内网三网物理隔离、独立运营,强化核心数据信息的风险抵抗能力,有效确保了集团网络信息系统持续安全稳定运行。

(二)聚焦经营创新,打造"大数据应用分析"智能平台

近年来,广州友谊集团加强与线上信息技术巨头的合作,与腾讯公司建立战略合作伙伴关系,并基于微信移动端平台加强大数据应用分析,使企业的加快创新升级更加精准和更具活力。

1. 打破数字孤岛,建立互促共融智慧型零供关系

通过 ERP 系统的数据整合,广州友谊集团打通微信平台、会员系统、销售现场的"三维"对接,形成以"消费"为核心环节的"大数据池",并通过大数据分析,精准挖掘消费规律。同时,以此为基础与品牌供应商建立 VIP 消费行为分析、商品销量分析等关键业务指标数据的共享协同机制,帮助品牌供应商更准确把握消费者的核心诉求,进而对高度竞争的上游生产环节形成倒逼,反向定义产品设计、预测供应参数,引导供给侧结构性调

整，为供应链管理提供了更智能高效的解决方案。2018年，通过大数据协同，广州友谊集团对下属各商店实施更加精准的"一店一策"调整升级战略，调整专柜品牌数量95个，其中引进品牌49个，淘汰品牌46个，引进超市商品3205个，淘汰商品1630个，并促使国际化妆品、名表、超市食品和家居用品等品类销售分别取得13.89%、8.0%、14.5%及9.48%的喜人增长（见图1）。

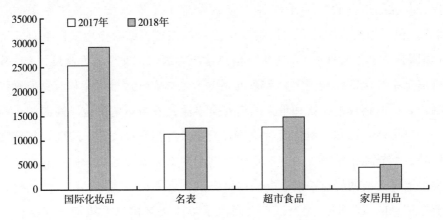

图1　2017～2018年主力商品销售情况

2. 提高传播效率，以智能化手段讲好企业创新升级故事

以"广州友谊"和"广州友谊智慧友谊"两大微信公众号为主要阵地，基于大数据分析平台搭建销售返券、促销信息推送、连带销售活动等多个智能化营销模块，创新开发微信端VIP电子卡券应用及转赠功能，针对顾客消费特点制定"一对一、点对点"精准营销策略，全年线上赠券带动实体销售超1.6亿元，同比上升27.27%。重视开展线上线下的联动营销推广，全新改版微信公众号头条推送软文，注重融入生活、情感与精神理念等人文元素，并在集团年度重点营销品牌活动，包括"2018国际时尚节"，以"感恩四十载"为主题的夏季、冬季感恩节举办期间与微信活跃公众号、抖音、直播平台等加强合作开展主题式推广，吸引大量年轻新客群的关注。全年广州友谊集团微信粉丝新增超10万人，公众号总阅读次数超122万人次，为讲好广州友谊创新转型故事发挥了积极的作用。

（三）聚焦服务创新，打造"服务 + 互联网"全景体验平台

广州友谊集团坚定不移深耕顾客服务领域，在与顾客的每一个接触环节中贯彻"科技让生活更轻松、更美好"的理念，努力提升服务体验，帮助顾客轻松选择美好生活。

1. 激活数据价值，形成精准发力服务创新的"会员圈"

建立适用于企业经营的会员智能分析体系，以智能化手段统筹下属各商店的会员数据资源，开展基于会员消费数据、消费行为的分析，对线上线下客群实施精准画像描绘，为经营一线提供快速分析工具，提高决策和服务效率与质量。同时，配套优化企业会员管理体系，在市内同行中率先推出"VIP 终身会籍"政策，逐步推广线上电子会员卡，建立多渠道的会员吸纳方式，并因应会员具象消费画像制定具针对性的营销服务策略，年内共精准策划举办 56 场以传统文化、音乐艺术、健康养生等为主题的各异文旅体健康美 VIP 主题体验活动，活动邀约率得到持续提升。2018 年，广州友谊集团会员存量超 17 万人，同比增长 46%（见图 2）。

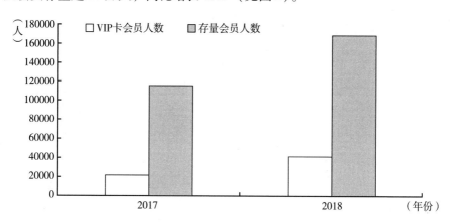

图 2　2017～2018 年会员人数统计情况

2. 依托实体优势，建设线上线下一站式服务"体验圈"

网上平台式零售尽管快速发展，但其在满足多样化、个性化、体验化需求以及在促进商品品质、服务品质提高等方面存在局限性。友谊集团紧抓

"广州友谊商店"品牌在体验式消费、品质服务上的突出优势，通过引进智能化服务体验，进一步增强实体零售的吸引力和竞争力。包括引进智能停车系统，构建车主顾客消费行为模型，为停车场运营、商场营销运营等提供数据支撑；在"广州友谊"微信公众号平台全面整合推出积分兑换、无纸化停车凭证、友谊电子杂志、会员生日祝福等服务功能，并推出"线上兑换、线下收货"以及"在线专属一对一导购"创新服务模式，为顾客提供更便捷的沟通渠道，建立更紧密的服务纽带，2018年广州友谊集团会员积分兑换现金券超4万笔，同比上升29.7%，积分兑换礼品笔数同比上升51.9%；引入"无现金化"移动支付，并在超市新增自助收款设备，有效提升消费便捷性，全年移动支付总交易金额和交易笔数同比分别上升147.97%和65.71%（见图3）。

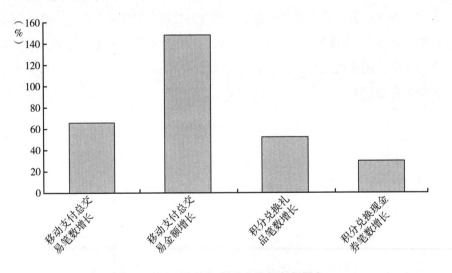

图3 "广州友谊"微信公众号创新服务

3. 强化融合协作，培育互联互通的网络化"朋友圈"

本着"共建共治共享"的经营合作理念，打破物理围墙，全方位多角度整合集团下属各商店所处商圈资源，通过在微信公众号创新搭建"友谊雷达站"跨界合作平台，在线上实施商圈内的跨界合作、互联互通、资源共享，加强与商店周边知名餐饮企业、五星级酒店、银行、美发美甲、休闲健身会所等的合作联动，通过微信增值功能，包括卡券、抽奖、折扣共享、促销活动信息发布等形式，共同打造精彩消费商圈。其中，集团下属环市东商店在"环东闪耀 40 载"冬季感恩节活动中，与广之旅全市 34 家门店、广州国际金融中心、丽柏广场微信公众号等开展全方位的线上线下联动宣传推广合作，为 9 天活动实现 1.94 亿元的销售发挥了积极的助推作用。

三　广州友谊集团以创新驱动"智慧零售"的实践启示

广州友谊集团在实施创新驱动战略，打造"智慧零售"的道路上，获得了以下启示。

（一）实体零售仍是满足多样化、个性化需求的主力军

多样化、多领域化、多层次化、个性化需求是我国未来消费发展的大趋势，且消费需求变化预期将会进一步加快。网上平台式零售在确保商品品质、服务品质、诚信经营方面存在局限性，难以很好地满足新一轮零售变革中消费者对消费品质提高的需求。实体零售对精细管理的把握、对商品质量的控制、对优质服务的打造更能满足和适应变化，且在繁荣城市、促进人文交流方面具备更广阔深远的作用和意义。因此，未来实体零售仍将是促进行业高质量发展的主流力量。

（二）零售企业必须通过创新驱动提高供给侧边际效用

我国所处的发展阶段和传统文化决定了我国的消费品市场是一个以大众消费为主的市场。要进一步加快推进供给侧结构性改革，就必须要使大众消费的边际效用保持在一个较高水平。这就要求零售企业要以创新为抓手，积极推进商品和服务供给边际效用的提升，努力发掘新需求，创造新供给，通过增品种、提品质、丰业态、汇文旅、降成本、融智能，为消费者获得健康生活方式、改善消费环境、提升文化素养、享受更优质商品和服务不断努力。

（三）企业创新驱动离不开机制、人才和创新氛围的保障

企业在新形势、新要求下要加大力度实施创新驱动战略，创新土壤的培育、创新人才的保障以及创新氛围的营造是关键。企业必须结合实际加大创新资金的投入力度，在建立激励和容错机制、强化自主研发、创新人才的选用育留上多想办法，并在企业上下营造鼓励创新、敢闯敢拼的浓郁创新文化氛围，让广大员工形成"创新是生存之本、创新是发展之基"的强烈意识，才能使企业在激烈的市场竞争中形成和掌握核心竞争力，为可持续发展提供强劲动力。

参考文献

中国连锁经营协会：《2018CCFA 新消费报告》。
中国商业联合会、中华全国商业信息中心：《2018 中国零售业发展报告》。

珠江啤酒"品类创新+文化创造"融合创新发展模式的探索与实践

广州珠江啤酒股份有限公司课题组*

摘　要： 在我国经济处于转变发展方式、优化经济结构、转换增长动力的攻关期，融合创新发展成为振兴实体经济的着力点和突破口。作为"广东粮、珠江水"的品牌代表，珠江啤酒以深化供给侧结构性改革为主线，坚持创新驱动发展，在行业率先实施"品类创新+文化创造"发展新模式，以国际化视野在中高端消费、现代供应链、文商旅融合等领域挖潜新动能，促进产品消费不断提档升级、服务消费持续提质扩容，形成富有活力的发展模式，助推我国啤酒行业迈向全球价值链中高端。

关键词： 融合创新发展　品类创新　文化创造　珠江啤酒

一　经济新常态下推进企业融合创新发展的必要性

（一）融合创新发展是我国制造业新旧动能转换的根本出路

近年来，我国经济进入增速转轨、结构转型、动能转换的新常态，制造业面临产业结构调整、新旧动能转换的双重压力，产业链发展模式受到冲

---

* 课题组成员：王志斌，珠江啤酒总经理，教授级高级工程师；朱维彬，珠江啤酒财务总监，高级会计师；涂京霞，珠江啤酒总工程师，教授级高级工程师；陈宣德，珠江啤酒总经理助理，经济师；刘岁声，珠江啤酒经理，经济师；张美蓉，珠江啤酒媒体主管，经济师。

击、规模增速趋于平稳、产品附加值低等一系列问题更加凸显。为此，中央部署的供给侧结构性改革和《中国制造2025》规划为制造业转型升级发展指明了方向，即全面实施创新驱动发展战略，推动互联网、大数据、人工智能和实体经济深度融合，在中高端消费、创新引领、绿色低碳、共享经济、现代供应链等领域培育新增长点、形成新动能。融合创新发展成为培育形成新技术、新产业、新业态、新模式等新动能基础力量的关键所在。融合创新发展水平也决定了新经济新动能的转化速度及形成规模。由此可见，融合创新发展是我国制造业新旧动能转换的根本出路。

（二）融合创新发展是我国啤酒行业转型升级的迫切需求

当前，中国早已跃升为世界最大的啤酒生产国与消费国，是当之无愧的啤酒大国。但我国啤酒行业经过20多年的高速发展，已进入调结构、提品质的新常态，呈现量平、价升、利高的发展趋势。自2014年以来，国内啤酒行业年产量连续五年下降，综合产能利用率从2011年的82%连续五年下降到2016年的59%，生产效益有待进一步提升。另外，随着国内经济水平和人民生活水平的提高，整个社会消费正加速从生存型消费转向享受型、发展型消费，消费者对高品质产品的需求持续增长，消费升级趋势明显。

因此，行业发展放缓与消费需求变化加快的矛盾倒逼企业进一步加快创新驱动发展。只有打破产品边界、产业边界、行业边界，尤其是打破整个生态圈中的发展边界，才能在各种领域中找出能互联互通、共生发展的融合点，融合创新发展成为我国啤酒行业转型发展的新思路。

（三）融合创新发展是国资品牌高质量发展的改革路径

作为我国国民经济的重要支柱，国有企业在实现我国经济高质量发展中承担着重要任务。《中共广州市委广州市人民政府关于促进国资国企改革创新发展的实施意见》等系列政策，为广州国有企业发展朝着更高质量、更有效率、更可持续的方向不断迈进提供了改革路径。从要素驱动向创新驱动转变的动能转换是国有企业高质量发展的起点。从增量扩能为主转向调整存量、做优增量并举的结构优化是实现国有企业高质量发展的关键。从单点突破到多点联动的创新融合是实现国有企业高质量发展的根本。

国有企业要以突出主业、创新驱动和品牌引领为主线,以打造有竞争实力的产业板块和龙头企业为目标,重点投资现代物流、工业互联网、文化创意及设计、检验检测等生产性服务业领域;推进创新发展,推动企业商业模式和管理创新,探索服务型制造、绿色供应链、电子商务等商业模式,推进企业积极向产业链上下游、价值链中高端延伸和转移。融合创新发展成为擦亮国资品牌的新路径。

(四)融合创新发展是珠江啤酒做强做优的必然选择

当前新一轮科技革命和产业变革发展,融合创新、数字经济正在重塑实体经济形态,即制造业出现以"互联网 +"和数字经济为导向的商业模式创新和新业态的产生向供给侧渗透和融合的迹象,进一步降低企业的交易成本和生产成本,助推制造业转型升级和提质增效。面对新时代的发展形势,融合创新发展已成为我国产业结构调整、升级的重要方式。

珠江啤酒必须把握全面深化国资国企改革的战略期,紧跟推动互联网、大数据、人工智能和实体经济的深度融合期,抓住国家鼓励文化经济发展壮大的机遇期,坚持聚焦主业、做精实业,继续深化供给侧结构性改革,创新发展驱动,着力啤酒酿造产业和啤酒文化产业"双主业"协同发展,着力智能制造和数据化运营"双引擎"共同驱动,坚持以"品类创新 + 文化创造"融合创新的新发展模式,推动企业高质量发展,促进产业转型升级,开辟一条独具珠江啤酒特色的发展模式,形成做强做优的长期竞争优势。

二 珠江啤酒融合创新发展的基本思路

(一)深化供给侧结构性改革,推进啤酒酿造产业价值链向中高端延伸

针对啤酒酿造产业供给侧存在低端供给过剩、高端供给不足的供需失衡

问题，需要大力推进供给侧结构性改革。从需求端分析，自 2010 年起新一轮啤酒产能扩张开启，2010 ~ 2016 年扩产达 2108 万千升，但是 2016 年啤酒行业销量仅比 2010 年增加 23 万千升，有效产能的增加与实际销量的增加存在严重错配，主要原因就在于消费升级的影响。预计未来 10 年高端啤酒市场的增长率会保持在 20% 以上，高端啤酒消费增长迅速，但高端产能布局还未跟上。

从供给端研判，根据全球第三大市场研究机构益普索发布《2017 中国啤酒市场白皮书》，2017 年工业生产者出厂价格指数（PPI）持续处于高位，啤酒企业面临着巨大的成本上涨压力，生产成本、物流运输成本等逐年上涨6% ~ 8%，提质增效形势严峻。但国内主流啤酒厂商的吨酒售价尚不足3000 元/吨，约为韩国的 1/2、美国的 1/3，企业自发追求利润、提升盈利能力还有较大的空间。

因此，啤酒酿造产业要发力供给端，逐步从"增量思维"向"存量思维"转变，注重围绕"产品创新""服务创新""业务流程创新""管理创新"等全价值链融合创新，尤其是研发与市场的融合创新、线上线下的融合创新、信息化与工业化的融合创新，加快产业转型升级，在生产端优化产能布局，在利润端积极推动消费升级，促进啤酒酿造产业迈向高端化。

（二）坚持创新驱动发展，培育"啤酒 + 文化"融合创新业态

文化产业是具有高知识性、高附加值等特点的新兴产业，呈现出多方向交融发展的态势。国务院发布的《关于推进文化创意和设计服务与相关产业融合发展的若干意见》明确指出，要推进我国文化创意与设计服务等高端、新型服务产业与实体经济融合发展，促进我国由制造大国向创造大国转变。

从啤酒与文化关联角度看，啤酒是人类最古老的酒精饮料，是水和茶之后世界上消耗量排名第三的饮料，本身具有较强的文化属性和社交属性。文化是酒的灵魂，酒是文化的载体，啤酒生产消费是一种经济活动，更是一种

文化活动，啤酒消费过程是对啤酒文化的体验和享受，文化恰恰是影响啤酒市场和消费的一个重要因素。所以啤酒文化成为啤酒行业连接各种元素共融发展的最优选择。

另外，旧工业厂房区曾是我国某一时期新技术、新材料、新结构的代表，是城市发展脉络的重要一环，是城市完整形象和历史沿革的见证，在城市结构中占有重要地位，城市更新进程中老城区的旧厂房逐渐表现为价值洼地而受到重视。因此，具有特定历史价值的制造业厂房本身具有其独特的文化价值。很多国际知名创意旅游区或产业园区都是城市文化沉淀在旧工厂上修复性开发形成的。例如，20世纪90年代以来以上海、北京为代表等各大城市拉开了旧城、旧厂房改造的序幕，在打造城市新名片方面取得了较好的成效。总结国际创新融合发展经验，新加坡克拉码头、德国杜伊斯堡公园、伦敦巴特西电站等华丽转身，成为集娱乐、休闲、观光、办公、商业于一体的业态多样化城市中心，是旧厂房改造的成功典范。

由此可见，这种文化产业与制造业的融合模式在经历技术融合、产品与业务融合和市场融合之后，最终实现产业融合。通过文化产业对制造业工厂的历史价值、旅游价值进行挖掘，突出一定的文化主题，实现制造业与文化产业的有机结合，形成产业融合创新发展的价值溢出效应。文化产业的融入能助力珠江啤酒转型升级，有了文化的底蕴和内涵，珠江啤酒产品会让消费者体验出与其他品牌产品的差异性，形成独特的核心竞争力（见图1）。

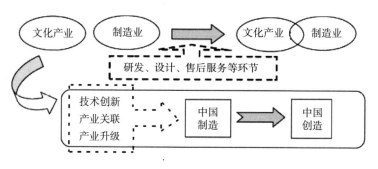

图1　文化产业与制造业融合模式

三　珠江啤酒融合创新发展的主要举措和成效

（一）从机械制造到智能创造的跃升

依托以工业 4.0 为核心的供应链系统，应用自主创新成果，构筑一体化信息网络平台，成功打造以先进高效的生产制造执行系统（MES）为核心的智能生产线、数字化车间、智能仓储物流，实现企业全价值链流程再造、高效管理，2018 年人均劳动生产率约 80 万元，同比增长 10%，远高于行业平均水平。珠江啤酒基于大数据技术，研究啤酒消费生态圈，从啤酒原料到啤酒酿造、包装、销售质量追溯体系，以质量信息为主线整合流通环节信息，有效帮助啤酒产品创新改进，适应大数据时代下的产品多元创新方式。现在，珠江啤酒的产品创新已经不再是技术和产品单一维度的创新，而是紧密围绕中国啤酒消费者消费心理和消费行为的啤酒产品、文化以及服务的协同创新。珠江啤酒荣获第十一届全国设备管理优秀单位、2018 中国配送管理与技术创新优秀案例三等奖、广东省供应链标杆考察基地、广州市第一批制造业骨干企业、广州市 2018 年信息化先进企业、广州市 2017～2018 年度中国物流行业金蚂蚁创新奖等荣誉。

当前，淡色拉格啤酒长期占据市场主流，产品类型相对单一，啤酒产品快速创新能力面临挑战。一方面，珠江啤酒坚持啤酒酿造的技术自信和文化自信，利用已有啤酒配方，以中国本土原料及文化植入开创独特啤酒品类，如用桂花、青稞等中国特有原材料酿造个性化啤酒。另一方面，柔性生产线加速啤酒产品创新，实现不同类型啤酒较小规模生产线布局，可以加快不同类型啤酒新品开发测试速度，柔性生产能力及自主开发、塑造新品的销量也能大幅度提升。因此，珠江啤酒加快了柔性生产线布局，建成国内行业首条智能柔性生产线，实现不同包装形式产品一体化、智能化生产，小批量产品生产效率提升 30%，满足多元化、定制化市场需求。

（二）从大众消费到精准消费的升级

互联网时代商业模式的关键要素在于社群、平台、跨界、资源整合和产品设计等，因此传统的商业模式转变为技术研发到社群平台，助力传统产业创造更高的商业价值。珠江啤酒拥抱"互联网＋"，高标准推进现代化营销网络建设及升级项目、O2O 销售渠道建设及推广项目、信息化平台建设及品牌推广项目等，通过大数据实现精准追溯、互动、引流等功能，打造传统产业和现代科技相结合的创新市场营销平台。珠江啤酒与阿里云达成战略合作，以互联网和大数据技术为核心的"新零售"撬动"新制造"，以"一瓶一码"应用打通消费者与啤酒产品之间连接的新方式，占有第一消费场景，获取面向生命周期的场景流大数据，融合线上线下销售与现代物流，构建新零售体系。

目前，珠江啤酒按照大中台多中心的建设思路，成功上线订单管理、会员运营（积分商城）、终端门店数字兑奖三大应用系统，实现业务互联网化，初步搭建起新零售组织架构，建设行业信息化技术高地。雪堡、玩乐购积分商城陆续上线，形成超 300 万的粉丝集群，不断提升运营效率。推进与腾讯 DMP 大数据管理平台系统的战略合作，运用大数据实现品牌精准营销。进一步完善电商管理体系，推进基于网络平台的新型消费成长，形成"平台旗舰店 + 移动端微商城 + 网络商城合作"的电商运营模式，基本实现销售网络覆盖全国，加快区域性品牌向全国性品牌转变。珠江啤酒逐步形成数字营销、智能生产的智慧运营模式。

针对消费升级具有追求个性化、品质化、体验化、情感化的本质特征，珠江啤酒构建啤酒消费场景，采取加盟合作、技术输出服务等创新型商业模式，推进精酿啤酒生产线及体验门店建设项目，建成年产 2000 吨的总部精酿啤酒体验中心，结合美食、娱乐、时尚、运动等元素，增加场景互动，提升高端市场供给能力，实现消费转化；此项目从产品技术创新、营销创新、商业模式创新、资本财务创新、机制体制创新五个维度展示珠江啤酒的创新魅力，在第一届广州国资国企创新大赛中荣获"最佳人气奖"；打造白云机场 T2 航站楼两家雪堡啤酒旗舰店，提升消费场景体验感，延长产品服务链，提升精准营销水平。

（三）从啤酒产业到链块产业的拓展

珠江啤酒以"互联网＋"和数字经济为导向的商业模式创新和"啤酒＋文化"新业态的增长机制逐步形成，依靠持续的技术创新、文化产业创新融合，形成新增长点。2018 年珠江啤酒资产总额 121.93 亿元，实现营业收入 40.39 亿元，同比增长 7.3%，其中啤酒文化产业营业收入同比增长 22.12%，线上订单交易占营业收入的比重超 10%。利税总额 11.77 亿元，同比增长 27.12%；利润总额 4.65 亿元，同比增长 81.64%；归母净利润 3.68 亿元，同比增长 98.39%（见图 2 至图 4）。

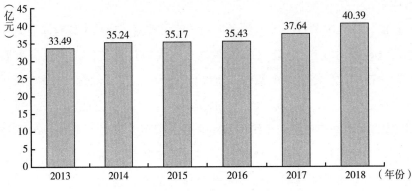

图 2　2013～2018 年珠江啤酒营业收入

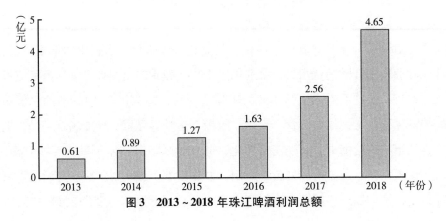

图 3　2013～2018 年珠江啤酒利润总额

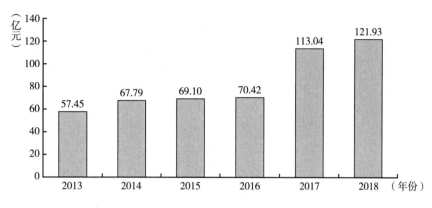

图 4　2013 ~ 2018 年珠江啤酒资产总额

一是啤酒产业创新从成本中心开始向盈利中心转变。得益于分布式智能生产网络和更加畅通的全价值链，产品设计、生产制造由原来的以生产商为主导逐渐转向以消费者为主导，以用户创造为中心，珠江啤酒创新能力与研发实力稳步提升，创新边界得以延伸。2018 年，珠江啤酒强化知识产权的创造、保护、运用、管理，形成自主核心技术，拥有有效知识产权 225 件，其中授权专利 119 件（见图 5）。

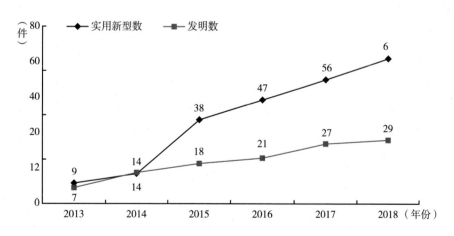

图 5　2013 ~ 2018 年珠江啤酒实用新型专利和发明专利数

牵头制定的《纯生啤酒》团体标准和《啤酒机械术语》行业标准正式发布，牵头起草的《苹果酒》等 3 个团体标准获立项，参与制修订《啤酒》《啤酒大麦》《工坊啤酒》等 7 项国家标准和团体标准，行业竞争力进一步提升。推动科技创新形成新产品、新工艺、新效益，开发的酒花干投冷萃取技术、糖化煮沸蒸汽高效利用技术、微生物快速检测方案，建立的酵母性能精准评价体系等达到国内、国际先进水平，助力提升行业国际化发展。科技成果转化率达 95% 以上，储备德式小麦啤酒等高端精酿新品超 20 种，荣获布鲁塞尔挑战赛、CFFI 国际精酿啤酒挑战赛、青酎奖等国内外大奖十余项。珠江啤酒以国家认可的检测分析中心为基础，发挥高端检验检测公共服务平台优势，提升技术服务输出能力，着力打造精酿啤酒技术服务平台、检测分析平台、酿酒师孵化平台，向小微型啤酒企业输出技术增值服务，形成新的业务模式。

二是形成文商旅产业联动发展。联动珠江－英博国际啤酒博物馆、珠江·琶醍啤酒文化创意艺术区和南沙生产基地，展示企业形象，传播企业文化，打造广州文商旅精品。2018 年博物馆举办节日主题、科普教育等活动近 40 场，接待参观人数约 3 万人次，同比增长 20%；强化博物馆教育功能，增加中学生职业体验课、研学旅行等教育型课程，获评广州市科普教育基地年度优秀科普基地。深化文化创意类商业定位，举行"啤酒廠"（Beer Cube）品牌发布，跨界合作推进文化创意和设计服务与啤酒产业融合发展，大力引进国内外文创类优秀品牌，新增文化创意工作室、特色餐饮等，目前入户商家达 56 家。培育婚庆宴会新业态，举办婚宴及商务宴会 71 场。2018 年珠江·琶醍实现营业收入 7433 万元、利润总额 3302 万元，分别同比增长 17.61%、6.52%。将珠江啤酒品牌文化与社会消费文化、城市生活文化融合，举办时尚艺术、商业展会、音乐盛宴等活动超百场，每年接待参观人数 40 万余人次，打造广州城市文化名片。

四 珠江啤酒融合创新发展的启示

（一）推进企业发展与互联网、大数据、人工智能深度融合

马云提到，"数据使传统行业产品和服务更贴合个性化需求，从产品流

动甚至延伸到生产制造",啤酒行业也是如此。面向工业互联网所带来的创新要求,珠江啤酒认真践行《中国制造2025》,把工业大数据的应用与工业自身提高质量、降低成本、提升管理水平结合起来,特别是与自身发展阶段和结构特点结合起来,打造高水平智能制造体系。珠江啤酒将新零售和新制造有机结合,打通数字化工厂端、电商平台端和全员消费端,全流程实现数据流动自动化,助推啤酒产业转型升级,带动上下游产业链提质增效(见图6)。

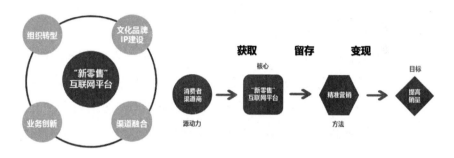

图6 珠江啤酒新零售全流程

珠江啤酒将基于线上线下数据的互通互联,积累啤酒消费数据,增强对啤酒消费者偏好和行为的了解,运用大数据洞察中国消费者对啤酒的需求,精准定位消费人群,提升消费体验,提升产品和服务质量。例如,利用大数据从消费者啤酒饮用场合、场景、场境、年龄、消费能力、原料品质内涵等挖掘产品创意,推动深层次的产品和服务创新。打通啤酒消费数据促进啤酒消费圈生态化,整合啤酒品牌间、品牌与消费者之间以及管理各环节之间的数据,形成系统数据,让数据发挥出最大价值。

同时,珠江啤酒将加快生产基地智能化升级,高标准设计规划东莞新增年产酿造30万吨和灌装10万吨项目,引入新一代信息技术打造整线管理控制系统,将东莞珠江啤酒打造成为"两化"融合的标杆工厂,成为啤酒生产基地智能化发展新样板。探索组建专业的互联网运维团队,满足O2O平台上线后的人才需求,推动O2O项目各系统模块大规模分布式应用;丰富终端应用功能,探索使用AI/AR/VR等技术,丰富应用场景,支撑和服务企业创新业务发展。推进业务与管理无缝对接，实现数据"多走路"、客户"零跑动"的一网通营销模式。

（二）推进啤酒酿造与世界啤酒文化创意艺术产业融合发展

在啤酒行业各类成本增加的情况下，珠江啤酒推动与文化产业全方位、深层次、宽领域的融合发展，形成一个多元化、立体化的大产业链，并向微笑曲线两端拓展，立足于高附加值、高产值区域，促进产业技术进步与产业转型升级。珠江啤酒在啤酒文化产业的探索中，坚持融合创新发展，将创新的边界打开，不只是局限在企业内部创新，还融合企业内外的各种主体进行创新，以行业内企业共建、第三方合作运营、城市文化共融的开放型建设模式，整合啤酒酿造、啤酒文化及其相关产业，推进啤酒业生态圈共盈、共赢、共荣的合作。与世界啤酒文化融合，深化业内合作。联合行业巨头共建珠江-英博国际啤酒博物馆，将珠江啤酒文化与岭南文化、世界啤酒文化融合，馆内涵盖了世界各地的啤酒品牌和数千年的世界啤酒历史，成为啤酒文化传播和科普教育的重要窗口。与文化创意类商业融合，以珠江·琶醍啤酒文化创意艺术区为载体，成立珠江琶醍投资管理公司、文化商业管理公司，引进专业管理人才，对啤酒文化产业进行专业化、市场化的运作。

珠江啤酒将立足世界啤酒文化创意艺术产业等不断吸引更多的相关资源集聚，为珠江啤酒文化产业打造区别于其他文化园区的内核。借助这个内核营造多元化的消费场景，把珠江啤酒的特色产品和品牌快速推向市场，总结提升总部精酿体验中心建设经验，形成可复制、可推广的发展模式，加快精酿啤酒生产线及体验门店建设项目的部署推进。推进珠江啤酒"品类创新＋文化创造"发展新模式成为企业转型升级的强劲力量。

（三）推进总部经济建设与城市建设协同发展

珠江·琶醍啤酒文化创意艺术区和珠江-英博国际啤酒博物馆紧邻广州塔和广州国际会展中心，为各地客商和游客提供休闲娱乐和领略广州文化的平台，成为广州一河两岸的重要景观和广州对外交流的重要窗口。珠江啤酒把园区规划与城市交通轨道建设融合，增设轻轨琶醍站，打通广州塔、国际会展中心等沿线城市地标交通链接，进一步激活发展潜力，使该区域成为广州市旅游观光、休闲娱乐的新地标，进一步提升经济效益和社会效益。

珠江啤酒继续提升总部的城市功能规划，立足琶洲数字经济创新试验区和琶洲互联网创新集聚区的战略定位，深挖广州工业发展进程和城市文化特质，盘活旧厂工业特色建筑资源，从企业主体、产业集聚、融合发展等方面，汇聚科研、商务、文创、生态等要素，促进以服务增值为核心的啤酒文化产业发展，打造集总部经济、商务办公、休闲娱乐、旅游观光展览于一体的价值创新园区，成为国资国企旧改升级新典范。

岭南控股产业融合创新发展的探索与实践

罗 倩*

摘　要： 为加快推动岭南旅游产业从单一旅行社、酒店向商旅出行、住宿业、会展业、餐饮业泛旅游生态体系转型升级，岭南控股通过博古斯、太阳之旅等实践探索产业融合发展模式，通过全产业链资源创造性的融合与互补匹配，形成独特创新能力和"会展+餐饮+旅游""体育+旅游"等新业态。

关键词： 岭南控股　产业融合　泛旅游生态体系

改革开放四十年来，我国经济已由高速增长阶段转向高质量发展阶段。在此新经济形势下，我国旅游业开始进入全域旅游、品质旅游新时代，这为旅游产业带来了全新的机遇和挑战。面对新的形势，岭南控股抓住当前战略机遇，不断拓展产业外延，聚合产业要素，整合产业链资源，推动旅游与其他产业融合，促进产业结构升级，打造"旅游+"新业态、新产品、新服务，以持续满足游客日益增长的对美好旅游生活的追求。

2018年，岭南控股充分利用自身大旅游产业链资源优势，通过积极引入和筹办博古斯世界烹饪大赛、"一带一路"太阳之旅等系列国际性活动，加快资源整合和协同发展，推进模式创新和产业升级，在项目运作中突破板块壁垒，从而建立岭南独创性竞争优势。

＊ 罗倩，广州岭南集团控股有限公司研究与开发部高级总监。

一　依托博古斯世界烹饪大赛项目运作，推动旅游、食品主业融合发展

（一）背景

在广州市和法国里昂市政府共同推动下，岭南集团将世界著名会展公司法国智奥旗下顶级烹饪赛事IP——博古斯大赛引入广州，并整合岭南旅游、食品产业优势资源，成功举办博古斯2018年亚太区赛。比赛吸引了近百位世界米其林星厨、海内外观众、媒体观摩报道，成为行业和城市的热点话题，出色地传播了岭南品牌、广州形象、中国特色，并初步构建起"旅游＋会展＋餐饮"融合发展的产业模式。

（二）提升一体化管理水平

一体化运作。来自岭南集团八大成员企业的管理人员组成的"联合舰队"，以"一张时间表，一份工作方案，一系列专题纪要"为引领，统一目标，专人专责，有效提高了项目管理效率，是一体化项目管理团队模式的有效实践。

集团化管理。纵向建立包括集团领导小组、项目部、各职能执行小组在内的三级组织管理体系。从集团层面进行统筹，对执行小组进行责任分工、管理控制和内部资源协调分配，以增强各单位间的融合，使项目管理更加集约化。

专业化协作。横向通过以"专人专做，各司其职，信息共享，密切沟通"的职能小组分工制取代传统的部门分工制，使不同产业的专业人才极大加强了与其他企业或部门之间的工作联动。

（三）构建多板块协同模式

在以往的工作模式中，岭南集团旗下旅行社、酒店、会展等企业虽同处于旅游产业链，但往往专注于单一业务的独立运作，缺乏相互共享、互动、参与等功能。

通过博古斯项目中的一体化项目管理，首次有效配置、整合了集团内部各板块资源，最大化开发岭南控股泛旅游生态圈中的业务关联性和资源互补性。例如，广之旅会展公司作为博古斯策展办赛的运营主体，通过共享集团资源向白云国际会议中心租赁比赛场地，向花园酒店分包"名厨晚宴"餐饮服务，向广之旅入境游定制"星厨黄沙一日游"旅游产品等，形成了围绕博古斯大赛的商业闭环，为旅游产业链各环节上的企业创造了经济价值。

这种多板块业务的协同模式，对内通过成本内部化降低各家公司拓展新市场、新业务的成本和风险；对外通过提供覆盖全产业链的"一站式"增值服务增加招商吸引力，提升岭南会展业核心竞争力。

（四）打造商业化运营 IP

博古斯大赛被誉为烹饪界"奥林匹克"，是拥有众多"粉丝"关注的知名 IP。在这一商业项目的运作过程中，岭南控股不仅在规模和传播上对其进行了进一步强化和升级，更根据博古斯的市场定位对国内外食材、厨具供应商等进行精准招商，招徕海尔集团等烹饪相关产业新赞助商 14 家，引资数百万元，拓展了岭南会展业的商业合作资源。

同时，为延续博古斯影响力，将其打造成长期性、可盈利的商业品牌，岭南控股推进与智奥集团的深化合作，获得博古斯中国学会独家授权，在常态化举办中国区赛之外，还能够组织厨师培训、定制餐饮等配套活动，将赛事体系和"非赛"期间活动相互结合，以赛事平台效应引领岭南旅游、餐饮、会展业务的跨界融合，丰富产品业态，形成 IP 产业链。

二 依托"一带一路太阳之旅"项目运作，打造"体旅融合"产业新模式

（一）背景

为庆祝广州与法国里昂市缔结友好城市关系 30 周年，宣传环保理念，

岭南控股通过国际合作，联合举办"里昂—广州·2018 一带一路太阳之旅太阳能自行车挑战赛"等系列活动。以"赛事营销、城市营销与旅游营销"三位一体模式，充分利用体育 IP 自带"流量"属性，叠加国内外主流媒体和新媒体传播，有效提升岭南品牌"品质、活力、时尚与环保"的形象和广州世界旅游名城形象，获得全球媒体广泛关注。

（二）"旅游＋体育"跨界融合

"太阳之旅"选手跨越欧亚"丝绸之路经济带"沿线国家，完成从里昂至广州 1.2 万公里的赛程，弘扬"一带一路"民间交往友谊，助力广州与里昂深化文商旅方面的合作，其是具备国际影响力的体育赛事。

借助这一国际盛事，岭南控股发挥自身产业链资源优势，同期策划了包括广府文化体验、粤港澳大湾区游览等凸显广州历史文化的精品旅游路线及中法各界人士友好交流故事会等活动，通过选手对广州历史名城底蕴和现代生活方式的深度感受，向国内外媒体讲好广州故事，传播岭南声音。

太阳之旅既是国际性活动，又拥有参与性强、体验性强的体育赛事特点，极大丰富了城市节事活动主题，对境外游客具有强大吸引力，对进一步丰富城市旅游资源、促进岭南入境游市场发展具有重要意义，使体育赛事与旅游文化相融合，形成赛事营销、城市营销与企业旅游营销的三赢局面。

（三）绿色旅游转型升级

挑战赛所用自行车均搭载光伏板，以太阳能转化电能作为动力，深入贯彻环保、低碳、创新理念，展示了太阳能技术在旅游中的应用，推广"绿色出行"概念，是 2018 "中法环境年"框架下两国共同推动环保发展的重要实践行动。

为引导绿色旅游消费观，推进旅游节能减排，岭南控股将太阳之旅主题展植入省旅博会、广府嘉年华等旅游行业会展平台，以扩展绿色旅游市场边界，将全国乃至全球的绿色文旅投资者或消费客户吸引到太阳之旅所代表的"绿色生态＋文化旅游"产业发展中来。

未来，岭南控股将推动长期合作，深入挖掘太阳之旅"以体促旅"能力，研发定制路线、打包食宿、结合绿色出行方式，打造短途观光性质的旅游产品，开拓向绿色文化旅游转型升级的新市场。

（四）赛事带动品牌传播

岭南控股充分运用太阳之旅项目在两国政府、知名企业、海内外媒体间的影响力，联动酒店、会展、商旅出行等多项资源，将选手和太阳能自行车360度融入岭南旅游场景中，如入住东方宾馆、在新开业的岭居创享公寓举办住客互动分享沙龙、参加粤港澳大湾区地标之一——南沙花园酒店开业仪式等，将岭南旗下品牌与比赛深度融合，使赛事配套活动与产业链资源自然关联，以生动有趣的内容提高传播素材的可读性，提高大众对岭南品牌的认同感。通过比赛，不仅展示了各产业间的协同效果，更宣传了广州旅游目的地资源和岭南集团优质商旅出行服务，在品牌宣传和拓宽市场两个方面实现双赢。

太阳之旅聚焦全球媒体关注，累计媒体发稿量650次，覆盖人群达2亿左右，创造约2000万元媒体价值，有效带动品牌宣传，吸引新能源行业招商资源，具有较高的市场转化价值，实现了以体育赛事营销带动旅游品牌效益的新模式。

三　启示与经验

在博古斯和太阳之旅项目运作的实践中，岭南旅游业各产业间通过相互供给与需求构成了价值链关系，形成了业务资源协作形式，但产业融合度低、整体增值能力不高、管理机制有待提升。

（一）从业务协同到产业融合

岭南控股大旅游产业链具备多元化、互补性的先天优势。一方面，会展业、旅行社、酒店、餐饮等产业多元化的产品与服务能够满足产业链各环节上消费者或客户的不同需求；另一方面，这些同属泛旅游生态圈资源之间的强关联性和互补性不仅能丰富产品和服务种类，还能在一定程度上避免由同质化导致的恶性竞争，从而提高产业链协同效应。

博古斯案例中，不同产业已通过资源共享、一体化项目管理实现了业务操作层面的协同。后博古斯时代，岭南控股的重要课题则是深入产业融合的本质，将旅游业和其他产业在市场需求的引导下，最终融合成新型旅游产业，形成独有竞争力。

1. 建立博古斯学会商业模式

利用学会作为世界知名烹饪赛事体系构成部分的独特优势，以"高端餐饮商会"为定位，围绕每两年举办的博古斯中国区比赛，形成"赛事招商 + 展会营销 + 专业培训 + 美食研发 + 定制餐饮服务 + 美食文化传播 + 品牌输出"七位一体的商业模式。

2. 培育岭南自有餐饮品牌

打造"一个实体，多块牌子"体系，以博古斯与花园酒店合作餐厅为学会运营实体，植入"岭南餐饮策划工作室"等品牌，与学会品牌相辅相成，通过各项赛事策划、行业展会、商务推广提高岭南自有品牌曝光率，在履行学会职能的同时发展岭南餐饮自有 IP。

3. 发展"会展 + 餐饮 + 旅游"新型产业

对接博古斯国际一流的餐饮会展体系，结合"食在广州"城市名片，通过举办博古斯烹饪大赛中国赛派生出美食博览会、美食嘉年华、美食观光游等集交通、住宿、餐饮、娱乐、观光、购物于一体的消费链。通过博古斯 IP 的凝聚效应和衍生效应，建立起岭南控股会展、旅行社、酒店、餐饮企业间稳定的合作关系，通过更加专业化、市场化的协作提高整个产业链的协同度，从而带动岭南" + 旅游"产业增长。

（二）从创新模式到创造价值

创新、创业、创值是岭南践行"创新是第一动力"的行为与价值逻辑。创新成果只有具备投入产出效益，实现创值，才具有可持续发展的战略价值。因此，任何一种"＋旅游"的新型产业模式必须产生清晰明确、可以持续的盈利模式，才具备长远发展性。

以"太阳之旅"为例，作为具备新能源和"丝绸之路"文化两大特点的新型体育运动，在模式上拥有不可比拟的创新优势。因此，需重点研发如何通过资源配置和发展规划来创造和收获属于岭南自己的经济价值。

1. 依体育需求打造旅游产品

2018年里昂－广州太阳之旅参赛选手沿途所经国家都有群众自发组织欢迎仪式，当地媒体争相报道。抵达终点广州后，更是吸引了大量自行车运动爱好者迎候观赛。如果能够运用观赛这一需求，打造诸如"与太阳之旅同游羊城"的产品，让观众们在比赛目的地体验到旅游的乐趣，使目的地的景点、演艺、酒店、餐饮、娱乐与体育比赛一同成为吸引要素，就能构建起"体育＋旅游"的产品模型。

2. 闭环式经营实现多元盈利

无论是体育产业，还是旅游产业，在盈利能力上都会受到诸如季节性等因素的影响。太阳之旅每届的比赛时间只有几个月。如果能够将其资源与岭南星光营地、封开景区等相关旅游资源对接起来，则在"非赛"期间，也能够通过其他旅游产品延续比赛热度，产生盈利，避免单一项目带来的不确定性，从而形成一个闭环式的经营模式，在收益上达到平衡。

3. 以周边产品放大经济收益

成熟的体育IP需要衍生品来达到利润最大化。在发展太阳之旅IP的过程中，有效结合岭南控股泛旅游生态圈会展、酒店等资源，可以创造丰富的周边产品，增加消费项目。例如在旅博会上进行太阳之旅专题展览，进行新能源行业广告招商；在酒店举行摄影展，发售纪念品等。不仅形成良性的收益机制，也会形成对观赛人群的持续聚集。

（三）从项目团队到创新社群

在产业融合的发展过程中，比发展消费者更为重要的是开发专业的人力资源。从"＋旅游"的需求来看，创新人才不仅要拥有跨界背景知识，还要有较高的沟通和交流能力，能够通过多方合作提供管理机制和高质量服务。

为构建创新人才体系，营造创新文化氛围，提升企业创新能力，岭南始终致力于打造企业内部创新社群。

1. 创新"联发"模式

大部分传统公司的创新仍然只来自研发部门，并着重于技术的进步。但在全域旅游新形势下，跨行业、跨技术、跨学科、跨地域和跨业务部门之间的联系不断。岭南控股鼓励不同部门之间的紧密合作和思想交流，进行联合开发创新项目，让知识的汇集和碰撞产生新的突破。在博古斯、太阳之旅等项目中组建起的高素质"联合舰队"，将项目管理变成"头脑风暴"的平台，集各行业专业人才之所长，激发员工隐性知识的挖掘和创新观点的产生。

2. "岭秀"内部培训计划

岭南控股通过举办月度"岭秀"主题沙龙，甄选具有知识总结能力和培训能力的员工进行专业知识或工作经验分享。不仅能结合企业实际，具有针对性，易于学习，更能形成持续性强的培训体系，营造良好的跨部门学习氛围。通过这一培训计划的建立，有助于让员工从其他专业领域汲取知识，向复合型人才方向发展。

3. 创新容错、激励机制

创新往往伴随着风险。岭南为鼓励员工勇于冒险和创新的精神，在制度上对探索性强、风险性高的创新项目实行容错机制，不影响项目责任人、团队、单位的绩效以及后续研发项目的申请，从而增加员工创新工作中的心理安全感；同时也设立年度"创新奖"，对取得创新成果的团队给予表彰和奖励，激励员工的创新热情。

参考文献

吴丽云：《以品质提升深化全域旅游发展》，《经济日报》2018 年 10 月 8 日，第 10 版。

杜江：《关于旅游集团文旅融合发展的思考》，《2018 旅游集团发展论坛》2018 年 12 月 10 日。

冯劲：《不忘初心，砥砺前行，为把岭南控股建设成一流企业而努力奋斗》，《岭南控股 2019 年度会议》，2018 年 12 月 28 日。

李全伟、马雪梅、廖琦菁：《中信"大协同"战略》，《哈佛商业评论》2017 年第 5 期。

严伟：《产业链协同视角下旅游产业融合的模式及机理分析》，《商业经济研究》2016 年第 10 期。

炳君学新：《"体育 + 旅游"有了新玩法，全域旅游背景下的策略之变》，百家号，2017 年 7 月 1 日。

《〈学习与思考〉谈创新为企业创造价值》，搜狐科技，2017 年 12 月 26 日。

广州无线电集团搭台引智打造创新闭环的实践与展望

广州无线电集团有限公司课题组*

摘　要： 近年来，广州无线电集团通过搭台引智、打通渠道，形成了科研平台搭建、人才队伍建设、核心技术突破、科研成果转化、知识产权保护的创新闭环的比较优势，通过高投入和高产出，向高端化和高效率迈进，推动了企业向高质量发展，为持续增长创造了新动能。本文总结了无线电集团利用多平台打造的多级创新体系，推动科研成果加速落地，对创新型高科技企业的长效发展有一定启发和借鉴意义。

关键词： 创新闭环　多级创新体系　产学研用　军民融合

随着人工智能、大数据、区块链等新一代信息技术的快速发展，如何抓住产业机遇，加速科研成果转化落地，成为创新型企业转型升级与长效发展的关键。

广州无线电集团创立于1995年，历史可追溯至1956年成立的地方国营广州无线电装修厂，是我国最早部属的军工电子骨干企业之一。近年来，广州无线电集团通过搭台引智、打通渠道，形成产学研用的创新闭环，通过高

---

* 课题组成员：谢臣，广州无线电集团纪委副书记、品牌·宣传部部长；龙乐静，广州无线电集团品牌·宣传部副部长；牛思远，广州无线电集团品牌·宣传部部长助理；王晓阳，广州无线电集团专家级高工；廖婷婷，广州无线电集团品牌·宣传部宣传主管。

投入、高产出，攻克多项具有自主知识产权的关键技术体系，构筑了技术创新的比较优势，为持续增长创造了新动能。如2017年以来，无线电集团连续举办两届科技创新大会搭台引智，邀请院士等国内外顶尖专家为企业创新发展建言献策，累计聘请19位院士担任高级顾问助力集团技术创新，形成了广州国资系统人数最多、领域最广的院士团队，有效增强了企业创新发展的动力。

同时，在"拓展与扩张"的战略下，无线电集团先后成立广电研究院、平云资本、广电新兴产业园投资有限公司和广州信息投资公司，积极推动国家级孵化器广州科技园公司资产整合，完成了整体划拨工作，成功拓展集团国家级科技孵化器平台，建立起创新平台、投资平台、科技载体和科技孵化"四位一体"的架构，进一步助推新旧发展动能的转换。

"十二五"以来，无线电集团年均研发投入占同口径营业收入12%以上，2018年科研投入达12亿元，同比增长10%。凭借持续的研发高投入和独具特色的创新闭环，集团主要经济指标十余年来保持年均20%的增长速度，新产品产值率年均超过80%，有效发明专利量在广州市国资委各集团中排名第一。

创新驱动为广州无线电集团可持续发展插上腾飞翅膀。发展至今，无线电集团已成为一家以"高端高科技制造业、高端现代服务业"为战略定位的多元化高科技产业集团，产品和服务涵盖全球80多个国家和地区。2018年，集团营业收入140亿元，同比增加21%，利润总额14.51亿元，净利润12.41亿元，扣除投资性收益后同口径利润总额同比增长41.5%，净利润同比增长76.4%。至2018年底，集团资产总额约360亿元，净资产200亿元；入围中国服务业企业500强；连续32年跻身电子信息百强榜；利润率连续九年名列中国电子信息百强企业第一；集团成员企业广电运通（股票代码：002152）、海格通信（股票代码：002465）入围"中国电子信息行业创新能力50强"，继续保持高端化产业良好发展态势。2018年，无线电集团成功入选国务院国资委国企改革"双百行动"企业名单，并获得广州市国资委批复改组为广州市首家国有资本投资公司试点企业。

一 广州无线电集团搭台引智形成创新闭环的发展实践

（一）聚合创新资源，构建"1＋N"多级创新体系

1.整合内部资源，建立"1＋N"层级化技术创新体系

广州无线电集团积极整合自身创新资源，依托全集团公司 1 个平台，以及 N 个成员企业开展资源整合，建立起"1＋N"的创新服务模式，形成多层级创新平台（见图1）。

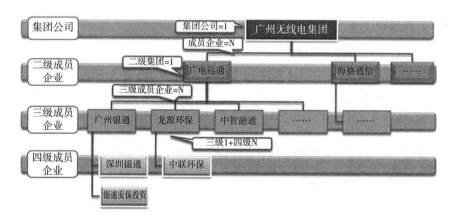

图1　广州无线电集团"1＋N"层级化技术创新体系

其中，无线电集团总部设有国家级企业技术中心、广东省重点工程技术研究开发中心、博士后科研工作站等创新平台，并以成员企业为主体，先后成立广电运通研究院、海格通信研究院、广电计量技术研究院、广电现代城市服务研究院、广州广电研究院 5 家专业领先研究院，并设立了无线电集团、广电运通、海格通信、广电计量、广电城市服务（原广电物业）、广州穗通6家院士工作站。将集团"1＋N"模式扩展到成员企业，把服务延伸到三级企业，推进广电运通、海格通信及广电计量建立健全"1＋N"创新资源管理模式和集团化创新团队。

目前，广州无线电集团拥有国家重点软件企业 2 家、国家火炬计划重点

高新技术企业 3 家、国家认定高新技术企业 51 家、国家知识产权示范企业 1 家、广东省知识产权示范企业 3 家、"中国软件和信息技术服务综合竞争力百强企业" 2 家（广电运通、海格通信），全集团每年立项的技术研发项目超过 400 项，形成了集团化的创新资源集结模式。

2. 联合外部资源，推动技术与产业的协同创新

广州无线电集团以产业发展为导向，积极挖掘外部创新资源，发挥企业在产业联盟组织的主导作用，开展产业技术和业务的上下游合作，近年来牵头参与了广东省人工智能产业联盟、广州市半导体协会、广州市国资国企创新战略联盟等新兴产业和创新机构工作。

广电运通参与广东省物联网产业联盟、广东智慧城市产业技术创新联盟、广东省云计算产业联盟、中关村大数据产业联盟，海格通信推动广东省北斗卫星导航产业联盟、广东省卫星导航产业（广州）基地建设，并参加中国北斗产业化应用联盟、广州开发区北斗产业应用创新联盟等技术产业化工作，联合产业链上下游企业及行业专家，通过信息和行业资源共享和项目合作，共同推动人工智能、无线通信及北斗导航等新技术与产业的协同创新。

3. 打造高端平台，聚焦核心关键技术前沿领域

通过内外部资源联动，广州无线电集团凝心聚力打造高端科创平台，聚焦核心关键技术的前沿领域。如 2018 年以来，无线电集团接连与广州移动、广州电信等签订战略合作框架协议，共建联合创新中心，借 5G 组网契机开展智慧城市等前沿领域的探索；海格通信引进院士担任研究院名誉院长及首席科学家，打造"广东省新一代通信与网络创新研究院"，组织开展尖端通信技术研究，对接落实国家重点研发计划"宽带通信和新型网络"和广东省重点研发计划"新一代通信与网络"；广电运通与广州公交集团旗下羊城通公司成立联合创新实验室，共建公交大数据解决方案和公共交通电子支付系统解决方案，联合建设一站式出行平台。

其实，早在 1998 年，广州无线电集团就建立了企业技术中心，2000 年获得国家级企业技术中心认定，2004 年获得国家级企业技术中心奖。同时，集团还通过建立博士后工作站、院士工作站、工业设计中心、重点实验室、

重点工程中心等科研平台，构筑行业技术领先优势。全集团目前共获得国家省市认定的科研平台 79 项，其中国家级创新机构资质包括博士后科研工作站、国家级企业技术中心、国际科技合作基地、国家工业设计中心等 8 项；省级平台 39 项、市级 32 项（见图2）。

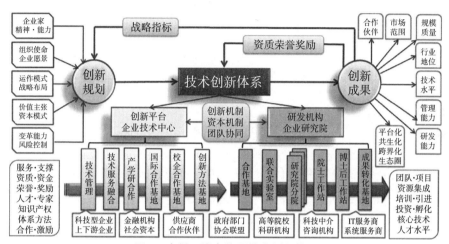

图2　广州无线电集团技术创新体系

（二）打通产学研用链条，推动科研成果落地

1. 吸纳高级人才，开展产学研合作

"人才是第一资源"。目前，广州无线电集团已与国防科技大学、中山大学、华南理工大学、西安电子科技大学等 23 家高校科研院所开展战略合作，重点推进集团人才引进及技术成果转化。

一方面，通过与高等院校的高层次人才联合培养，无线电集团已经形成一支 5300 余人的科研队伍，其中博士 68 人、硕士 1408 人。2017 年以来完成高级人才引进 35 人，其中博士 12 名，2018 年又完成中高级人才引进 59 人，不断加快高端人才的集结。在顶尖人才方面，集团聘请了包括戴汝为、孙家栋等在内的 19 名院士专家，是广州市国资系统人数最多、领域最广的一支院士团队（见图3）。

另一方面，无线电集团各成员企业也通过与高校的产学研合作，搭建产

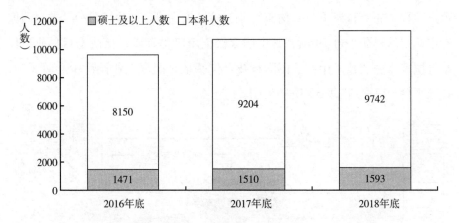

图3　广州无线电集团员工学历统计

学研用的全链条技术转移平台。广电运通、海格通信、广电计量、广电城市服务分别与相关领域的学术机构合作成立智能金融联合创新实验室，开展无人平台信息化研究，共建科研创新基地与现代城市服务研究院等，通过"产-学-研-用"的平台搭建，推动科研成果的双向转移与产业化落地。

2. 人工智能战略升级，树立多场景标杆项目

近年来，广州无线电集团深入推进人工智能核心技术研发及应用场景落地，广电运通打造"AI+"的智能金融、智能安全、智能交通、智能政务、智能便民等多场景应用，取得初步成效。

智能金融领域，无线电集团利用生物识别、语音识别、数据挖掘构建智慧银行网点、智能财税平台等系列智能金融解决方案，成功打造中国首家"无人银行"，国库支付电子化方案及大数据平台为我国政府60%的财政性资金支出提供信息安全保障；智能安全领域，与华为合作构建平安城市综合解决方案，建设深圳龙岗雪亮工程/智慧警务云平台、深圳南山视频监控、福州市公安局人脸识别大数据平台等多个标杆项目，以"AI+安全"的创新模式推动平安城市建设与服务；智能交通领域，产品及系统解决方案成功应用于国内超过30个城市的100多条地铁和高铁线路，大客流量智能安检系统、"刷脸登机"、"码上乘车"、"刷脸过闸"等应用场景已在多家地铁、

航空、港口试点上线；智能政务领域，自主研发的"互联网+可信身份认证"已在广州市政务中心以及黄埔、海珠、番禺、从化等区政务中心上线应用，其中广州政务智能平台实现国内首例海关柜台业务的延伸；智能便民领域，自主研发的智能票务系统软件及终端产品打造了长隆集团、贵州茅台古镇、金逸影城等标杆项目。

3. "军民融合"深入实施，民用产品推陈出新

广州无线电集团深入实施"军民融合"战略，海格通信已打造军民融合发展的信息系统集成产业链，民用产业占比接近50%。

无线通信领域，广州无线电集团主导参与"天通一号卫星通信系统""电磁频谱管理公共服务平台""海监通信指挥系统"等项目系统总体设计与装备建设，推出天通一号卫星通信终端及国内首个"中国芯"民用卫星手机，布局"端-管-云"一体化信息系统产品体系；北斗导航领域，研制北斗高精度定位导航，促进北斗与大数据、智慧城市、物联网、智能驾驶等领域的跨界融合应用；航空航天领域，获得中国民用航空局颁发的首个"国产甚高频地空通信共用系统"正式使用许可证，加速民航空管技术设备全面国产化进程，打破国外企业对这一细分领域的技术垄断；软件与信息服务领域，自主研制"苍擒无人机侦测防御系统"获得"第十八届亚太信息通讯科技大奖赛"两个项目金奖，参与广州财富论坛等多项重要活动的安全保障。

（三）开展技术研发成果保护，积极参与行业标准制定

1. 坚持高强度研发投入，科技创新成果不断涌现

广州无线电集团始终坚持在科技创新上的高强度投入，"十二五"以来年均研发投入占同口径营业收入12%以上。2018年，无线电集团落实科研投入12亿元；完成科研立项298个，申请专利496项、软件著作权229项，获批国家标准12项。其中，广电运通指静脉、活体检测、人证核脸、步态识别、智能视频预警平台等多项核心技术成功应用，开启运通多模态大数据核心平台研发；海格通信综合终端、陆军四代、大S卫星终端、短波机载设

备等关键技术取得重大突破；广电计量技术保障能力全面提升；广电研究院北斗芯片、信息安全技术创新取得新进展（见图4）。

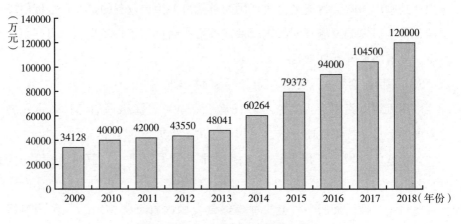

图4　2009年以来集团研发投入情况

2. 布局知识产权体系，强化技术研发成果的保护

广州无线电集团注重技术专利化的知识产权战略，为企业技术创新保驾护航。截至2018年底，无线电集团累计申请知识产权数量4957项，其中专利3827项、软件著作权1048项；授权知识产权数量3064项，其中专利2074项、软件著作权908项。广电运通2015年荣获中国知识产权领域最高奖项"中国专利奖"，"纸币处理设备及其循环钞箱机构"以及"一种有价文件识别装置"获2017年"第十九届中国专利优秀奖"；海格通信多项产品获得国家、省、市级科技进步奖等奖项（见图5）。

3. 参与基础性、通用性标准制定，抢占行业制高点

广州无线电集团积极构筑专利标准化的科技创新体系，占据行业的制高点。在标准研究方面，截至2018年底，无线电集团主持和参与制定标准121项，其中国家标准50项、地方标准19项、行业标准45项。其中，广电运通主导及参与制定相关国家标准24项，涉及生物特征识别、智能客服、智能设备等方面，完成了在指纹、人脸、虹膜、指静脉以及多模态融合等主流生物特征识别模态方面的国家标准布局，是国内首家完成全部

主流生物识别国标布局的企业,不断完善"标准—专利—产品"的科技创新与保护体系。

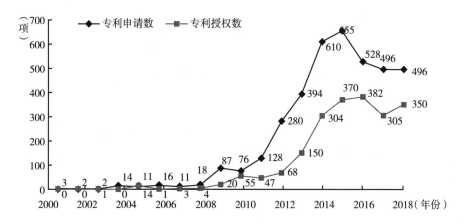

图5 广州无线电集团专利产出数量

二 广州无线电集团创新发展规划展望

(一)搭建"产业+联盟+基金+孵化器"四大战略科技创新投资孵化平台,推动集团新兴产业发展

一是推动广电研究院芯片、信息安全、科技孵化与发展等新兴产业的运营拓展;二是推动平云资本战略并购大项目、资本运作服务取得突破;三是推动广电产业园加快落实发展用地和经营项目突破;四是推动广电信息投资公司稳步推进智慧灯杆项目建设。

(二)积极融入国家人工智能发展战略,大力发展人工智能产业场景应用,促进集团高质量发展

作为引领未来的战略性技术,人工智能已经上升为国家战略,集团将把握机遇,凭借在金融智能设备领域多年的经验,战略布局生物特征识别、视频图像识别、语音语义分析、大数据技术、算力技术等人工智能核心技术,

积极推动"AI+金融""AI+安全""AI+交通""AI+便民"等领域的应用和落地。

（三）紧抓5G商用试点重要机遇，积极参与和拓展智慧城市建设，实现智慧城市业务规模化发展

抢抓广州入选国家首批5G试点城市、建设智慧羊城和粤港澳大湾区的发展契机，集中集团优势力量，依托集团在数字集群通信、北斗高精度定位芯片和系统、大数据平台、人工智能开发应用、智慧灯杆、产业园建设、现代城市服务、资本、人才和技术等方面的优势，推进智慧城市业务的规模化发展。

参考文献

《国务院关于印发新一代人工智能发展规划的通知》（国发〔2017〕35号）。

《广东省人民政府关于印发广东省新一代人工智能发展规划的通知》（粤府〔2018〕64号）。

十九届中央军民融合发展委员会：《军民融合发展战略纲要》，2018。

混合改革篇

Mixed Reform

2018年广州国资混改情况分析与展望

广州市国资委企业改革课题组*

摘　要： 本文从广州国资2018年混合所有制改革概况、主要做法及下
一步工作思路等三个方面作为切入点，阐述了广州市国资委
在深化国资国企改革和促进国有经济健康发展的重要战略部
署，以及如何多措并举，积极推进国资混改、激发企业活力、
努力构建不同所有制经济融合发展的实践，继而以粤港澳大
湾区的建设发展为契机，助力共创共赢，促进广州经济高质
量发展等的改革创新过程。

关键词： 广州国资　混合所有制改革　融合发展

近年来，广州市国资委以习近平新时代中国特色社会主义思想为指引，

---

* 课题组成员：罗俊荻，广州市国资委党委委员、总经济师；郭黎，广州市国资委改革处处长；
田涛，广州市国资委改革处副处长；黄伟文，广州市国资委改革处主任科员。

深入贯彻落实习近平总书记对广东"四个走在全国前列"重要指示精神，认真落实中央、省、市关于深化国资国企改革和促进国有经济健康发展的重要战略部署，多措并举，积极推进国资混改、激发企业活力、努力构建不同所有制经济融合发展新格局，以粤港澳大湾区的建设发展为契机，助力共创共赢，促进广州经济高质量发展。

一　2018年广州国资混合所有制改革概况

（一）混合所有制改革整体情况

1. 集团层面混改率全国第一

目前，广州市国资委直接监管的一级企业33户，其中混合所有制企业共9户，占直接监管企业近1/3，集团层面混改率为全国同类城市最高。二级及以下企业已有六成为混合所有制企业。

2. 混改涉及行业广泛

作为地方国资，广州国资坚持"宜混则混"的原则，积极引入非公资本。2018年共170户企业引进各类投资者，合计投资总额为318.58亿元。其中：非国有全资投资额233.72亿元，国有全资投资额84.86亿元；非国有全资投资额占投资总额73.36%，主要投资的行业包括汽车制造、金融、信息服务等。根据广州产权交易所数据，2018年，市属国有企业通过广州产权交易所挂牌的各类产权交易共224宗，交易金额约86.7亿元，包含股权交易19宗，交易金额79.78亿元；物权交易205宗，交易金额6.92亿元。

（二）出台促进混改的政策文件

继2015年5月，广州市委市政府出台的《关于全面深化国资国企改革的意见》中率先提出市场化的混改目标（"混合所有制成为市属企业主要形式"，"竞争性领域的市属企业全部实现整体上市或至少控股一家上市公司"）后，2018年6月，《中共广州市委　广州市人民政府关于促进国资国企改革创新发展的实施意见》印发实施，提出"到 2020 年，混合所有制经济充分发展；竞争类国有企业基本完成混合所有制改革，准公益类国有企业中符合条件的实现混合所有制发展新突破"，"资产证券化率达到 80% 左右"，"混合所有制企业主要效益指标贡献度达到 85%"，进一步明确了通过混改促进不同所有制经济融合发展的目标及举措。

2018 年 7 月，广州市政府《关于市属国有企业发展混合所有制经济的实施意见》印发实施，对混改的模式、方案设计、决策程序，以及混合所有制企业法人治理结构等内容提出了指导性和实操性意见。

（三）推出广州国资2018年混改重点项目

2018 年 5 月，广州市国资委印发《广州市国资委关于大力推进混合所有制改革工作的通知》，启动混改动员推进工作，筛选确定出 20 个重点混改项目。2018 年 10 月召开项目媒体通气会，经各大媒体向社会披露宣传，各混改项目引起了不同所有制资本的强烈兴趣，凸显了广州国资推出的混改项目的市场价值。12 月 6 日，主题为"赋能国资混改、助力共创共赢"的广州国资 2018 年混改重点项目推介对接会在广州塔成功召开，当天共有多家优秀民企代表共 230 人参会，并有 5 家国企与 4 家民企进行了混改合作意向签约。会后，多家知名民企都主动与混改企业联系，表示了积极的合作意向，借此契机参与广州国资混改，谋求融合发展。

二 广州国资推进混合所有制改革的主要做法

（一）充分利用资本市场，以上市为主要形式发展混合所有制经济

1. 积极打造公众公司

上市公司、新三板挂牌企业在法人治理结构、信息披露等方面已经有较完善的监管制度，打造公众公司是广州市国资委推进混改的重要途径。截至 2018 年底，广州市属国有企业控股上市企业 26 户（A＋H 股），其中 2017

年就有 4 户企业实现上市，广州港于 2017 年 3 月 29 日上证主板上市，广州酒家于 2017 年 6 月 27 日上证主板上市，广州农商银行于 2017 年 6 月 20 日香港联交所主板（H 股）上市，广哈通信于 2017 年 11 月 1 日深证创业板上市。此外，新三板挂牌企业也有 19 家，其中，2018 年新增广州金航、艾茉森 2 家新三板挂牌企业，广电计量①通过在新三板市场增资扩股引入战略投资者后成功启动 IPO 上市进程。

2. 推进上市公司"二次混改"

近年来，广州市国资委积极支持指导已有上市平台的企业，运用增减持股份、增发配股等多种手段，开展资本运作，进行"二次混改"。2015 ～ 2018 年共完成广汽股份、广药白云山、越秀金控、海格通信、广州浪奇等 10 家上市公司的 13 次"二次混改"，涉及资金 600 多亿元。广药白云山定增 83 亿元项目，引入了马云旗下云峰基金作为战略投资者，利用互联网和大数据，拓展多种经营，创新发展医药电商业务。广汽集团定增 150 亿元项目是汽车行业，也是市属国有控股上市公司融资规模最大的"二次混改"项目。其中，2018 年共有 3 家控股上市公司"二次混改"项目落地实施，包括广州浪奇收购广州轻工下属百花香料及华糖食品股权、越秀金控完成收购广州证券股权、创兴银行引入广州地铁作为第二大战略股东。

（二）强化激励，积极推进管理层和技术骨干持股

1. 力推上市公司员工持股及股权激励

近年来，广州市国资委指导广汽集团、无线电集团、珠江钢琴、广州酒家等企业实施管理层和技术骨干持股，产生了良好的激励作用。特别是在推动广州浪奇、广药白云山、海格通信、广电运通、珠江啤酒等上市公司"二次混改"的过程中，均同步实施员工持股计划，使企业管理层、核心员工的利益同股东利益趋于一致，为企业可持续健康发展提供体制保障。

---

① 广电计量于 2019 年 11 月 8 日在深交所 IPO 上市。

2.积极推进非上市公司员工持股及股权激励

按照国家、省关于开展国有控股混合所有制企业员工持股试点工作的要求，广州市国资委优先支持人才资本和技术要素贡献占比较高的高新技术企业、科技服务型企业及转制科研院所开展员工持股试点，艾茉森、广东奇化已完成相关工作，根据国家、省的要求，员工持股试点工作已完成。据统计，广州市国有控股混合所有制企业中已实现员工持股的企业共有59家。

2018年，地铁设计院改制并实施股权激励获批，当前正开展IPO申报工作，为准公益性企业市场化板块的混改树立了样板。

（三）积极推动国资与民资、外资合资合作

1.积极引入民资、外资，实现融合发展

推动广汽集团等市属国有企业与优秀的民营企业组建合资公司，与世界领先的跨国公司组建中外合资企业，加快混合所有制的发展。在合作方的选择上，选择在战略协同、产业优势、技术设备、资金实力、行业地位等方面互补的合作对象，提升发展质量和活力。

2.鼓励国有资本入股民营企业等，推进双向混改

近年来，广州市属国有企业不仅积极引入非公资本，而且通过受让股权、并购重组、对外投资等加强了与民营企业的股权合作和项目对接。如海格通信通过发行股份收购了陕西海通天线有限公司和广东海格怡创公司，打造军工产业集群，同时致力于开拓国际市场，在海外进行各种形式的合资合作。近期，万力集团控股山河智能、万宝集团收购金明精机等工作也取得重大进展。

（四）设立国资产业基金群撬动社会资本

通过国资产业投资基金撬动社会资本已成为广州混改资金路径之一。近年来，广州市已先后组建了广州产业投资基金管理有限公司、广州越秀产业投资基金管理股份有限公司、广州市中小企业发展基金有限公司、广州金控基金管理有限公司等多家专业的基金管理公司，通过与各类社会资本合作，

已初步形成以国资国企创新基金、城市更新基金、国新央企运营投资基金、绿色产业基金、中小企业基金、科创国发基金、产业并购基金等为主的国资产业基金集群，签约规模超 4000 亿元，成为企业创新发展和开展混合所有制改革的重要抓手。

三　广州国资进一步深化混合所有制改革的发展展望

作为国企改革的重要突破口，广州国资的混改进入新阶段，将继续坚持"宜混则混"的原则，强化"为改而混"的宗旨，通过进一步深化所有制改革，引入优秀战略投资者，完善法人治理，激发企业活力，构建促进国有经济高质量发展的体制机制。下一步将采取的主要工作思路如下。

（一）以上市公司作为推进混合所有制改革的主阵地

一是继续推进广州银行、广州农商银行、万联证券、地铁设计院等一批优势企业加快实现 A 股 IPO 上市；二是结合资本市场发展趋势，大力推进一批存量的国有控股上市公司实施"二次混改"；三是加快完成拟收购上市公司的股权交割等工作，将增量上市公司作为利用资本市场深化改革的重要载体。

（二）以更开放姿态促进各类社会资本合作共赢

加快推进广州国资 20 个混改重点项目实施，更广泛地吸引各种社会资本参与项目的谋划和落地；推进一批新增产业投资项目和公共服务类项目向各类社会资本开放，支持有条件、有优势的社会资本更积极地参与到国企改革和广州市建设中。

（三）利用国资产业基金群放大国有资本功能服务国家战略

继续推动国资系统的产业基金、创新基金、并购基金等基金扩大融资规模，更多地投向粤港澳大湾区建设重点产业和关键领域，联合各类所有制资本的力量，更好地服务于国家战略和省市重大部署。

广州市属国企混改工作情况调研报告

广州市国资委混合改革课题组*

摘　要： 在全面推动企业"混合所有制改革"的大背景下，广州市属国企多措并举，积极推进国资混改，在股权结构多元优化、公司治理水平和资本实力提升等方面取得了可喜成效，但在集团公司层面新的混改破局、员工持股等方面还存在较多问题，需要积极探索完善推动混改的保障促进措施，加快推进集团层面混合所有制改革新突破，开创广州不同所有制经济融合发展新局面。

关键词： 市属国企　混合改革　广州

为全面深入了解广州国企混合所有制改革进展情况，2018年广州市国资委联合广州大学广州发展研究院，开展了市属国企"混合所有制改革"专题调研，先后实地调研了珠江实业、万宝集团、广州发展、广州银行、广汽集团、无线电集团、珠江钢琴、广州酒家8家企业，对企业混合改革情况进行了全面调查掌握。

一　调研企业基本情况

调研的8家企业均是竞争性行业的企业，基本处于充分竞争领域，所属

---

* 课题组成员：陈江正，广州市国资委副巡视员；陈晓霞，广州市国资委办公室主任；徐嵋，广州市国资委企业党建处副调研员；吴坤友，广州市国资委综合处主任科员；肖芳，广州市国资委综合处副主任科员。

行业涵盖了工业、能源、商贸、房地产和建筑、金融等几大板块；合计职工16.32万人（2017年末财务快报，以下数据均同），约占市属企业职工总数的41.85%；合计资产总额8596.8亿元，约占市属企业资产总额的28.90%；合计净资产1654.4亿元，约占市属企业净资产总额的21.97%；合计国有净资产850.9亿元，约占市属企业国有净资产总额的15.75%；合计营业收入3679.1亿元，约占市属企业营业总收入的52.51%；合计利润总额331.7亿元，约占市属企业利润总额的53.25%；已交税费410.2亿元，约占市属企业已交税费总额的63.71%（见表1）。

表1 调研企业基本情况

单位：人，亿元，%

序号	企业	职工人数	资产总额	净资产	国有净资产	营业收入	利润总额	已交税费
1	珠江实业	14100.0	670.4	158.0	68.8	181.7	22.5	18.7
2	广州发展	5561.0	388.2	191.6	100.0	245.7	11.9	13.2
3	广州银行	3800.0	4399.4	237.2	221.6	84.1	40.0	16.3
4	万宝集团	10000.0	177	47.6	26.7	287.2	8.7	6.4
5	广州酒家	4134.0	22.2	17.1	11.6	21.8	4.1	2.7
6	无线电集团	40200.0	359.6	194.5	76.9	116.6	17.8	8.8
7	珠江钢琴	1410.0	43.0	32.4	24.26	17.0	1.8	1.6
8	广汽集团	84000.0	2537.0	776.0	321.0	2725.0	224.9	342.5
小 计		163205.0	8596.8	1654.4	850.9	3679.1	331.7	410.2
市属企业合计		390000（约）	29748.5	7533.2	5403.6	7007.2	623.0	643.9
调研企业占市属企业比例		41.85	28.90	21.97	15.75	52.51	53.25	63.71

注：数据为2017年末财务快报数。

二 调研企业混改工作进展情况

调研的8家企业，目前均在不同层面不同程度地实施了混合所有制改革。

（一）从混改层面看

集团公司层面实施了混改的企业有 4 家（广州发展、珠江钢琴、广州酒家、广州银行），占 50%。二级及以下公司层面实施了混改的企业也有 4 家（广汽、无线电、珠江实业、万宝），占 50%。

（二）从股东性质看

8 家集团所推进的不同层面混改，均包含了国有资本与非国有资本（民资、外资）的混合，是真正意义上的混改企业（不是仅仅停留在国有企业之间交叉持股的股权多元化状态）。

（三）从股东构成情况看

1. 股东数量

混改企业股东数在 2 个至 10 多个之间（不计上市公司公众股东、员工持股企业持股员工数）。合资新设的大多数企业股东数为 2 个，定向增发与股权转让企业的股东数相对多一些（广电计量 16 个、海格通信 16 个、广汽集团 10 个、广州银行 7 个）。

2. 国资控股比例

大多数混改企业国资处于绝对控股地位，国资控股比例最高的是广州银行，达到 93.71%（公司制改革及员工持股时形成，近两年开展股权转让，虽有 7 个股东，但都是央企或省市属国企）。7 家上市公司中，有 6 家国资控股比例高于 50%，珠江钢琴最高达到 75%。广汽在引进战略合作伙伴、创立中外合资的部分企业中形成国有与外资 1:1 的股权结构，如广汽本田、广汽丰田、广汽菲克等企业。

（四）从混改实施方式看

1. IPO 上市

7 家，包括集团层面 3 家（珠江钢琴、广州酒家、广州发展）；二级以下企业 4 家（广汽集团、珠江实业、广电运通、海格通信）。

2. 新三板挂牌

5 家，均是二级以下企业（森宝电器、广电计量、珠江艾茉森、众诚汽车保险、珠江文体）。

3. 定向增发引进新股东

6 家，包括集团公司层面 2 家（广州发展、珠江钢琴），二级以下企业 4 家（无线电 3 家、广汽 1 家）。

4. 合资新设

104 家，全部为二级以下企业，其中广汽集团占 73 家。

5. 股权转让

集团公司层面 2 家（广州发展，广州银行正在推进实施中）；二级以下企业 1 家（万宝集团森宝电器）。

6. 员工持股

11 家，包括集团公司层面 3 家（广州酒家、珠江钢琴、广州银行），二级以下企业 8 家（珠江实业 1 家、万宝集团 2 家、无线电 4 家、珠江钢琴 1 家）。

7. 向外并购控股

广汽、万宝、珠江钢琴、无线电等集团均实施了对外并购控股，新增了一批混合所有制企业。如，无线电集团近年累计投入 40 亿元推进向外并购扩张发展，并进一步深化混改成效。其中，海格通信先后并购了广东怡创、驰达飞机、摩诘创新等多家协同性强的创新型企业，迅速布局模拟仿真、频谱管理、数字集群、卫星通信等新兴产业，突破了企业成长的"天花板"。

同时，以集团公司为单位来看，各企业基本上采用了多种方式实施混改，包括不同层级企业的不同方式，以及同一企业的多种方式并用。如珠江钢琴集团，集团公司及子公司先后实施了 IPO、新三板、定向增发、合资新设、员工持股、向外并购 6 种方式发展混合所有制经济。

（五）从员工持股情况看

1. 员工持股企业数月

8 家企业集团共有员工持股企业 11 家，其中集团公司层面员工持股 3

家（广州酒家、珠江钢琴、广州银行），占27.28%；二级以下企业员工持股8家（海格通信、广电运通、广电计量、广电物业、珠江监理、森宝电器、电子材料、珠江艾茉森），占72.72%。

2. 员工持股人数

11家企业持股员工人数合计为5132人，最多的是无线电集团2933人，最少的是万宝集团下属2个企业（森宝电器、电子材料），只有16人，其余8家企业平均428人（见表2）。

表2　调研企业员工持股人数一览

单位：人

集团名称	无线电集团	万宝集团	珠江钢琴集团	广州银行	广州酒家	珠江实业	合计
员工持股企业数	4	2	2	1	1	1	11
员工持股人数	2933	16	212	1689	182	100	5132

3. 员工持股占公司总股权的比例

11家员工持股企业员工持股比例在百分之零点几至百分之二十几之间：最低0.49%（广州银行），最高24.2%（广电计量），平均为11.6%（见表3）。

表3　调研企业员工持股比例一览

单位：%

企业名称	广州银行	珠江钢琴	广电运通	海格通信	珠江监理	珠江艾茉森	森宝电器+电子材料	广电物业	广州酒家	广电计量
员工持股比例	0.49	3.72	5.4	9.6	10	11	13.45	15	21.3	24.2

（六）从引进战略投资者看

集团公司层面引进战投2家（广州发展引进长江电力；广州银行正在引进南方电网、南航等）；二级以下企业引进战投多家（广汽二级企业多个合资合作伙伴；广州发展二级企业引进BP、中远海运等；珠江钢琴艾茉森、万宝集团森宝电器也分别引进了非国有的战略投资者）。总体看，混改企业引进战略投资者，特别是能起到重要作用、关键作用的战略投资者只是少数。

（七）从混改实施时间看（全部市属国企范围）

首先，从IPO来看：市属企业现有IPO企业25家，其中，国资委成立（2005年）前已实施12家，占48%；国资委成立至党的十八大前实施9家，占36%；党的十八大后实施4家（均在2017年），占16%（中间在2002～2004的3年，2013～2016年的4年出现断档期）。

其次，从员工持股来看：2018年新增4户试点企业。在此之前，广州市国资委2016年摸底调查的市属各级员工持股企业55户（另有区属企业2户）均是十八大以前，甚至相当部分是国资委成立以前完成的。2015～2016年，主要通过推进上市公司"二次混改"，实现10家上市公司定向增发，其中有6家上市公司同时引入员工持股。

（八）从市属企业总体混改的进展看

根据产权处提供的数据，截至2017年底，市属国企共有各级法人单位4540家，其中混合所有制企业3031家（包括产权多元化企业），占66.77%。其中，一级企业35家，混合所有制企业8家（发展、钢琴、友谊、广州酒家、广州银行、广州农商行、珠江啤酒、赛马总），占22.86%；二级以下企业4505家，其中混合所有制企业3023家，占67.10%。

三　调研企业混改成效及经验体会

（一）混改工作成效

1. 股权结构多元优化

股权结构多元优化更好地体现了国有资本与其他资本相互融合、共同发展的要求，改善了股权单一、体制不活的状况。广州银行引入7家战略投资者（3 家央企、2 家省属企业、1 家省外国企、1 家区属国企），股权结构得到明显改善，广州金控持股比例降低至 37.44%，广州市财政持股比例降低至 46.4%，央企持股比例达到 31.21%。珠江艾茉森、珠江监理等通过推行混合所有制改革，形成了"国有控股 + 战略投资者 + 员工持股"的股权结构，形成了多元股东积极性、多元股东监督的合力。

2. 公司治理水平提升

股权结构的调整带动治理结构更加有效制衡、规范运转，进而带动企业管理理念、运营机制、企业文化等各领域深刻转变，为公司科学治理、高效决策创造了条件。广州发展董事会中引入非公有资本股东推荐的董事，完善了法人治理结构。广州银行引入 2 家战略投资者均有董事席位，将优化充实董事会人员构成，促进公司治理水平提升。

3. 企业的凝聚力和活力增强

通过"引资本"促进"转机制"，企业积极探索完善市场化激励约束机制，市场化选人用人制度日趋完善，员工能进能出、管理人员能上能下、薪酬能增能减的目标得以实现。无线电集团 2000 年以来率先在多家企业实行员工持股，通过"金手铐"对骨干员工形成良性约束与长期激励，增强了企业可持续发展的动力和活力。森宝电器等通过实行员工持股，进一步增强了企业的凝聚力，留住了企业发展所需要的优秀人才。

4. 资本实力大幅提升

广州银行完成股权优化项目后，资本充足率、核心一级资本充足率将提升至 16.78%、14.04%，资本充足水平将远高于行业水平；"十三五"期间资本充足率均能保持在 12% 以上，引入的资本金可支撑广州银行资产规模达到 8000 亿元的水平，实现规模和利润"双倍增"。

5. 业务空间大幅扩张

广汽集团在整车生产、关键零部件、汽车金融等多领域与多个合作伙伴的合作，均有效地拓展了业务空间，形成了促进做强做大的合力。广州银行通过与投资者业务发展协同效应，可在绿色金融、供应链金融、航空金融、文化金融、科技金融等领域全方位拓展业务发展空间。

6. 企业实现快速发展

（1）无线电集团的海格通信和广电运通，从改制前的合计 1 亿多元注册资本，发展到 2017 年底总市值近 500 亿元，累计从资本市场募集资金 98.2 亿元，为股东分红 29 亿元，双双成为行业龙头和创新标兵。

（2）广汽集团从 2000 年成立时，授权经营企业 120 家，亏损面达 90%；资产总额 102 亿元，不良、不实及关闭破产企业资产占比 62%，负债率 81%，发展到 2017 年营业收入 2528 亿元，利润总额 621 亿元，世界 500 强排名 238 位。

（3）广州酒家混改后，经营业绩一直保持高速增长，与其他国有饮食企业被迫退出形成鲜明对比。2008 年以来的 9 年里，营业收入增长 3.16 倍，利润总额增长 4.15 倍，资产总额增长 5.55 倍，净资产增长 17.1 倍，成为国有餐饮企业发展的奇迹。

（4）珠江钢琴混改特别是上市后，获得了发展新跨越。2017 年底资产总额比 2011 年增长 2.4 倍，2018 年 3 月底总市值达到 112 亿元，是 2012 年上市时的 2 倍。创造多项全国、全球"第一"。

（5）森宝电器通过混合所有制改革，2012 年开始进入高速发展轨道，企业资产总额年均增幅 17.12%，净利润年均增幅 25.47%；6 年累计净利润总额 6324.32 万元，2017 年净资产收益率达 17.62%；6 年期共缴纳税费 5349.34 万元，较上一个 6 年缴纳税费增长 8.5 倍。

7. 对整体发展的贡献度明显提升

（1）从混改企业的贡献度看，2017 年，混改企业在 8 家集团中绝对贡献度：资产总额占比为 56.7% ~ 100%；营业收入占比为 53.3% ~ 100%；利润总额占比为 76.2% ~ 100%。

（2）从混改企业贡献度的变化看，2012 ~ 2017 年，8 家集团混改企业贡献度的变化是：资产总额占比从平均 75% 提高到 83.5%，提高 8.5 个百分点；营业收入占比平均从 77.5% 提高到 85.8%，提高 8.3 个百分点；利润总额占比平均从 81% 提高到 93%，提高 12 个百分点。

（二）调研企业推进混改工作的经验体会

1. 推进混改确实是竞争性国企改革发展的方向

一致认为，三十多年的国企改革实践已经充分证明，混合所有制改革，是医治传统国有企业体制机制不活病根、促进现代企业制度建立和有效运行、激发国有企业活力、增强企业竞争力的有效良方，对处于竞争领域的国有企业特别是充分竞争行业的国有企业，应该积极鼓励、大胆推进混合所有制改革。市属国企中发展比较好的，基本都是混改做得比较好的企业。广汽集团几乎就是"混出来的"：73 家合资设立的企业，二级企业就有 12 家合资企业，与日企、欧美企业、民营企业均有广泛的合资合作。无线电集团的各家二级企业均走的是员工持股＋引进战投＋公开上市的路子，按照企业的话来讲，就是"没有混改就没有企业今天的好日子"。

2. 应多种途径、多种方式、多个层面并举推进国企混改

调研企业均认为，应根据不同行业、不同时期、不同发展阶段，实施可能做到的合适的混改举措，以增资扩股、合资新设为主，IPO、新三板、股权转让、员工持股等多措并举，不应局限于某一种形式，要争取主动探索，积极改制，不应被动等待。

3. 推进混改最规范有效的做法是推进证券市场公开上市

推进国企混改，不是为混合而混合、为多元而多元，目的是更好地发展。因此，要围绕最有效促进发展的目标选择混改的方式和手段。在证券市场公开发行上市成为公众公司，有利于以规范的方式推进混改，实现股权多元化；有利于增强资本流动性，解决国企股权固化问题；有利于畅通资本市场融资渠道，解决融资难融资贵问题；有利于扩大企业影响力，为企业向外扩张发展创造条件；更重要的是，有利于促进建立现代企业制度，建设规范的法人治理结构和运行机制。国有企业要成为依法经营、规范运作，高质量发展、可持续发展的带头者和引领者，就应该树立高标准发展目标，以推进公开上市发展为努力方向和目标。

4. 混改时引进战略投资者非常重要

广汽集团、广州发展、广州银行、珠江钢琴、大圣科技等企业对此深有体会，认为好的战略投资者是企业发展战略实现的有力支持者和协同者，对企业的技术研发、产品开发、产业配套、市场开拓、资本支持、品牌影响等方面可以起到良好的辅助或促进作用。必须把引进战略投资者作为混改工作的重要一环，提升到影响混改质量、影响企业发展优劣的高度来对待。

5. 员工（核心员工）持股是推进混改不可忽视的重要举措

员工持股，有利于使员工与企业紧密结合在一起，形成"三个共同体"，即利益共同体、命运共同体、责任共同体。同时，员工持股也是五大新发展理念之一"共享"理念的具体体现。广电运通、海格通信、珠江钢琴、广州酒家、森宝电器等均充分说明了员工持股的积极作用。调研企业均认为，应该在总结员工持股企业发展情况及其推进员工持股经验做法的基础上，积极鼓励和加快实施员工持股工作，让更多企业与员工结成紧密的利益与责任共同体，充分调动员工尤其是核心员工的积极性和主动性，让更多的员工在共同体中通过持续的奋斗来分享企业发展的成果。要把它当成推进混改的重要举措，摆上重要议程。不少企业甚至明确提出，在没有理想的混改对象选择时先选择员工持股，以国有控股 + 员工持股的方式运作国有企业，也是改善国企经营机制的有效途径。

四 调研企业推进混改工作存在的主要问题和困难

存在的问题和困难具体可从混改、员工持股两方面来看。

（一）混改方面的问题和困难

1. 国企"一股独大"影响公司治理中制衡机制的建立

虽然市属国企通过公开上市、定向增发、新三板挂牌、股权转让、引进战略投资者、员工持股等多种股权多元化手段来降低国有控股比例，但是，实际上依然存在"一股独大"的现象，非国有资本由于持股比例过低，缺乏话语权，并未实现实质意义上的混改。

从国有股权占比看，绝大多数企业的国有控股比例依然在50%以上。以上市公司为例，广汽集团、珠江钢琴、广州酒家、广州发展、广电运通等公司的国有股占比介于52%～75%（2017年底数据），只有珠江实业、海格通信小于50%，7家上市公司国有控股比例平均达到57%（见表4）。

表4　调研企业7家上市公司国有股比一览

单位：%

公司名称	珠江钢琴	广州酒家	广州发展	广汽集团(A＋H)	广电运通	珠江实业	海格通信
国有股比	74.89	67.70	62.69	60.90	52.52	35.62	21.76

从董事会成员看，除了广州发展等极少数的战略投资者有派出董事会成员外，绝大多数上市公司没有代表非国有股权的董事会成员，真正的股权制衡机制未确立，管理机制创新不明显，人事及薪酬制度仍是类似甚至照搬纯国企的管理办法，未能充分激发国企的经营活力。

2. 战略投资者的引入和作用发挥不明显

虽然部分企业对引进战投的重要性有较充分的认识，但实际上，调研企业中由于对引进战投认识不足，准备不充分，未主动寻找，或者是寻找途径与方式不佳而寻不到，或者是企业缺乏吸引力，找到了却引不进来等原因，引进战投的国有控股混改企业数量较少，上市公司中能引进和充分发挥战投作用的也为数不多，大多数只是简单引进一些财务投资人，达到股权多元化的目的要求。缺乏战略投资者，企业缺少了增强竞争力、加快发展的有效助推力量。

3. 集团公司层面新的混改未有破局

广州发展、广州银行、珠江钢琴、广州酒家等几家集团公司层面的混改企业均是早些年的混改成果。近几年由于政策强调试点和稳妥推进，集团公司要作为上市公司国有资本出资人的角色定位，以及集团公司领导人的身份及管理体制等原因，尚未有新的集团公司层面混改突破，推动集团公司改制的动力也不足。

4. 国企与民企合作有待磨合和提高

调研企业中，国企与民企成功合资合作的例子不多，广汽与吉奥汽车的

125

合作，最终也是以广汽的全面收购告终。从企业的分析来看，原因有三：一是在混合过程中，过分强调保障国有股东权益和话语权，民企和其他资本参股后缺乏话语权，也缺乏适当的退出机制予以保障，使其对待国企混改采取相对消极的态度；二是合作双方实力不对等、民营资本难以紧跟国企发展步伐，导致企业后续发展要素补给不足，影响了合作发展战略目标的实现（吉奥汽车公司就是典型）；三是国有资本与社会资本在企业文化、管理理念、价值取向等方面存在差异，如何实现有效融合还需要进一步探索。

5. 担心追责导致推进混改工作趋于谨慎

在强化问责追责的大背景下，混改过程中可能产生国有资产流失问题给企业决策者和经营者带来较大压力。虽然有比较明确的政策和法规，但部分企业负责人仍担心改制的探索过程中，可能会由于某些环节的工作出现瑕疵、不能尽善尽美，在没有明确的容错机制环境下引致被问责，使得企业在引入非国有的战略投资者及其他投资者时过度谨慎。

（二）员工持股方面的问题

1. 员工持股试点企业名额太少

目前，企业实行员工持股积极性很高，但受政策所限（名额分配制），能进入试点的企业实在太少。全省只给 5 ~ 10 个名额，广州积极争取也只得 4 个名额。企业普遍反映这是不合理、没必要的限制措施。同时，对科技型企业员工持股条件的设定太严，须有利润、盈利模式、商业模式等合格的指标。初创的科技型企业处于孵化期，起步阶段的财务指标往往不易达标，很难被认定为"高新技术企业"，进而导致初创的国有科技型企业不能进入员工持股范围。

2. 员工总的持股比例及个人持股比例设定缺乏灵活性

员工持股总量原则上不高于公司总股本的30%，单一员工持股比例原则上不高于公司总股本的1%，这样的规定没有充分考虑企业规模和发展阶段的特点不同。同时，国有控股上市公司推进股票期权激励计划仅有占公司总股本1%的份额，对于轻资产的企业来讲，可用来激励的股票绝对数额太少，激励面以及激励的力度都相当有限，造成对核心骨干无法实现有效的股权激励，出现人才流失。

3. "上不持下"规定影响高层和总部骨干的积极性

根据现有文件规定,国有企业职工不得直接或间接持有下级企业的股权,但集团总部负责着对下属企业的监管、管控、管理和服务,对下属企业的重大决策承担了主要责任。"上不持下"的政策规定影响了高层及集团总部员工的工作积极性,不利于其主动为下属单位发展尽心尽力,影响了集团内部各层次人才的统筹使用和合理流动。特别是在实行强总部职能、扁平化管理、一体化运作的企业中,集团公司人员是压缩后的垂直层面关键职能部门岗位人员,人为分割"上"与"下"的做法,不切合实际运作需要。

4. 员工持股退出机制有待建立和完善

由于员工存在一定的流动性,如何通过退出机制实现股权流转,且不违背股权激励的原则是当前面临的主要问题。不退出会影响在职员工持有的总股份数量;一刀切退出会影响人才的合理流动使用,特别是在本集团内的流动和提拔使用。目前,各相关企业都在探索科学合理的员工持股退出机制,需要获得有力的指导和帮助。

5. 由国有资本、国企员工共同出资新设企业直接实现员工持股的做法未被允许

按照现行的政策,必须先建立起国有控股的混合所有制企业,然后才能创造条件实行员工持股。企业认为这一限定不合理,也没必要。国有企业与员工共同以现金方式直接出资新设立的公司,特别是有探索性、创新性、开拓性、风险较高的高科技企业,是利益与风险共担的充分体现,不应当作福利性制度安排,应该鼓励而不是限制和禁止。

五　中央和相关地方国企混改的动向

(一)央企混改的进展情况

2017年,稳步推进混合所有制改革,重点领域改革迈出实质性步伐。在电力、石油、天然气、民航、电信、军工等重点领域开展混合所有制改革

试点，引入各类投资者 40 多家，资本超过 900 亿元。中央企业 243 户子企业通过转让股权、增资扩股等方式开展混合所有制改革。中央企业混合所有制企业户数占比超过 2/3，上市公司资产占比超过 63%，国有资本功能不断放大。中国联通、东航物流深入推进混合所有制改革，在社会上取得积极反响。中央企业首批 10 户员工持股试点子企业完成首期出资入股，27 个地方 158 户企业试点有序推进。混合所有制改革，就是要引入民营资本，目前国资委进行三批混改试点，很多混改后的单位为核心员工持股，加快 IPO 步伐，状态上已经与民营企业在很大程度上同步。联通集团的中国联通、中车的云链金融、中石化的石化盈科、中国宝武的欧冶云商，五矿与阿里合作的钢材电商"五阿哥"、诚通集团的中国物流等，都是很好的混改案例。

中央经济工作会议提出坚持分层分类推动，稳妥有序开展国有控股混合所有制企业员工持股试点，健全混合所有制企业治理结构，调动各类资本参与发展混合所有制经济的积极性；2019 年政府工作报告提出稳妥推进混合所有制改革；国务院国资委提出积极推进主业处于充分竞争行业和领域的商业类国有企业混合所有制改革，进一步推动重点领域混合所有制改革试点。系统总结国有控股混合所有制企业员工持股试点经验，扩大试点范围，建立激励约束长效机制。中央企业 + 部分地方国企第三批混改在上半年全面启动。

（二）地方国企的混改情况

广东省。2018 年提出，把混合所有制改革作为重要突破口，坚持为改而混，坚持因地制宜、因企施策，坚持把推动企业上市作为混合所有制改革的重要抓手，选取省盐业集团作为集团层面实施混合所有制改革试点，产权集团作为股份制改革试点。

上海市。2018 年，把"深化混合所有制改革、着力增强国有经济活力"明确为年度八项重点工作第三位，分两个层面推进混改工作：一是集团层面混改，通过推动混改提升集团竞争力，推动整体上市；二是由市国资委定方向、定规则，比如参股、控股等细则，但坚持市场化原则推动混改。

深圳市。提出2018年全面落实"1＋12"改革文件，聚焦改革重点难点，具体实施"五个全面"。其中第一位的就是全面推进混合所有制改革，坚持"不限层级、应改尽改"，落实混合所有制改革3年工作方案，通过引进战略投资者、外部并购、员工持股等方式，全面推进企业混改，力争3年内实现商业类企业混改全覆盖，全面推进混合所有制改革。

六　进一步深化广州市属国企混改的对策建议

（一）明确总体要求和基本原则

推进市属国企混改和员工持股，要坚持以下一个总体要求和四项基本原则。

总体要求：完善治理、强化激励、突出主业、提高效率。（中央精神）

基本原则：

不分层级，应改尽改。（深圳经验）

国有控股，做强做大。（坚持底线）

增量为主，多措并举。（方式选择）

依法合规，公开透明。（工作规范）

（二）探索完善推动混改的保障促进措施

1. 加强政策指导

一是根据《中共中央、国务院关于深化国有企业改革的指导意见》（中发〔2015〕22号）、《国务院关于国有企业发展混合所有制经济的意见》（国发〔2015〕54号）及《广东省人民政府转发国务院关于国有企业发展混合所有制经济意见的通知》（粤府〔2016〕3号）的指示精神，积极借鉴先行地区经验做法，制定实施广州市属国企发展混合所有制经济指导意见和具体办法。二是回应企业关切，就国企混改及员工持股工作中的关键问题，加强指导和培训，让企业能理解、能掌握、能操作。

2. 加强规划引领

围绕倍增计划目标和《促进国资国企改革创新发展实施意见》，推动混合所有制经济充分发展。结合国有企业功能定位，统筹研究并设计国有资本控股比例的行业分布和企业分布，明确国有资本在哪些行业必须独资，在哪些行业必须控股，最低持股比例是多少。不需要控股的企业如何按照市场规则有序进退、合理流动。力争至 2020 年，广州竞争类国有企业基本完成混合所有制改革，全部实现整体上市或至少控股 1 家上市公司，资产证券化率达到 80% 左右；准公益类国有企业中符合条件的实现混合所有制改革发展新突破；混合所有制企业主要效益指标贡献度达到 85%。

3. 以理顺出资人职能为契机，将改革权限适度下放

一是对法人治理结构健全、公司治理运作规范的一级企业授权其承担下属国企改革的主体责任。运用负面清单推进国企混改和员工持股，对负面清单之外的事项允许企业按照法律规定和自身实际大胆改革实验，切实把可分解的改革责任落实到企业身上。二是建立容错机制，营造鼓励改革、保护担当的氛围。

（三）重点突破或鼓励推进的若干举措

1. 推进集团层面混合所有制改革新突破

集团层面的混改具有战略性意义，体量大、影响广、带动强，有牵一发而动全身的效应，突破一个集团公司，尤其是大型集团公司，要比突破一批中小型企业效应更明显。近期，可结合一级企业的整合重组，选取 2~3 家竞争性企业开展集团层面混合所有制改革试点，并同步引入战略投资者，形成真正具有制衡机制的公司治理结构。同时，总结经验，在往后的混改工作中，逐步把引入战略投资者、实现董事会中有代表非国有股权的董事作为深化国企改革的一项基本内容。争取培育形成具有广州特色的"国资控股 + 战投充分参股 + 员工适度持股"的市属国企股权结构。

2. 充分利用上市公司平台做文章

一是继续大力推进股份有限公司上市。争取每年 1~2 家企业 IPO 上市，设定合理的控股比例，争取最大限度放大国资功能。二是继续大力推动上市公司"二次混改"。认真研究、有针对性地设定"三条线"目标企业，使国有控股 67% 的成为极少数，国有控股 51% 的成为少数，国有控股 34% 的成为大多数。目前，广州 25 家国有控股上市公司的国有控股比例平均接近 60%，若降到平均 40% 左右，则将放大 30%~40% 的总股本和总市值，对实现倍增计划是一大潜在动力源。三是有计划地推动优质资源注入上市公司，加速提高资产证券化率，助力做强做大上市公司。力争 3 年内，广州竞争性国企每年的资产证券化率提高 3 个百分点以上。

3. 举行国有企业发展混合所有制经济对接活动

一是梳理广州市属国有企业存量资产（包括无形资产）及增量项目，联合产权交易所等机构举办国有企业混合所有制项目展示对接活动，推介部分国有产权转让和项目合作，引入非国有资本和机构投资者。二是以国有资本投资运营公司为依托，国有资本与民营资本合作设立国企混改基金，充分吸纳社会资本参与，形成对市属国企加强投资、促进混改的有生力量。三是充分挖掘广州市属国有企业老字号价值，积极创新运营方式，通过引入外部战略投资者、高管持股、商标作价入股、老字号许可使用，以及通过公开市场转让部分沉淀老字号所有权等方式，同步深化老字号企业股份制改革，为广州老字号注入活力，发展品牌经济，助力倍增计划的实现。四是参照上市公司"三条线"设定的做法，分类降低非上市股份制企业的国有股比，以开放式的引资放大国有资本的控制力。

4. 鼓励有实力的优势企业加速向外投资并购

总结无线电、广汽、珠江钢琴、万宝、越秀等向外投资并购的经验，鼓励和推广其做法，围绕急需加速发展或需要着力培育的产业，以龙头企业、优势企业、国有资本投资运营公司为依托和主体，集中财力，加大力度实施向外投资并购，特别是要围绕广州重点打造的 IAB 产业，并购一批优质企业，加速做强做大，推动产业升级，努力开创"外延式""扩张式"发展混合所有制经济的新局面。要借鉴深圳国资经验，联动广州市属企业谋划企业并购的"大动作"，对象既包括各地民营企业，也包括广东省各地市国企以及外省市国企。通过并购的大手笔，实现产业、资产发展的跨越式提升。

5. 把推进员工持股作为混改工作核心环节之一

把推进混改与同步实施员工持股、同步引入战略投资者、同步健全法人治理结构，激发企业活力和内生动力紧密结合起来。顺应企业的要求和呼声，切实把推进员工持股作为混改工作核心环节之一，尽最大努力争取更多的企业纳入员工持股试点名单。同时，要积极向上级反映，争取放宽试点名额限制、条件限制、持股额度及比例限制等，进一步争取获得上级授权审批。当前，要把推动更多科技型企业进入员工持股试点行列作为推进员工持股的重中之重。

珠江钢琴集团混合所有制
改革实践经验研究

广州珠江钢琴集团股份有限公司课题组 *

摘　要： 本文深入阐述了珠江钢琴集团通过混合所有制改革促进改革发展的总体思路，系统分析总结了近年来珠江钢琴集团在集团层面和下属企业层面进行多层次多方位混合所有制改革的实践经验。围绕主业大胆改革创新是珠江钢琴成长为钢琴制造行业全球单打冠军和中国乐器行业龙头企业的关键所在。

关键词： 珠江钢琴　混合所有制改革　改革实践

广州珠江钢琴集团股份有限公司（以下简称"珠江钢琴"或"公司"）是广州市国资委控股的综合乐器制造集团，是中国乐器行业第一家上市公司。珠江钢琴始终围绕钢琴主业，通过多层次多方位的混合所有制改革，不断优化治理，成长为钢琴制造行业的全球单打冠军、中国乐器行业的龙头企业。

一　珠江钢琴整体经营状况

珠江钢琴始建于 1956 年，是中国乐器协会副理事长单位、中国乐器协

＊ 课题组成员：李建宁，广州珠江钢琴集团股份有限公司党委书记、董事长，高级工艺美术师、中级经济师；谭婵，广州珠江钢琴集团股份有限公司董事会秘书；罗淇锋，广州珠江钢琴集团股份有限公司战略投资部副经理。

会钢琴分会的会长单位、国家乐器标准化中心委托的钢琴国家标准（GB/T10159－2008《钢琴》）的主要起草和修订单位之一，是中国乐器行业中唯一拥有国家级技术中心的创新型试点企业，获得"国家文化产业示范基地"、"国家创新型试点企业"、"国家4A级标准化良好行为企业"、"高新技术企业"、中国乐器行业唯一一家和广州市第一家"全国质量奖"等多项奖励和荣誉。

珠江钢琴自2001年以来，连续18年稳居世界钢琴产销规模第一位，全国市场占有率达35%以上，全球市场占有率达25%以上，主要经济指标30多年稳居行业前列。2012年，珠江钢琴在深圳证券交易所中小板上市，成为中国乐器行业第一股。2016年5月，珠江钢琴完成对国际著名高端钢琴品牌德国舒密尔公司90%股权的收购，将通过舒密尔钢琴加速进军国际高端钢琴市场。珠江钢琴旗下高端品牌珠江恺撒堡钢琴成为2016年9月杭州G20文艺晚会、2017年12月广州财富论坛唯一指定用琴，珠江恺撒堡钢琴再次成为广州高端制造的名片（见表1）。

表1 珠江钢琴最近三年的主要财务情况

单位：元

项目	2015年12月31日	2016年12月31日	2017年12月31日
资产总额	2464196061.11	2894871146.10	4169525836.25
净资产	1931067317.59	2027009648.31	3193511835.88
营业收入	1469956197.03	1566191862.65	1790200423.03
净利润	146729806.93	151169527.67	164701254.32

二 珠江钢琴通过混合所有制改革促进
改革发展的总体思路

通过总结行业标杆关键成功因素，分析行业发展趋势，珠江钢琴改革总体思路是：做强钢琴主业，加快数码乐器和音乐文化教育战略业务发展，同时基于现有基础探索多元化新兴业务，形成更加稳健的多元业务组合，支持公司的可持续发展，打造广州国资旗下文化产业平台。

（一）音乐教育是布局文化教育产业的突破口

2017 年度我国音乐教育市场达到 792 亿元，是乐器制造行业市场规模的近两倍。音乐教育作为公司钢琴主业的下游行业，向该行业延伸有着相当优势：一是珠江钢琴与大量音乐学院和老师有着长期合作关系，遍布全国的经销商也可在销售钢琴的同时提供音乐培训服务。二是社会音乐教育领域整体落后的局面为珠江钢琴大力发展音乐教育提供空间，珠江钢琴将以音乐教育为突破口，进军艺术教育产业，打造珠江艺术教育品牌，提供专业化的艺术教育服务，大力发展音乐教育。

（二）结构调整和品牌塑造是钢琴主业的主策略

钢琴作为一个已经问世 300 余年的西洋乐器，在其传统消费市场欧美地区已趋于饱和。目前，全球每年钢琴销量不到 50 万架，其中中国市场销量超过 35 万架，占比超过 70%。公司目前钢琴年销量超过 15 万台，在国内市场占有率超过 36%，在如此庞大的体量下，再强调钢琴销量的大幅度增长已不现实，公司未来将把战略重心放在钢琴产品的结构调整和品牌塑造方面。珠江钢琴将大力推动钢琴主业向中高端发展，除了在产品质量、技术研发和营销体系上提升外，还将适时收购部分国外高端品牌，加速推进品牌、生产、人才、技术的国际化运作，提升品牌形象，优化产品结构，增强盈利能力。

（三）数码乐器是未来发展方向

数码乐器具有音色稳定、价格较低、运输方便、学习容易、功能丰富、娱乐性强等多种优势，受到广大乐器初学者的喜爱，普及率日益提高。公司数码钢琴产销量快速增长，成为近年来业务发展的亮点之一。公司将从 3 个方面大力推动数码乐器业务发展：一是以数码钢琴为主，向多种类数码乐器方向发展。二是加强数码乐器技术研发，提升产品质量，增加普及率。三是将数码乐器定位于家庭娱乐和学习的入口，结合开发数码乐器的线上、线下教育、娱乐软件，建立数码乐器教育培训和娱乐体系。

（四）探索建立完善集团管控模式，优化调整集团组织结构

珠江钢琴于2017年正式实施集团管理架构调整，将专业化经营工作和基础工作下沉到业务板块（子公司），强化了集团在战略管控、资源协调等方面的核心定位。一是制造业与服务业各业务板块的协同。加强各项业务核心流程的梳理，优化战略管理运行机制，建立集团层面的高效协作平台。二是集团与下属企业的有效管控。集团从战略的高度，审视各子分公司业务发展的方向与资源配给需求，进行及时的资源调配。通过实施架构调整，初步实现了加强各业务板块协同和强化集团对下属企业管控的目标。

三 珠江钢琴集团近年来混合所有制改革实践探索

（一）集团层面混合所有制改革

珠江钢琴是广州市属国企中较早实现集团整体上市的企业。近年来，在广州市委、市政府的关心支持和广州市国资委的直接领导下，珠江钢琴集团先后完成了集团层面的股份制改造、引入核心技术管理骨干和战略投资者持股，2012年在深圳证券交易所中小板IPO上市，2017年通过非公开发行股票向2名战略投资者募集10.93亿元，为企业改革发展奠定了坚实的基础。

1. 珠江钢琴IPO整体上市

（1）上市的背景

1956年以来，珠江钢琴聚焦乐器文化产业，长期专注于钢琴产品的研发、生产和销售，并形成了具有较大市场影响力的"珠江"品牌。2008年，经广州市国资委《关于广州珠江钢琴集团有限公司整体变更设立股份有限公司折股方案的批复》（穗国资批〔2008〕90号）批准，以公司前身广州

珠江钢琴集团有限公司截至 2008 年 6 月 30 日经审计的账面净资产按 1.53848972517：1 的比例折股整体变更设立股份有限公司，设立时的注册资本为 40000 万元。

2009 年，为加快实施公司发展战略，进一步优化公司法人治理结构，经广州市国资委批准及公司股东大会同意，公司实施增资扩股，引进行业上下游投资者和管理层、核心技术人员及管理骨干持股。本次增资 3000 万股，占增资前总股本的 7.5%；增资定价按 2008 年 12 月 31 日本公司每股净资产评估值作为定价基准，通过广州产权交易所挂牌交易向符合条件的 4 家行业上下游公司法人、公司 175 名管理层、核心技术人员及管理骨干增资扩股。

（2）达到的效果

一是实现管理层持股，形成利益共同体，激发活力。公司在上市前实施增资扩股，引进行业上下游战略投资者和管理层、核心技术人员及管理骨干持股。通过引入战略投资者和管理层、核心技术管理骨干持股，优化股东结构，有效整合公司资源，进一步健全公司治理机制，完善现代企业制度，促进公司发展，实现珠江钢琴做强做大的目标。

二是完善治理结构。公司按照中国证监会对公众公司的要求，建立了规范的法人治理结构，并持续完善内部控制制度，不断提升企业科学决策水平。公司不断健全股东大会、董事会、监事会规范运作制度，加强董事会内设机构、董事会秘书的组织架构建设，完善独立董事运行机制，定期开展企业内控制度评价，强化监督管理与评价考核，建立了责权利统一的责任体系。2011 年底，公司顺利通过了广州市国资委组织的董事会建设首批试点验收，为公司长期可持续发展奠定了坚实的基础。

三是通过募集资金投资项目促进企业发展。通过上市，为公司未来的长远发展筹集了超过 6 亿元的资金，巩固了公司在钢琴行业中的龙头企业地位，为公司进一步高端技术突破、提升品质、扩充产能、加强管理、收购壮大等提供了有利条件，推动公司向"造世界最好的钢琴，做全球最强的乐器企业"的愿景迈进。公司募集资金投资建设三个项目：增城中高档钢琴产业基地，生产中高档钢琴和关键钢琴部件；国家级企业技术中心增城研究院开展中高档钢琴及关键零部件的深度研究；北方营销中心在北方建立完善的营销、服务及品牌形象支持体系，实现北方市场深度覆盖，进一步提升公司产品在北方市场的市场占有率。上述 3 个募投项目的实施进一步提升了公司中高档钢琴产能，扩大了公司的市场占有率，提升了公司技术研发能力，完善了公司市场布局，为巩固公司行业地位、提升公司盈利能力奠定了坚实的基础。

2. 集团层面二次混改（即非公开发行股票）

（1）发行的背景

为加快公司战略转型步伐，经广东省国资委《关于广州珠江钢琴集团股份有限公司非公开发行股票的批复》（粤国资函〔2016〕498 号）、广州市国资委《关于广州珠江钢琴集团股份有限公司非公开发行股票的批复》（穗国资批〔2016〕56 号）批准，珠江钢琴集团于 2016 年启动非公开发行股票工作。

2017 年 5 月，珠江钢琴收到中国证券监督管理委员会《关于广州珠江钢琴集团股份有限公司非公开发行股票的批复》。在市场价格低于发行价格的不利条件下，以非公开发行的方式向两名特定投资者发行了人民币普通股（A 股）股票，共募集资金 10.93 亿元，扣除相关发行费用，实际募集资金净额为 10.61 亿元。

（2）达到的效果

本次非公开发行股票是珠江钢琴全面实现"十三五"规划和改革发展的关键环节。募集资金将用于建设广州文化产业创新创业孵化园项目、增城国家文化产业基地项目（二期）建设、全国文化艺术教育中心建设项目、珠江乐器云服务平台建设项目四个项目，并补充部分流动资金。本次非公开发行将推动公司向钢琴、数码钢琴、音乐文化教育等业务加速发展，实现从传统制造企业到现代服务与传统制造相融合的企业，从提供乐器硬件产品的专业化企业到提供乐器硬件产品、智能软件、综合服务的多元化企业的升级转型。

（二）下属企业层面的混合所有制改革

除集团层面的混合所有制改革外，为充分整合行业优势资源、促进企业发展，尤其是促进新进入的战略性新兴业务发展，珠江钢琴积极通过并购优质标的、与资源方建立合资公司、员工持股等多种方式，推动下属企业的混合所有制改革。

1.收购优质标的，整合优势资源，实现跨越式发展

（1）项目背景

为积极响应国资委有关推进企业国际化发展的号召，推动公司在"十三五"期间更好地发展，提升品牌价值，打造世界高端钢琴，实现产品优化升级，同时进一步加快珠江钢琴的资源优化配置，充分利用资本市场平台，增强集团业务竞争力，实现国有资产保值增值，珠江钢琴于2016年收购德国百年品牌、欧洲最大钢琴制造商舒密尔。收购完成后珠江钢琴持股90%，舒密尔家族持股10%。

（2）达到的效果

通过本次收购，珠江钢琴整体品牌形象提升，钢琴产品结构优化，高端产品占比及毛利率水平提升，品牌、生产、人才、技术的国际化运作进一步加速，公司核心竞争力进一步提升。

（3）项目亮点

值得一提的是，在收购舒密尔过程中，珠江钢琴"造全球最好钢琴、做世界最强乐器企业"的崇高愿景和务实、敬业、奉献的企业文化，对赢得卖方信任、促成交易最终达成发挥了重要作用。舒密尔原来是个家族企业，卖方对企业怀有很微妙的感情，尽管由于经营困难不得不出售企业股权，卖方仍希望收购方能够带领舒密尔走出困境，实现进一步发展。针对卖方这一心态，珠江钢琴通过阐释公司改革发展思路、收购后对舒密尔的经营理念等，逐步赢得卖方的信任和认同。在此基础上，谈判中一些原本较为棘手的分歧，双方本着共同理念和目标，最终都在互相理解的基础上得到了妥善解决。

2. 与优质资源方合作建立合资公司

（1）合资成立珠江埃诺

为树立自身教育品牌，珠江钢琴全资子公司广州珠江钢琴文化教育投资有限公司与福建埃诺教育投资管理有限公司、珠海市广证珠江壹号文化教育投资企业（有限合伙）共同投资设立福建珠江埃诺教育管理有限公司（三方持股比例分别为30%、49%、21%）。

通过成立珠江埃诺，珠江钢琴成功整合了埃诺教育的优质教学课程资源、客户资源及教师资源，开发数字化标准课程，并结合智能声学钢琴及配套 App 实现教师、家长、学生在线互动教学，实现以内容为核心、贯通互联网教育平台和实体培训机构的一体化运营体系，逐步打造珠江钢琴自己的教育品牌。

（2）合资设立琴趣科技

为发挥钢琴用户数量优势，为客户提供方便快捷透明的服务解决方案，公司启动了国内首个大型互联网乐器服务平台——珠江乐器云服务平台建设，项目实施主体是珠江钢琴与阿里云战略合作伙伴、项目运营团队等合资成立的琴趣科技公司。

2016 年琴趣科技推出"91 琴趣"与"91 调律"两个微信公众号，为钢琴用户和调律师提供了一个沟通交流与解决需求问题的 O2O 平台。2017 年 12 月，琴趣科技推出"钢琴云学堂"，该产品将音视频识别技术与 AI 人工智能算法、云技术广泛运用到钢琴教学过程中，是珠江钢琴"互联网＋"战略推进过程中的一项重要举措。

3. 支持符合条件的企业试点员工持股并申报新三板挂牌，调动员工积极性

（1）试点的背景

为充分调动经营团队积极性、实现数码乐器业务加速发展，在市国资委的支持下，珠江钢琴集团控股子公司广州珠江艾茉森数码乐器股份有限公司于 2017 年 5 月被正式纳入广东省国资委首批员工持股试点企业名单。

纳入试点后，在省、市国资委的关心指导下，艾茉森依法依规履行决策审批程序，通过增资扩股同步引入战略投资者及员工持股，现已基本完成员工持股工作。2017 年 12 月底，艾茉森向全国中小企业股份转让系统报送新

三板挂牌申请材料，2018年3月13日取得全国中小企业股份转让系统出具的同意函（股转系统函〔2018〕905号），并于2018年4月4日正式在全国中小企业股份转让系统挂牌。

（2）达到的效果

一是有利于优化艾茉森股东结构。艾茉森原有两名股东，分别是珠江钢琴（持股比例为97.69%）和自然人刘春清（持股比例为2.31%），其中珠江钢琴为国有控股上市公司，股权结构相对单一。纳入员工持股试点后，通过引入战略投资者（经销商、在线音乐及智能乐器等互联网平台、供应商）、机构投资者、管理层及核心员工入股，优化了股东结构，提升了艾茉森治理水平和盈利能力，增强了长期可持续发展能力，增强了投资者信心，为今后新三板挂牌及做市交易奠定了坚实基础。

二是有利于发挥员工积极性，实现艾茉森发展战略。数码乐器制造具有涉及技术学科门类多、工艺复杂的特点，包括木加工、五金塑料、电子、芯片、音乐内容、软件等多种类技术，其设计、制造技术及管理经验既需要较强的理论基础，也需要不断的技术工艺创新及熟练技能的积累传承。为此，数码乐器制造企业高水平的技术研发以及管理人才队伍需经过较长时间培养，而且专业性很强。目前，中国数码乐器行业正处高速发展机遇期，艾茉森作为珠江钢琴旗下的控股子公司，正力争快速成长为该领域一流国产品牌。如何稳定核心技术、管理人才队伍及激发其创造力，是艾茉森应对行业发展、有效实施企业发展战略的核心问题之一。纳入员工持股试点，对于持续稳定员工核心队伍、发挥骨干员工主动性和创造性具有积极作用。

三是有利于艾茉森抓住互联网转型战略机遇，提高市场占有率。目前，随着在线音乐教育、智能乐器等互联网平台的高速发展，基于用户体验设计产品和服务的"互联网+"模式正加速整合传统乐器制造行业，艾茉森将迎来借力互联网思维实现弯道超车的发展机遇。纳入员工持股试点，有利于艾茉森未来吸收相关领域高端人才加盟，为打造"终端+平台+内容"的O2O智能乐器生态闭环奠定坚实基础，并促进艾茉森经营模式实现进一步改革发展，提高市场占有率。

广州国发"管资本、混产权、谋发展"的探索与实践

高东旺*

摘　要： 以管资本为主改革国有资本授权经营体制和发展混合所有制经济是新一轮国资国企改革的重要内容，广州国发作为广州市属国资第一家国有资本投资运营公司，围绕"管资本、混产权"，形成了一些经验措施，并取得了较好的成效。广州国发的实践探索发现，管资本重在创造价值，混产权重在激发活力，谋发展重在改革创新。

关键词：　广州　国有资本运营公司　管资本　混产权　谋发展

　　当前我国发展处于重要战略机遇期，国内外形势正发生深刻的变化，新时代、新形势对国有企业也提出了新的要求。广州国资发展控股有限公司（以下简称"广州国发"）是将两个主业已经上市的集团母公司合并全新组建而成的，经过近 3 年的运作，广州国发在广州发展、珠江啤酒 2 个上市公司的基础上，新增参股越秀金控、广州浪奇、白云山、岭南控股、广汽集团、中国电建 6 个上市公司，并成为华融证券重要股东，形成"2＋7"的股权结构。从 2015 年末至今，总资产规模增长率达 45%；2018 年营业收入同比增长 23%；资产证券化率约 90%。本文围绕广州国发"管资本、混产权、谋发展"三个方面，分享在实践过程中遇见的一些问题和思考。

---

　　* 高东旺，广州国资发展控股有限公司总经理。

一 管资本重在创造价值

（一）围绕"管资本"明确功能定位，推动国有资本服务发展大局

一是功能定位凸显国资特色。国有企业特别是国有资本投资运营公司既是资本价值的管理者，也是资本价值的实现者，更是社会价值的创造者，承载着国有资本特有的社会价值。

二是功能定位凸显地方特色。地方国有资本投资运营公司不同于央企，由于体量有限、承担的责任使命不同、所处的发展阶段不同，地方国有资本投资公司和运营公司不能简单地区分。比如广州国发，运作中既有投资也有运营，因城市而生，因城市而荣，在功能定位上更多地要服务地方城市战略定位，服务地方产业经济结构升级，服务城市运营功能的提升。

三是功能定位凸显平台特色。国有资本投资运营公司不是"一般的公司"，它既不是简单的实体企业，也不是传统的金融机构。相比金融机构，没有资本优势，相比实体企业则没有产业优势，但是优势恰恰可以弥补这两者的短板。因此，广州国发在定位上突出通过搭建国有资本和社会资本的互动平台、政府与市场资源有效嫁接的开放平台、国有企业协同发展的平台，成为城市建设运营重要的服务者、国有经济价值的撬动者、科技创新生态环境的培育者。

四是功能定位凸显企业特色。广州国发围绕"国有股权持股平台、资本运作管理平台、战略投资发展平台、公共资金增值服务平台"四大功能定位，通过股权运作、价值管理、有序进退，促进国有资本在流动中优化配置和价值提升，发挥对市属企业扶优助强的作用。

（二）围绕"管资本"改革授权经营体制，实现国有资本市场化运作

按照"量身定制、大胆探索"的原则，公司章程明确了广州市国资委

对广州国发行使股东职责，并且对广州国发进行充分授权，探索国有资本的市场化运作机制。

一是授予主业投资的决策权。将广州国发主业范围内投资决策权充分授权给董事会。

二是授予国有资本的收益权。赋予广州国发对划入企业无论大小的全部收益权，为公司资本运作提供底部现金流。

三是赋予市值管理的主动权。针对资本运营业务的特殊性，赋予广州国发单一股票在一定额度内（5亿元）、不改变控股权（10亿元）的前提下，进行国有控股上市公司证券交易的自主决策权，以满足市场化运作的需要。

四是授予协议转让的审批权。将公司内部国有产权和国有资产置换、资产重组、无偿划转等事项审批权授予董事会。

五是赋予综合改革试点权。除充分授权外，广州市国资委更以广州国发为改革的综合试点企业，鼓励在下属企业经理层选聘、业绩考核、强制跟投持股、工资总额管控授权等方面做更多的探索实践。

（三）围绕"管资本"重塑价值体系，促进国有资本在流动中创造价值

在新经济、新形势下，国有企业要以更高的战略及全局思维，重新认识自我，重新找准定位，重塑价值体系。广州国发坚持围绕打通"资本链、产业链、价值链、创新链"开展工作。

一是围绕挖掘资本，发现价值。归集僵化的股权、资源，一方面可以通过加强资产管理和资产证券化，盘活存量资源价值，另一方面也为金融工具的利用提供良好的信用基础，为投融资能力的提高奠定良好的物质基础，有利于将固化的股权转化为流动的资本积极投资，增强公司整体运作能力。

二是围绕投入资本，创造价值。以主要"投资广州、投资实体、投资国企"为原则，累计投资超250亿元，实际完成出资超200亿元，撬动800亿元投资规模，其中91%投资于实体企业，98%投资于国有企业、89%投资于广州地区，专注服务国有企业改革发展和地方经济建设。

三是围绕配置资本，撬动价值。打造了涵盖中小企业基金、科创国发基金、绿色产业投资基金、国资产业并购基金的基金集群，以基金为载体撬动各方资源，设立国内领先的种子、天使、VC、PE子基金群，致力于优化广州投资－创新－发展产业生态圈。

四是围绕运作资本，优化价值。一方面利用广州国发所持的上市公司资源，以市场化方式对划入的非上市国有股权进行整合重组，推动其结构优化和产业升级，提升存量价值；另一方面，通过大宗交易等方式对持有的上市公司股票进行价值管理，提升股权价值，形成再投入的资本。

五是围绕监督资本，保障价值。围绕价值保障，我们强调建立事前约束机制比事后风险追责更重要，通过事前的主动控制和利益捆绑机制，严守资产负债线（65%）、信用风险隔离线、与一流机构的业务对标线、员工利益与公司利益的捆绑线四条生命线，为广州国发实现健康、高质量发展提供保障。

二　混产权重在激发活力

（一）上市公司是混合所有制最主要的实现形式，员工持股特别是成就企业未来发展的管理层、核心骨干持股是最应该推崇的方式

一是推动企业上市是混合所有制改革的最佳路径。从发展经验来看，广州国资在细分领域最具活力、市场竞争力的龙头企业，比如广汽集团、广药集团、广电运通、海格通信、珠江钢琴、珠江啤酒、广州酒家等，都是上市公司，同时也有管理层、员工持股。新一轮国资国企改革中广州市明确提出了"竞争类市属国有企业全部实现整体上市或者至少控股一家上市公司，资产证券率达到80%左右"的战略目标。目前，国有控股上市公司的"二次混改"也是当前混改应该重点关注的课题，应更多鼓励企业核心骨干持股，或实施有效的股权激励，形成有效激励约束机制。

二是上市公司是以管资本为主的管理体系的最佳形态。上市公司价值公允、透明度高、现代治理结构完善、创新能力强，不仅是混合所有制改革最

有效的实现形式，也是以"管资本"为主的监管体制下最好的产权形态，有利于作为国有股持股主体的国有资本投资运营公司利用其开展股权运作、价值管理、有序进退，实现国有资本合理流动和保值增值。

（二）无论何种产权性质、何种产权结构，机制的再造、活力的再现都是企业内部永恒的创新课题

无论是国企还是民企、大企业还是小企业都要以机制创新解决束缚发展的难题。股权结构调整是动态优化、与时俱进的过程，但不能代替企业内部机制的创新。在这方面，广州国发近几年做了一些探索。

一是探索政府引导基金新模式。以广州市中小企业发展基金为例，广州国发利用5亿元财政资金，设立中小企业引导基金，支持广州市中小微企业发展，缓解其融资难、融资贵问题，为此制定出台《广州市中小企业发展基金管理暂行办法》，其中的财政净收益让渡、股东回购和协议转让、强制跟投、决策权限下移等措施具有极大的创新亮点。截至2018年12月29日，中小基金累计完成10只子基金设立，其中7只已实缴出资，实缴出资金额2.295亿元，子基金累计投资项目21个，合计投资规模3.71亿元。

二是探索利益共享风险共担新机制。以广州国发的固定收益业务为例，通过业务团队员工自愿缴纳风险储备金、构建共同投资的形式，实现收益共享、风险共担，既有效激发员工的积极性，又严格控制项目风险。

三是激发人力资本新引擎。企业发展的根本是人力资源，想方设法保护企业家、释放人的积极性、激发人的创造性至关重要，对于国有企业高级管理人员，应该充分鼓励市场化、职业化、专业化，淡化行政化，鼓励干事创业；对于普通员工要用合理的收益分配机制、薪酬体系、激励约束机制，形成推动企业长期发展的内生动力。

三 谋发展重在改革创新

广州国发将进一步深化国有资本投资运营公司试点工作，以提升国有资

本运营效率、提高国有资本回报为目标,以财务性持股为主,通过股权运作、基金投资、培育孵化、价值管理、有序进退等方式,盘活国有资产存量,引导和带动社会资本共同发展,实现国有资本合理流动和保值增值。

(一)观念上强调"三个更加注重",引领发展方向

一是从注重股权、资源的拥有到更加注重价值创造。在存量股权、资产、资源的归集基础上,更加注重创新运作方式,系统性、全局性谋划国资整体资本运作,从不仅追求单一项目投资价值,更加追求整体价值,也将资源、资产变成资本,积极投资创造价值。

二是从注重被动的功能性任务承接到更加注重主动谋划的市场化运作。广州国发在功能定位上将进一步兼顾社会效益价值和经济效益价值,进一步增强自身市场化、专业化运作能力。

三是从注重单一的项目投资价值到更加注重产业发展生态体系构建。建立培育企业发展的生态圈比关注单个项目更重要,建立科技创新支持体系比一次性奖励补助更重要,构建长效伴随企业成长的动态机制比静态单向服务更重要。

(二)措施上重点做好"六个进一步",成就发展价值

一是进一步挖掘存量资源新价值,投资未来发展新产业。通过适度归集盘活闲置僵化的国有股权,筹集发展资金,拓展资本运作空间,投资于能带动广州整体经济发展的战略性新兴产业,成为重要战略产业的投资载体。

二是进一步构建科创服务新格局,推动科技发展新跨越。为了补齐广州科技创新的短板,在市国资委、科创委的大力支持下,广州国发拟将从科创委脱钩的多个资源分散、业务重合、单体规模较小、体制机制落后的科技服务类企事业单位重组整合,组建成为一个具备现代企业制度的广州科技创新服务集团,嫁接广州国发科技投融资、土地物业、上市平台、综合服务等全要素资源,力争打造出广州科技创新服务的基础性平台、科技产业化的战略性平台、政府与市场资源有效嫁接的开放平台。目前,市科创委下属29家

企业已正式划拨至广州国发。

三是进一步探索大湾区科技金融服务新路径，落实区域发展新部署。根据市科创委的工作部署，为服务粤港澳大湾区建设，广州国发牵头联合民营企业、社会投资机构共同组建大湾区科技金融服务中心并已顺利揭牌。通过科学设计公司法人治理结构、员工持股模式和市场化运行机制，争取打造出大湾区一站式合作交流及科技金融服务平台，吸引集聚粤港澳优质科技创新资源落地广州。

四是进一步创新国企与民企合作新模式，释放发展新活力。与优秀民营机构合作，集合各方股东优势，实施国有联合控股，引进市场化运营机制，将低效的国企存量物业升级改造为创新型价值园区，力争3~5年构建一批运作高效、规范透明、富有社会责任感的科技产业园区综合运营商，以"科技园区＋科技金融＋上市平台＋产业集群"新模式，优化科技创新产业发展新生态。

五是进一步搭建国有资本与社会资本合作新平台，增强发展新动能。抓住市场机遇，出资5亿元联合广汽集团、越秀集团、广药集团、广州港等17家市属企业共同出资30亿元组建广州国资产业发展并购基金。目前，基金第一个项目已顺利落地，成功助力万力集团获得山河智能控股权。今后将进一步引导和带动社会资本共同支持实体产业发展，瞄准世界科技前沿，抢占新一轮科技革命和产业变革制高点，培育广州新经济新动能，为撬动广州整体价值做出更大贡献。

六是进一步探索价值管理新方式，实现国资价值新增长。充分利用广州国发的上市公司股权资源，通过价值管理、有序进退，盘活国有资产存量，通过资本再投入、国有资本放大等方式，实现国有资本合理流动和保值增值。

未来，广州国发通过国有股权的"大归集"、搭建资金统筹配置"大平台"、推进国有资本"大运作"、实现国资国企"大发展"，充分发挥先进制造业加速器、战略新兴产业引导器、资产证券化的转化器和高新技术企业孵化器作用，力争用3~5年时间，通过多种方式筹集1000亿元投资发展资金，推动国有资本做强做优做大。

转型升级篇

Transformation and Upgrade

广州市属国有企业产业
转型升级调研报告

广州市国资委产权管理课题组 *

摘　要：　中国经济经过改革开放近40年的高速发展后，近年来增长速度已趋缓，经济增长从高速转为中高速，从规模速度型粗放增长转向质量效率型集约增长，从要素投资驱动转向创新驱动。如何参与并适应形态更高级、发展方式更科学、分工更复杂、结构更合理、开放度更高的中国经济发展演进过程，是所有国有企业必须面对的问题。本文以岭南集团、水投集团、广州酒家为样本，对广州市属国企的产业转型升级进行了研究，并提出了可行性意见。

关键词：　产业转型升级　国企　广州

* 课题组成员：李卓韵，广州市国资委巡视员；罗子章，广州市国资委产权管理处处长；杨芳，广州市国委产权管理处主任科员。

经过近 40 年的高速发展，中国经济发展速度近年来放慢了脚步，显示出稳定的趋势性，进入从高速增长转为中高速增长的经济新常态。在新常态下，国有企业如何面对挑战、把握机遇，围绕"由大到强，由量到质"这个核心，针对外部环境和自身条件对发展模式做出主动战略性调整，是决定企业生存发展的关键。本文以岭南集团、水投集团、广州酒家为样本，从企业财务状况、发展规划、产业布局弱点等入手，探索思考了国有企业产权转型升级应该重视的战略要点。

一 调研企业基本情况

（一）岭南集团

岭南集团以旅游和食品为两大主业，致力于打造"旅游、酒店、会展和食品"四大产业平台。旗下有一家 A 股上市公司岭南控股（股票代码000524），是岭南旅游产业的运营整合平台、品牌业务创新发展平台和投融资管理资本平台，市值约 70 亿元，岭南集团持有 59.32% 的股权。2017 年岭南控股完成资产重组，广之旅、花园酒店、中国大酒店进入上市平台，实现岭南旅游业整体上市。食品业方面，拥有以皇上皇、香肠先生、孔旺记等品牌为引领的肉类产业，以岭南穗粮品牌为引领的粮油产业，以致美斋品牌为引领的调味品产业，以及 8 字便利店和东川新街市两大连锁零售终端，在全国主要省市拥有直销网点 3000 多个。

2017 年岭南集团资产总额 155.46 亿元，净资产 77.03 亿元；营业收入132.7 亿元，同比增长 5.84%；归属于母公司净利润 4.67 亿元，同比增长13.24%；净资产收益率 8.4%，资产负债率 50.45%；收入主要来源于旅游业（44.32%）和食品业（40.95%）。其中，岭南旅游业务板块 2017 年营业收入 58.85 亿元，同比增长 9.39%；净利润 0.68 亿元，同比增长1.08%。收入规模位于全国同行业前 10 名，但与行业龙头企业中国国旅285.57 亿元收入规模及 25.13 亿元的净利润规模有较大差距。净利润率低于同行业上市公司平均水平，净利润增长率、净资产收益率及资产负债率高于同行业上市公司平均水平。岭南食品业务板块 2017 年营业收入 54.34 亿元，同比增长 2.43%；净利润 3.5 亿元，同比增长 121.95%（如剔除粮食集团本年度 1.46 亿元的抵扣收储收益，同比增长 29.23%）。净利润率低于同行业上市公司平均水平，净利润增长率、净利润收益率及负债率均高于同行业平均水平。收入及净利润规模大于对标公司煌上煌，但除净利润同比增长率和净资产收益率外，表 1 中所列的其他业务增长、盈利指标均不如煌上煌。

表 1　岭南旅游和岭南食品 2017 年主要经营财务数据

单位：亿元，%

板块名称	营业收入	收入同比增长	净利润	净利润同比增长	净利润率	净资产收益率	资产负债率
岭南旅游	58.82	9.39	0.68	1.08	1.16	28.19	83.33
同行业上市公司平均	28.4	23.57	2.48	−0.66	8.73	10.06	44.42
行业龙头－中国国旅	285.57	27.55	25.13	38.97	8.8	17.91	32.23
岭南食品	54.34	2.43	3.50	121.95	6.44	20.8	68.39
同行业上市公司平均	42.1	9.04	3.86	9.2	14.37	13.48	25.62
同行业对标企业－煌上煌	14.78	21.35	1.41	59.76	9.5	8.52	15.59

当前岭南集团资产总量、营业收入、经营利润、品牌影响力等主要指标进入全国旅游企业集团前列，旅行社业务进入中国旅行社前 3 位，酒店业务进入中国酒店管理集团前 10 位，综合实力进入中国服务企业 500 强。根据岭南集团的发展规划，到 2020 年，主营业务收入实现 250 亿元，利润总额 11.4 亿元，归属母公司利润 8 亿元，资产总额突破 218 亿元，实现"再造一个岭南集团"。

（二）水投集团

水投集团主要负责统筹广州市中心城区供水、污水处理、滨水土地及其附属水利设施等涉水项目的投融资、建设和营运，是集水务产业的策划、研发、投资、设计、建设、运营、服务于一体的准公益性大型国有独资企业。旗下拥有市自来水公司、市净水公司、市自来水工程公司、市市政设计研究总院、市水投土发公司、水务资产管理公司、市自来水投资公司、水务环保技术公司等 11 家子公司。拥有在职员工近万名，专业技术人员占 1/3。多次荣登中国服务业 500 强、广东省企业 500 强及服务业百强，是广州市最具影响力、最具软实力的总部企业之一。

截至 2017 年底，受国家规范地方政府融资担保行为等政策因素影响，水投集团资产总额与净资产较 2016 年有所减少，但全年实现营业收入 86.42 亿元，同比增加 4%；利润总额 5.61 亿元，同比增加 36%；净利润 4.42 亿元，同比增加 20%。与对标企业首创股份、重庆水务、中山公用相比，水投集团资产体量最大，但除利润总额略高于中山公用外，净利润、总资产报酬率均最低，资产负债率仅次于首创股份（见表 2）。

表 2　水投集团 2017 年主要经营财务数据

单位：亿元，%

项目	资产总额	营业收入	利润总额	净利润	总资产报酬率	资产负债率
水投集团	795.63	86.42	5.61	4.42	1.89	58.87
对标企业—首创股份	509.94	92.85	9.72	6.12	2.14	66.40
对标企业—重庆水务	201.21	44.72	22.41	20.67	11.11	29.32
对标企业—中山公用（2016 年）	147.13	6.65	5.09	4.68	3.53	26.33

根据水投集团的发展规划，在今后一段时间里，水投集团将聚焦主业，延伸产业链，创新发展模式，以《供排水特许经营协议》为重要抓手，紧扣集团整体品牌和 AAA 长期稳定信用评级优势，提升核心竞争力，直接参与市场竞争，实现规模经济，做强做实主业；推动水务全产业链一体化发展模式，充分整合资源和盘活资产，做大做优涉水相关产业。努力将集团打造成为国内领先、国际一流的水务投资、建设及运营管理的一体化综合服务商。"十三五"期间，集团供水水质综合合格率达到 96%，污水处理水质达

标率保持不低于95%，污泥无害化处理率保持100%。至2020年，实现公共供水管网漏损率12%以下，力争实现水投集团资产规模过1000亿元、营业收入过100亿元、供排水能力过1000万吨目标，推动集团优质资产实现上市。

（三）广州酒家

广州酒家集团是一家具有82年历史的中华老字号企业，以经营传统粤菜驰名，2017年6月27日在A股上市（股票代码603043）。截至2018年3月末，市值73.81亿元，广州市国资委代表广州市政府持有67.7%的股权。广州酒家主业是餐饮服务和食品生产经营，属于完全竞争性行业，旗下拥有餐饮品牌"广州酒家""天极品""西西地""好有形"，食品品牌"利口福""秋之风"，拥有15间广州酒家餐饮店、2间西西地西式简餐、1间"好有形"融合餐厅、1个大型食品加工基地以及160多家食品连锁饼屋。

2017年底，广州酒家集团资产总额21.24亿元，净资产17.13亿元；营业收入21.89亿元，同比增长13%；净利润3.42亿元，同比增长28.58%；净资产收益率26.35%，资产负债率19.35%；收入主要来源于食品业（67.20%）和餐饮业（31.84%）。其中食品业务板块2017年营业收入14.71亿元，净利润2.91亿元，净利润率19.76%。餐饮业务板块2017年营业收入6.97亿元，净利润0.63亿元，净利润率9.08%。公司收入及净利润规模低于同行业上市公司平均水平；收入增长率、净利润增长率高于同行业上市公司平均水平，但均低于对标企业好想你；净利润率、净资产收益率高于同行业上市公司平均水平及对标企业好想你，但相比对标企业海天味业有一定差距，资产负债率低于同行业上市公司平均水平及对标企业（见表3和表4）。

广州酒店确定的发展规划为：围绕以餐饮立品牌、以食品创规模的发展方向，通过"战略性兼并业务为主导，财务兼并为辅助"的路径推动资本运作，以战略性并购及自身突破式发展为双臂，做大企业市值，在此基础上利用资本力量再进一步做强做大企业规模，实现由区域性领先品牌到全国性

表3　广州酒家2017年主要经营财务数据

单位：亿元，%

项目	营业收入	收入同比增长	净利润	净利润同比增长	净利润率	净资产收益率	资产负债率
广州酒家	21.89	13.00	3.42	28.58	15.61	26.35	19.35
同行业上市公司平均	42.10	9.04	3.86	9.20	14.37	13.48	25.62
对标企业——海天味业	146.00	17.06	35.30	24.21	24.21	32.45	27.99
对标企业——好想你	40.69	96.40	1.11	183.81	2.73	3.40	36.55

领先品牌的扩张。2018年利用上市募投资金，通过食品生产基地扩建、电子商务平台、餐饮门店建设等实现收入快速增长。2018年主营业务收入25.48亿元，增长16.38%；归属母公司净利润3.87亿元，增长13.82%。其中餐饮服务收入6.45亿元，食品制造收入18.77亿元。至2023年实现营收100亿元，利润总额15亿元，市值超400亿元。

表4　广州酒家各主要业务板块2017年经营情况

单位：亿元，%

板块名称	资产总额	营业收入	净利润	净利润率
餐饮		6.97	0.63	9.08
食品生产经营	21.24	14.71	2.91	19.76
其他（集团本部、物业、餐饮三大管理中心运营费用）		0.21	-0.12	-59.95
合计	21.24	21.89	3.42	15.61

二　调研企业产业转型升级存在的主要问题

（一）企业规模增长瓶颈尚未有效突破，规模发展效应尚未形成

受限于企业发展规模，企业在品牌效应、品牌竞争力、市场控制力、风

险抵御能力以及生产成本、研发成本控制力等方面的显著优势尚未形成，进而影响人才、资本、技术的相对聚集，产业转型升级内生动力不足。岭南集团 2017 年营业收入 132.7 亿元，仅完成年度预算的 86.42%，与"十三五"规划目标相比，缺口 22.04 亿元。广州酒家 2017 年营业收入 21.89 亿元，虽然同比仍然保持了两位数的增长，但与上市公司行业平均 42.1 亿元，以及对标企业海天味业 146 亿元和好想你 40.69 亿元相比，仍有相当大的差距。

（二）准公益类企业与政府的边界不清，产业转型升级意识薄弱

以水投集团为代表的准公益类企业承担的公共职能与市场化要求之间存在较大矛盾，企业发展过于依赖政策支持，转型升级意识薄弱。一是偿债机制不清。财政预算按照年度平衡编制，强调资金使用的收付，而公司投资决策更多地使用权责发生进行衡量。企业承担各种建设项目的投资，无法按照正常的企业会计准则衡量资产价值和相应回报来源，财务报表不能反映公司真实的资产和负债状况，无法按照正常方式进行自我管理。二是赢利机制不清。准公益类的产品或服务具有较强的公共属性。在现行法律法规下，供应这些产品和服务，通常在量和价两方面都有限制。当企业使用市场融资资金无法正常通过自身经营偿还时，政府通过授权经营一些市场化项目进行弥补和调节，在一定程度上模糊了政府和市场的边界，使企业无法成为符合市场经济规律的投融资主体。三是运作模式不清。企业承担的城市基础设施和公共设施投资建设工作可以看作是政府公共职能的延伸，其资金筹措和使用实际也是政府财政的延伸，而企业本身的管理体制却是公司制，公共职能与公司制集于一身，矛盾明显。

（三）资本运作潜力尚未充分释放，产业转型升级借力不到位

企业基于上市平台、品牌、结构、资金、融资等能力之上的资本运作潜力还未充分释放，运用吸收社会资本、组合投资、债务融资、运用基金等多元化投融资渠道的能力还不强，以资本为驱动力的外延式核心产业并购、区域扩张和布局未能形成有效突破。岭南集团 2017 年仅完成 1 家旅行社和 1 家食品企业并购，全集团全年并购预算营收缺口 13.9 亿元。水投集

团长期以银行信贷及中期票据融资为主要的融资渠道，融资渠道相对单一的问题较为突出。广州酒家虽于 2017 年完成集团挂牌上市，成为广东省第一家上市饮食集团，但公司食品制造和餐饮两大主营业务仍主要集中在广东地区，营业收入约 90% 来源于广东省内，省外业务规模占比仍然较小，品牌全国知名度仍然较低，实现从"区域性"企业向"全国性"企业蜕变，任重道远。

（四）创新工作未取得实质性进展，产业转型升级动力不足

企业在品牌产品、服务品质、商业模式、混合所有制改革等体现生产力、竞争力提升和效益增长上的创新效果还不明显。受发展理念、研发创新能力、行业领军人才等方面的制约，大部分企业的创新工作仍停留在软硬件的调整升级上，尚未形成具有较强市场竞争力的拳头产品与运营模式。以岭南集团为例，其下属旅游、酒店、会展、食品四大产业均为完全竞争性产业，在互联网、大数据、云计算、人工智能等新技术支撑的数字经济时代，其经营模式受到强烈冲击，甚至面临被完全颠覆的危险。但截至目前，该集团公司尚未完全建立起与互联网、大数据相融合的产业发展新模式，缺乏从传统模式转向由互联网和大数据支撑的发展模式的理念、技术支撑。2017年，岭南集团新产品占总营收仅 4%，与年度 10% 的目标差距较大。岭南集团、水投集团、广州酒家研发经费支出占营业收入比重分别为 1.02%、2.4%、2.08%，均属于较低水平。

（五）行之有效的激励机制尚未建立完善，产业转型升级的人力资源支撑力度不够

企业职业经理人市场化仍停留在局部试点阶段，尚未全面铺开，员工持股经省国资委批准仅有 4 家子企业进行试点，人力资源管理体制机制僵化问题没有得到根本性解决，竞争机制、考核激励机制尚未建立健全，支持企业规模化、产业化发展的领军人才、技术人才以及中高层管理人才引进和培养力度不足，人力缺乏成为制约企业转型升级的关键性因素。

三 对调研企业产业转型升级的基本构想

（一）岭南集团

确立"建设具有国际竞争力的一流旅游和食品企业集团"的发展地位，立足"旅游、酒店、会展和食品"四大产业平台，有针对性、有差别地实施产业升级改造。

1. 旅行社业由传统旅行社向智慧型、平台型旅行社转型升级

一是推动"易起行"泛旅游服务平台系统建设及运营升级。拓展三、四线目的地城市业务网点，打造 B2B 平台同业批发平台，在上海、北京、重庆、成都、武汉等全国重点口岸城市引进专线旅游批发商。二是建设全区域分布式运营及垂直化服务网络，形成覆盖全国的"平台多产品、产品多平台"运营发展格局，实现多产品中心、多签证中心、多市场组团、多口岸出发的分布式垂直化实体服务网络。三是建设全球目的地综合服务网络。以新加坡、曼谷、洛杉矶、巴黎、悉尼 5 大城市为核心枢纽，建设辐射东南亚、南亚、北美洲、欧洲、大洋洲的全球目的地综合服务网络，实现对目标区域旅游产业链资源的布局和掌控，着力打造目的地生活服务、海外投资置业和海外教育 3 大服务平台。

2. 酒店业由重资产为主发展模式向品牌引领、轻重并举发展模式转型升级

一是按照"深耕广东，辐射全国"的战略布局，加大对重点区域和主要旅游目的地的拓展力度，拓展"LN 酒店"品牌管理输出新项目。二是拓展"岭南星光营地""岭居创享公寓"等新项目，加快从传统住宿向休闲度假、非标住宿领域转型升级。三是依托大旅游产业链支撑，在佛山鹭湖等项目上实现由单一酒店管理向景区管理、综合体管理的提升，形成综合旅游项目运营管理模式。四是实施爱群大酒店东楼建筑加固补强和整体改造，建设"岭居创享公寓"，推动爱群转型升级。五是推动白云国际会议中心由酒店＋会议经营模式向酒店＋会议＋会展综合体运营模式转型。

3. 以广之旅会展公司为核心主体，推动会展产业转型升级

一是做大广东旅博会、广府文化旅游嘉年华的规模和国际影响力。二是通过主办博古斯 2018 亚太区选拔赛，以及运营博古斯学会并长期主办博古斯中国区选拔赛，打造具有自主 IP 的餐饮大赛口碑。三是打造 3 ~ 5 个自主会展 IP。

4. 食品业由单纯产品生产经营向品牌引领下的产业链、供应链、价值链控制模式转变，做强做优做大岭南食品上市平台，推动产业进一步转型升级

在以皇上皇股份为基础推进集团食品核心产业整体上市的同时，持续以大项目投资带动产业转型发展，推动岭南食品上市平台做强做优做大。一是建设岭南食品研发营销中心，作为整合岭南食品产业的平台，聚集岭南食品各集团总部的运营资源，形成技术研发中心、营销展示中心和总部运营中心三大运营中心，构建岭南食品产业一体化研发创新平台，引领岭南食品产业的转型升级。二是加快皇上皇食品加工中心项目建设，打造具有国际技术和工艺水平的，集新技术新产品研发、肉制品深加工、战略储备、现代物流、电子商务于一体的新基地，进一步巩固皇上皇腊味制品在全国领先的地位，加快推动皇上皇向现代综合运营服务平台的转型升级。三是建设广州市粮食储备加工中心二期项目，优化和提升现有的粮食仓储工艺和设施设备，实现粮食储备的转型升级。四是建设以皇上皇山东公司为核心的岭南食品"北方基地"，以品牌为引领，按"上控资源、中控渠道、下控终端"的战略，以并购为主要手段，加强粮源、猪源等原料基地以及核心渠道等产业链资源的战略性控制，布局华东、华北等市场，实现区域龙头向全国性知名品牌的产业转型跨越。

（二）水投集团

充分利用广州市政府授予的城市供水和污水处理特许经营权优势，进一步整合资源，推动水务产业链一体化发展，强化集团作为主体参与市场竞争。

1. 立足"主业 + 资本运营双轮驱动"，积极拓展非公用业务，推动水务相关产业集群化发展

明确定位公司核心业务，通过提升核心产业经营能力，与资本运营协同

增效，采用参股或者产业基金模式，将业务拓展至其他行业领域。可参考中山公用引入复兴集团的做法，在维持国有绝对控股地位基础上，适当引入国有其他资本成分或者民企成分，积极做大资本布局，增强企业活力。与此同时，推动集团内部企业资源协同，构建设计、施工、环保技术、设备、原材料、土地开发、物业出租、监测服务一体化的相关水务产业集群发展模式，发挥相关产业规模化效应，重点打造市场拓展能力强、业务贡献高、品牌效应好、易于复制推广的重点产品及产品组合，推动培育相关产业核心竞争力，提高市场运作能力。

2. 实施横向和纵向一体化，加快本地和外地水务市场扩张，增强水务产业链公共服务和业务系统集成能力

一是通过水务投资公司平台，逐步开展广州周边和外部区域供水和污水处理资源整合工作。通过资本运营手段扩大融资规模，并利用水投集团产业链优势整合投资项目。可参考首创股份做法，突破地域限制，在国内重点城市进行水务投资战略布局，以控股、参股方式参与各地水务项目建设。二是以水务特许经营业务为核心，通过水务投资带动水务设计、工程、设备、管道、服务和技术解决方案等经营业务以及产业延伸形成的再生水利用、污泥无害化处理等衍生业务的发展壮大。三是在特许经营范围之外，推动水务产业链上各企业内部资源整合，构建投资、设计、建设、运营联合体参与PPT、BT、BOT和EPC等市场项目，实现水务产业链价值最大化。

3. 以治水提标改造为契机，拓宽融资新渠道，开发节约和存量土地

按照"地下搞建设、地上搞开发"的发展思路，通过规划调整集约用地，开发节约和存量土地，盘活集团在治水、水厂升级改造等过程中形成的存量土地资产，拓宽融资新渠道，创新供排水投融资机制，促进集团产业转型升级。

（三）广州酒家

围绕以餐饮立品牌、以食品创规模的发展方向，通过"战略性兼并业务为主导，财务兼并为辅助"的路径，实现产业链横向拓展和深度延伸，

打造"大食品""大餐饮"的大品牌产业格局。

1. 以餐饮立品牌，打造"大餐饮"产业格局

一是在巩固以粤菜为代表的核心地位基础上，逐步向珠三角其他城市及省外经济发展水平较高的城市扩张，树立品牌形象。二是与业态相关联的企业进行资产重组，激活广州老字号品牌活力，借助公司上市企业平台，盘活和优化老字号餐饮品牌资源，放大广州老字号餐饮吸引力，促进广州老字号餐饮的发展。三是识别餐饮行业发展机会，向大众化餐饮延伸。通过并购及自主发展的方式，发展运作其他独立餐饮品牌，以满足不同消费群体的饮食需求。初期先小规模拓展，1~2年后以规模化方式在珠三角地区推开。

2. 以食品创规模，打造"大食品"品牌集团

一是加快并购步伐，优化和丰富产品结构，突破现有业态重复、分食市场、散而小、产品单一的现状，实现从区域品牌到全国性品牌的拓展。二是加大网络布局力度，渗透全国市场。一方面建立健全线上线下销售渠道，兼并符合公司发展需求的食品电商公司，加强渠道配套拓展；另一方面将实体店逐渐向珠三角其他城市、粤东地区以及邻近省区扩张，逐步实现向全国市场的延伸。三是扩大生产产能，保障市场发展。扩大现有工厂产能的同时，在全国范围内配套打造多个食品制造基地，突破产能瓶颈，配合公司整体转型。四是明确多品牌定位运作，促进集团整体品牌塑造及市场发展。建立品牌树，对每个品牌的定位以及运作范围予以明确，并从品牌包装、品牌推广和市场跟踪三方面全面加强品牌树的管控，进一步促进各业务板块的业绩增长。

四 进一步促进广州市属国企产业转型升级的策略建议

（一）紧抓粤港澳大湾区建设契机，分享改革红利，提高企业战略决策针对性

加强对外部政策环境的研究与跟踪，密切关注国家、省、市及港、澳方面关于产业转型升级的政策导向和发展趋势。对标即将正式出台的粤港澳大湾区建设规划，抓住改革先机，有针对性地制定企业战略决策，有效整合企

业资源，发挥产业链优势，及时切入港口建设（广州港）、机场建设（铁投）、交通运输（交投、广州地铁）、房地产开发（越秀、珠实）、先进制造业（广汽、无线电、智能装备、万宝、万力）、现代服务业（岭南、广州酒家）、科技创新（无线电、智能装备、万宝）以及现代金融业（广州金控、越秀金控、广州银行、农商行、广州基金）等政策利好板块，并争取在大湾区建设中成为产业带动和产业整合的先头部队和重要组织力量，在最大限度分享改革红利的同时推进产业转型升级。

（二）大力推进混合所有制改革，激发企业内在创造力，加快产业转型升级

继续推进以企业产权多元化为核心的混合所有制改革，坚持以市场为导向，通过引入战略投资者、重组整合等方式，使企业真正成为产业转型升级的收益和风险承担者。有步骤、有针对性地从一般竞争性和竞争优势不明显的行业退出，积极尝试兼并、重组、联合、合作等方式，引入先进的管理经验和生产技术，增加企业规模效应和协同效应。探索以管理层持股、技术入股、员工持股、企业交叉持股等方式对部分非主业企业实行股份多元化和股份制改造，激发企业内在活力。同时，进一步完善公司治理结构，赋予股东会、董事会、监事会及经理层等主要组织机构决策权、经营权和监督权，三权互相独立，保证企业转型升级工作持续高效合理有效推进。

（三）以培育发展增量为主线，带动存量转型升级，寻求整体突破发展

深入分析和研究市场，理解市场走向和变化，主动开发和培育市场，或积极捕捉未成熟市场机会，在发展原有主营业务的同时，将聚集和积累在原行业领域中的优势资源调拨到新的产业领域，通过人才引进、资金投入、技术研发、资源复用等方式，有目的、有选择地培育战略性新兴产业。同时，积极运用新技术、新方法、新服务模式，加速传统产业升级改造，并在市场竞争中完成落后产能淘汰。

（四）厘清政府与市场的边界，打破发展路径依赖，激发转型升级主动意识

厘清市属国企市场性业务和政策性业务边界，合理量化企业承担政策性业务的经济成本，还原企业在市场化运作下的正常经营，匹配与绩效考核挂钩的薪酬激励措施，发挥市场对资源配置的决定性作用，倒逼企业加快转型升级，改变长期以来形成的政府资源、政府救济预期，最大限度激发企业经营活力。企业盈利后通过国资收益上缴财政，形成市属国企与市财政互哺的良性循环。

（五）加大创新精准投入力度，突出成果转化应用，增强转型升级内生动力

推动建立以企业为主体、以市场为导向、产学研相结合的技术创新体系。一是加强对接、落实激励企业自主创新的相关政策，特别是相关税收优惠、金融支持、政府采购等政策，加强政策宣传、培训，激发创新热情，增强创新动力。二是加大创新投入力度，突出成果转化应用。积极探索与科研机构、高等院校共享科技资源的方式方法，促进产学研紧密结合。以广州市国资国企创新战略联盟等技术创新服务平台为抓手，加大创新投入力度，开发新产品、调整产品结构、创新管理和开拓市场，提升核心竞争力。三是加强创新人才队伍建设。大力引进各类研发、管理高端人才，与高等院校和科研院所共同培养技术人才，探索建立知识、技术、管理等要素参与分配的制度和措施。

（六）积极融入"互联网＋"，推动互联网与传统产业深度融合，提高转型升级整体效能

实施"互联网＋"战略，推动互联网与传统产业深度融合，以技术创新、商业模式创新以及应用创新等方式，从市场、资本、资源等层面全面介入传统行业，对传统产业形成冲击和倒逼，刺激传统行业对生产要素、商业

模式主动进行调整。探索以"互联网+专业市场"模式加快传统专业市场转型升级；以"互联网+金融担保"模式加快担保等准金融企业创新发展，以"互联网+公共服务"模式建立城市基础设施建设与公共服务管理体系，减少企业运营成本，提高工作效能；以"互联网+物流"模式精准掌握消费者需要，降低沟通和运营成本，增强销售渠道开发能力。

珠江钢琴以创新发展引领转型
升级的探索实践与经验启示

摘　要： 面对发展挑战和时代机遇，珠江钢琴集团坚持以体制创新、技术创新、管理创新促进企业从传统乐器制造向综合乐器文化集团转型升级。以体制创新为抓手，促进生产要素优化配置；以科技创新为动力，促进主业发展；以资本市场为助力，保障跨越式发展。珠江钢琴以创新发展引领转型升级的实践经验，对于新时代国有企业的活力激发与可持续发展具有一定启示意义。

关键词： 珠江钢琴　创新发展　转型升级

　　作为中国乐器行业的龙头企业，国际乐器制品协会认定的"全球最大的钢琴制造商"，广州珠江钢琴集团股份有限公司（以下简称"珠江钢琴"）无论在技术水平、制造能力，还是在品牌影响力、国际竞争力、带动行业发展力等方面均居全国同行业首位。珠江钢琴以创新发展为引领，建立覆盖机制创新、技术创新、管理创新的全方位创新体系，全面提升企业核心竞争力，使公司成长为一个拥有自主知识产权、自主品牌和持续创新能力的创新型企业。

---

* 课题组成员：李建宁，广州珠江钢琴集团股份有限公司党委书记、董事长，高级工艺美术师、中级经济师；吴淑智，广州珠江钢琴集团股份有限公司党政办公室副主任，助理会计师；何俊河，广州珠江钢琴集团股份有限公司党政办公室主任助理。

一　珠江钢琴以创新发展引领转型升级的背景分析

（一）面临挑战

1. 市场竞争加剧

近几年，全球市场钢琴产销量基本保持在 47 万 ~51 万架，中国钢琴市场产销量保持在 36 万架左右的高位，中国是全球最大也是最活跃的钢琴市场。钢琴产业国际化趋势明显，产业链合作加强。国外品牌不断加大开拓中国市场的力度，纷纷涌入中国，加之进口关税降低等因素影响，我国钢琴进口量每年以大概 1 万架的速度递增。2017 年中国钢琴进口量比 2016 年增长了 16%，达到 17 万架左右，其中约有 12 万架为二手钢琴。国内品牌也在进行品牌战略调整、转型升级，钢琴产业市场竞争将愈加激烈。

2. 运营成本上升

目前，乐器行业处在转型升级的成长阶段，伴随而来的是运营成本高企的压力。根据中国乐器协会的调研结果显示，受原材料价格增长、人工成本上升、社保费用调整、环保改造投入等因素影响，乐器行业一般企业的成本上升 10% ~15%。如何苦练内功，化解成本增长不利因素，将是乐器行业企业实现盈利、保持可持续发展的关键。

3. 消费趋势变化

受社会发展、人民生活水平提高、新兴媒体的影响，人们的消费观正悄然发生变化。当前乐器消费者不仅注重品牌和质量，也在意文化、体验。消费者逐渐看重中高档钢琴产品，青睐具有智能化等技术文化附加功能的产品，希望享受到方便快捷的服务。这些消费趋势的变化，将影响乐器企业的营销方式，也会要求乐器企业适应性调整现有产品开发流程、工艺装备标准等企业管理模式。

（二）时代机遇

1. 创新驱动发展战略深度推进

2018 年 3 月 7 日全国两会期间，习近平总书记来到广东代表团参加审议一个重要"提法"特别引人瞩目："发展是第一要务，人才是第一资源，创新是第一动力。"这是习近平首次将"发展""人才""创新"三要素并列到"第一"的高度来系统阐释。党的十九大报告中明确提出："创新是引领发展的第一动力，是建设现代化经济体系的战略支撑。"回顾党的十八大以来习近平总书记的历次重要讲话，"发展""创新"这两个词是"高频词"，是治国理政、谋划部署全国各项工作的重要抓手。因此，广东省、广州市均明确部署，强化实施创新驱动发展战略。国有企业是实现创新驱动发展战略的主力军，要切实将企业的发展转移到依靠技术创新上来。

2."一带一路"倡议全面落实

"一带一路"倡议自2013年提出，2015年完成顶层规划设计，2016年以来，"一带一路"倡议已经进入全面落实阶段。在这样的时代背景之下，"一带一路"建设实施过程中，以国有企业为代表的中国企业在国际化经营、提升国企层次和水平等方面有很大的提升空间。

3.供给侧结构性改革持续进行

自2015年11月习近平总书记在中央财经领导小组第十一次会议首次提出以来，供给侧结构性改革就成为贯穿我国经济工作的主旋律。党的十九大报告将"深化供给侧结构性改革"列为"建设现代化经济体系"的首要任务，进一步凸显了供给侧结构性改革在当前政策体系和经济工作中的主线地位。2018年12月19日举行的中央经济工作会议，强调2019年必须坚持以供给侧结构性改革为主线不动摇，更多采取改革的办法，更多运用市场化、法治化手段，在"巩固、增强、提升、畅通"八个字上下功夫。

4.新一轮科技革命蓬勃发展

新一轮科技革命和产业变革正蓬勃发展，5G、物联网、机器人的技术应用将为制造业向服务链延伸提供可能。科技革命与产业升级的结合日趋紧密，运用新技术、新设备、新工艺改造提升传统制造业，实现高端发展的趋势明显。

二　珠江钢琴以创新发展引领转型升级的探索与实践

（一）制定创新发展战略

珠江钢琴集团深入剖析企业及行业现状和趋势，准确把握竞争对手情况，全面梳理和规划发展战略，以转型为核心战略发展方向，以做强钢琴主业、积极探索现有业务与互联网融合为发展前景，实现集团信息化、多元化、国际化全面转型升级；从传统制造企业转型为现代服务企业；从提供乐器硬件产品的专业化企业升级为提供乐器硬件产品、智能软件、综合服务的多元化企业。以创新发展战略和思路，促进企业产业结构和产品结构优化升级，开拓新的经济增长点，谋划珠江钢琴跨越式发展。

（二）以体制创新激发企业活力

1. 加强企业治理

按照国有企业党的建设要求，把加强党的领导和完善公司治理统一起来，把党的领导融入公司治理，确保党组织把方向、管大局、保落实作用的有效发挥。大力推进股份制改革，通过实施增资扩股和改制上市，实现国有资本、非公有资本等相互融合，建立产权清晰、权责明确、管理科学的现代企业制度，使珠江钢琴成为国内第一家登陆资本市场的大型乐器企业集团，推动公司由资产经营向资本运营的跨越式发展。加强上市公司治理，推进董事会、监事会建设。

2. 完善创新机制

以国家级企业技术中心为依托，建立合理高效的自主创新决策、激励、协作机制，积极探索建立股票期权、增量奖励、技术成果入股等中长期激励机制。在子公司珠江艾茉森实施集团与项目带头人共同出资持股、新三板挂牌过程中推进骨干员工持股计划，在珠广传媒建立股权激励机制等，使核心人才与公司长期可持续发展紧密结合，保障企业长期持续发展。

3. 强化资本运作

积极推动资本运作，优化企业资源和生产要求，实现价值增值、效益增长。近年来，集团积极推动资本运作，做大做强国有资本。2017年9月，集团顺利完成10.93亿元的非公开发行项目定向募集工作，借力资本市场，建设全球最大的国家级文化产业示范基地，推动集团向文化教育、数码乐器等产业的延伸。2018年4月，子公司珠江艾茉森挂牌新三板。成立文化教育基金和传媒产业基金，作为文化产业项目培育平台，先后投资具有艺术教育数字课程知识产权的埃诺教育、参股新三板挂牌公司知音文化等，促进文化教育与乐器产业融合发展。一系列的资本运作，极大地提高了公司的综合实力、社会知名度和市场影响力，增强集团的持续盈利能力，推动公司各项业务的良性发展。

（三）以技术创新提升企业竞争力

1. 推进智能制造

积极促进乐器制造与高新技术有机结合，大力推进智能装备的应用，加快传统乐器制造工业转型升级。加强智能化生产技术改造，2018年，珠江钢琴集团集体搬迁至增城文化产业基地，建设超过30万平方米的厂房及办公建筑，大力推进工业4.0，采用自动化、数控化、模拟技术、静电技术等高新技术，自主研制了一批处于国内外领先或先进水平的钢琴和数码乐器制造专用设备和生产流水线，显著提高钢琴产品品质，增加中高端钢琴产能，推进传统声学钢琴的智能化改造。改造传统加工工艺，优化木材、毛毡等核心材料的处理及加工工艺，完善钢琴装配工艺，加强对木材、涂料、黏合剂、五金件等方面进行环保材料和代用材料的研究，积极推进涂装生产线绿色制造技术改造项目和RFID标签管理系统，探索钢琴核心零件和关键工序的最佳工艺方法，不断提升产品质量。

2. 提高创新研发能力

为实现"造世界最好的钢琴，做世界最强的乐器企业"的战略目标，珠江钢琴建立了企业研发投入与销售收入挂钩的机制，近年来研发经费占销售收入总额的比重不少于3%，从制度上保障了自主创新所需资金；建立了国际化技术合作模式，引进、吸收与自主创新相结合，以国际顶级钢琴品牌的技术质量水平为赶超目标，以国内同行中唯一的国家级企业技术中心为自主创新主体，通过引进国际高端技术人才、强化科研机构及院校产学研联合攻关、建立欧洲技术中心海外分支机构、与国际顶级同行进行战略合作等举措，不断提升集团的高端技术产品研发水平，推动制造产业向高端发展。

近三年珠江钢琴集团以高端、个性、智能为研发方向，共完成 1000 多项核心技术、产品研发、工艺试验改进项目，其中恺撒堡艺术家 KA 系列钢琴、恺撒堡演奏会钢琴等项目均被列入国家重点新产品计划，获得中轻联科学技术进步奖；拥有国家级企业技术中心 1 个、省级工程研发中心 1 个、博士后工作站 1 个；拥有技术专利 128 项，其中发明专利 30 项；拥有企业技术秘密 328 项；拥有国家、省市认定名牌、驰名商标等企业自有商标 30 多个；参加制定《钢琴》国家标准及相关的行业标准、技能标准、技能培训教材累计达 36 项。

3. 迈向高端发展

准确把握乐器消费需求，研发智能化、个性化的中高端产品。研发了达到国际高端钢琴水平的恺撒堡艺术家 KA 系列钢琴、恺撒堡演奏会钢琴产品和个性化工艺钢琴产品；在声学钢琴上加载智能功能，研发了国内第一代智能声学钢琴，实现教师与学生的远程互动。同时针对中高端品牌需求反馈开展研发工作，按照用户需求和市场趋势，开发个性化、小批量、多型号的限量版钢琴，并选用新技术，导入木皮拼接、UV 打印、水转印、水贴纸、激光雕刻、丝印等工艺，制造出不同图案的外观，使钢琴产品迎合不同市场、不同层次、不同顾客的不同需求。

4. 推动节能环保

珠江钢琴集团高度重视环保节能，积极开展工业能源节约、循环经济、资源综合利用、清洁生产工作，通过工艺改进和设备改良，减少污染排放，达到节能减排。2018 年投资 5000 多万元用于新建废水、废气、除尘处理系统，达到废水零排放，废气排放、除尘处理安全可靠。增城厂区采用先进的环保处理工艺——布袋除尘器，将车间产生的粉尘通过管道进行收集处理后，经集中收尘系统统一收集，输送至挤压机分类压成生物质燃料、渣饼等后处理，减少粉尘扬尘，缩小粉尘体积，降低排放浓度。涂装有机废气采用先进的超氧纳米微气泡技术，纳米微气泡分解有机废气，安全、可靠，不存在爆炸的隐患。与传统的活性炭吸附、浓缩高温分解等其他工艺相比，有运行成本低、安全、维护成本低、易操作等优势。生产废水采用先进的净水系统处理工艺，通过添加不同药剂，将污水进行有效分离，清水回用，漆渣压成饼交由危废公司回收，生产废水长期循环使用，不需对外排放，同时漆渣压成饼，减少危废处理费用。

2018年，珠江钢琴集团正在开展的研发项目有4个与施行环保、节约能源有关。其中，涂装生产线绿色制造技术改造项目，采用新式喷涂技术和先进设备，有效减少油漆喷涂对人体的伤害，提高生产效率和产品效果。子公司广州珠江恺撒堡钢琴有限公司正在研发的UV滚涂生产工艺和机械手静电喷涂生产工艺若取得成功，将有效提高生产自动化程度和生产效率，节约用料，改善工作场地生产环境。简化涂饰工艺，减少油漆材料、危化品、砂纸等能耗的使用和废弃物的排放，优化工作环境。集团及旗下京珠公司获得乐器产业环保领先奖。

（四）以管理创新促进企业可持续发展

1. 优化集团管控模式

调整珠江钢琴集团组织架构，改变集团管理模式，2017年设置以业务板块为主的事业部制，明确集团总部的定位、职能以及相应的组织设置，强调集团在战略管控、资源协调等方面的核心地位，通过法律和管理两条线对子公司进行资源协调与管控，强化基于战略规划目标的绩效管理体系，强化集团总部职能，打造集团总部管控平台。将专业化经营工作和基础工作转移到业务板块，对新兴业务分层分类管理。建立各业务板块的高效协同机制，加强业务核心流程的梳理，建立责任明确、主次分明的协商决策机制。

2. 提升品牌文化

围绕公司发展战略，通过市场调研、消费者访谈等方式，洞悉消费者需求，以满足消费者需求为出发点进行研发与创新，由做"最好的"钢琴转变为做消费者"最喜欢"的钢琴。其一是创新品牌营销,构建品牌矩阵。通过对产品组合的差异化、精细化运作,形成以 Schimmel 为塔尖,恺撒堡、里特米勒为塔中,珠江等品牌为塔基的钢琴品牌体系,在高、中、普及各档次均具有较强国际竞争力,形成各层级品牌协调发展的总体布局。其二是实施文化营销,树立良好的企业文化形象。从 2016 年起,逐步与全国 65 个音乐类大专院校建立合作关系,共建"珠江恺撒堡"奖学金项目。2017 年恺撒堡大赛升级为国际赛事,同时配以"恺撒堡夏令营""签约小艺术家"活动,形成"一条链条"整合型活动和推广体系。其三是顺应现时"产品消费"向"品牌消费"的趋势,加强在价值链的高端营销,如在大陆以外高校设置恺撒堡奖学金、聘请英皇考级评委开展培训活动、签约更高级别的钢琴家、举办国内及国外的钢琴夏令营冬令营,提升品牌形象。

3. 重视人才培养

建立研发协同机制,将以职能为条线的研发组织方式,转为以产品、服务为条线的跨部门组织、项目管理方式,以社区化、平台化的文化教育服务为接入口,重视创新人才培养,建立国际化的合作研发机制和国际化人才团队,学习国外钢琴先进的技术研发经验,选送技术骨干到德国进行技术培训;与城市职业学院、南京师范大学等大专院校合作,选送一线生产骨干参加钢琴制造专业学历提升班;开办高技能人才培训班,通过 1.5~2 年的时间,培养全面型高技能人才。

4. 加强业态创新

其一是推动国际化发展,珠江钢琴集团积极把握机遇,整合全球人才、技术、市场资源,在北京通州、浙江德华、德国等地投资建厂,打造珠江钢琴在海外和中国北方的区域总部、乐器研发销售中心及制造基地,通过"品牌自主化""人员本土化""销售渠道网络化""商业信用市场化"的运营策略,加快全球营销网络建设,提高市场覆盖率占有率。其二是深度融合"互联网+"。珠江钢琴积极运用互联网思维进行制造业的创新探索,挖掘网络销售市场潜力,先后建立了天猫、京东线上品牌旗舰店,采用 O2O、B2C 等模式,探索互联网时代的智能营销、智能制造。电商已成为集团的主要销售渠道之一，致力于电商销售的音乐制品公司年销售钢琴达 3000 多台，保持良好的增长态势。文教板块正式上线收款人工智能音乐教育互联网产品"钢琴云课堂"，围绕钢琴学习者的需求，利用人工智能科技提升学习效率。通过以上营销创新，集团的钢琴产销量持续巩固了世界钢琴销量第一的地位。

三 珠江钢琴以创新发展引领转型升级的实践启示

（一）以体制创新为抓手，促进生产要素优化配置

珠江钢琴集团转型发展的目标是从轻工业制造转型为钢琴、数码乐器、音乐教育协同发展、世界一流的综合乐器文化强企。集团将体制机制创新视为创新发展的抓手，始终坚持和加强党的领导，强化监督，完善企业法人治理结构，优化激励机制和创新研发体系，增强企业活力和提高企业效率，调动企业各类人才积极性、主动性、创造性，激发各类要素活力。

（二）以科技创新为动力，促进主业发展

科技创新是企业实现飞跃发展的契机。珠江钢琴集团始终坚持以科技创新为动力，打造企业核心竞争力。集团制定实施"十三五"企业发展战略，明确企业发展目标，以创新促主业发展，凝神聚力强化自主创新，以科技创新促进产品质量，打造优质品牌，促进钢琴板块融合互联网技术，研发制造智慧钢琴，数码钢琴研发出自主键盘与第四代音源技术多款新产品。

（三）以资本市场为助力，保障跨越式发展

资本市场是实现创新驱动发展战略和产业转型升级的有效助力，扩大企业筹集资金的渠道促进资源优化配置，推动企业公司制改造和现代企业制度的建立和完善，促进企业法人治理结构改善，构建有效率的激励和约束机制，快速助推企业打破产业壁垒，取得跨越式发展。

广钢集团拓展气体业务、打造气体能源产业的成效研究

广州钢铁企业集团有限公司课题组 *

摘 要： 在关停钢铁生产基地、失去依托的大用户的情况下，广钢集团大力拓展气体业务，大力打造新兴气体能源产业，在产业转型升级方面取得了较好的成效。广钢集团的探索实践证明，创新发展方式是企业加快成长壮大的有效途径，紧跟宏观产业升级方向是企业发展的生命力所在。

关键词： 气体业务 新兴产业 广钢

一 广钢集团拓展气体业务、打造气体能源产业的现实背景

广州钢铁企业集团有限公司（以下简称广钢集团或广钢）的前身是1958年建成投产的位于荔湾区白鹤洞的广州钢铁厂。广钢气体业务起步于为钢铁生产提供氧气的制氧车间。1991年，为引入现代经营管理理念和技改资金，广钢与外商合资成立粤港气体。此后紧跟珠江钢铁和南沙40万吨热镀锌项目的建设需要，又分别于1995年、2000年和2005年合资成立了珠江气体、南华气体以及南沙气体。合资气体企业除服务广钢钢铁主业外，

---

* 课题组成员：邓韬，广州广钢气体能源股份有限公司总经理；刘新奇：广钢集团公司办公室调研室主任。

还拓展了医疗用氧等业务，效益良好，气体业务也因此一跃成为广钢的支柱业务之一。

2008年，为实现我国及广东省钢铁工业结构调整，优化产业布局，广东省委、省政府做出了关停广钢白鹤洞生产基地、建设湛江钢铁项目的重大战略决策。关停广钢钢铁产能后，依附于广钢钢铁生产的粤港气体和珠江气体，以及南华气体（处于深圳市中心区域）因所在地块规划调整等因素，也需要关停，广钢气体业务将只剩下南沙气体，元气大伤，面临重大生存危机。

2010年以来，中国经济由高速增长进入中高速增长再到高质量增长的新常态，经济结构进入加速优化升级阶段，新能源、新材料和新制造等战略新兴产业快速发展，对特种气体存在巨大市场需求。同时，国内空分设备制造技术取得长足发展，具备大中型空分设备制造能力，气体生产投资建设成本大幅度降低，为业务发展提供了良好条件。

广钢要发展气体业务，必须紧跟中国经济转型升级发展趋势，调整发展战略，创新发展方式，捕捉新能源、新材料和新制造等战略性新兴产业快速发展中的机遇，加快企业成长壮大，加快迈向做强做优做大。

二　广钢集团拓展气体业务、打造气体能源产业的探索实践与发展成效

（一）制定发展战略，明确发展方向

2008年以来，我国在国际金融危机冲击和后危机影响持续情况下，加大了供给侧结构性改革力度，产业结构转型升级加快。广钢根据国家宏观经济形势和产业结构调整升级态势，以及所依附的广钢白鹤洞生产基地和珠江钢铁将关停的现实，认识到，必须跳出广钢，加快发展，才能在激烈的市场竞争中赢得生存和发展的机会；虽然钢铁、石油化工和煤化工等行业仍然存在投资机会，但新材料、新能源、新制造等战略性新兴产业是未来重要的增

长动力，为这些行业服务的特种气体市场广阔，前景十分光明。

根据广钢集团发展战略的指引，广钢明确了发展气体业务的竞争战略为：抓住国家产业优化布局和转型升级机遇，拓展省内外市场，优化布局，赢得区域市场竞争优势；创新项目发展方式，通过引入战略投资者、创新融资方式等，加快业务发展步伐；运用信息技术手段，实现安全高效运营管理；拓展核心研发制造能力，努力成为具有较大影响力和品牌地位的本土气体公司。

（二）打造气体业务发展平台，加快发展步伐

1. 整合省内资源，稳固省内领先地位

2010 年，根据省内气体业务竞争态势和广钢气体业务股权多元的情况，广钢积极与林德集团（粤港气体和珠江气体外资股东）进行战略沟通和协调，决定将下属粤港气体、珠江气体、南沙气体和南华气体等气体业务全部整合到"广钢林德"品牌旗下，形成拳头，进行集约管理和一体化运作，增强品牌影响力和市场竞争力，加快省内市场的拓展步伐。2012 年，广钢气体省内业务完成整合，"广钢林德"省内品牌实力和影响力明显增强。

2. 培育组织能力，打造气体业务发展平台

在完成第一步，即将广钢气体业务全部整合到"广钢林德"品牌后，广钢开始推进在省外生产布点、构建全国性生产销售网络的设想。在与林德集团就开拓省外市场不能取得战略协同的情况下，广钢决定单独设立气体业务开拓机构，着力培育组织能力，打造气体产业发展平台。2013 年初，成立气体业务事业部，统筹发展气体业务，重点是加快省外气体项目的拓展。2014 年，省外第一个气体项目成功落地，年底为适应产业发展需要，成立广州广钢气体能源有限公司（以下简称"气体能源公司"），将广钢所持"广钢林德"等股权注入气体能源公司，搭建起业务发展平台。

（三）积极拓展项目，初步形成全国布局

在广东省内，广钢以"广钢林德"为统一品牌，积极拓展省内市场，

先后在深圳南山科技园、深圳光明新区、广州开发区、广州南沙和汕尾等地投资建设了大型供气项目，成为广东省内领先的气体供应商，在品牌、管理运营和人才等方面确立了较为雄厚的实力。

在省外，广钢以气体能源公司为市场主体，针对国家产业转型升级给工业气体带来的机会，加快省外市场拓展，继2014年建设河南骏化空分项目后，又于2018年建设内蒙古赤峰金剑铜业空分项目、安徽滁州惠科电子级超高纯大宗气体项目、河南稀有气体初提项目和湖南全液体空分项目，并有多个潜在空分项目投资机会在开发当中。其中，滁州惠科电子级超高纯大宗气体项目是首次内资企业中标，打破了外资在该行业的垄断，采用工艺设备具有自身技术创新元素，全面提升了广钢气体在行业的影响力和品牌效应。

广钢气体业务在进行全国布局时有如下战略性考量因素：一是项目点的地域辐射性，如内蒙古赤峰项目辐射东北、华北和内蒙古区域，安徽滁州项目辐射华东区域，湖南浏阳项目辐射华中南部区域，河南骏化项目辐射华中北部区域；二是项目所依附产业的风险，广钢气体产业目前所依附的产业除具有相对集中于战略新兴产业的特点外，又具有分散于战略新兴产业、钢铁、化工、有色金属等的特点，具有较好的抗风险能力；三是强调所投资项目的财务收益率，要求IRR（内部收益率）必须高于最低投资回报率；四是既注重单体投资项目的规模效益，也注重各个项目之间的产品丰富性，在整体上形成广钢气体业务品种齐全的格局，以便为国内用户提供全系列产品服务，提升整体竞争力；五是高度重视项目的高标准建设、运营和安全管理，树立优良品牌。

（四）探索形成建设运营成熟做法，打造建设运营软实力

1. 探索形成运营管理高标准

广钢气体能源公司作为广钢气体业务发展和资产运营平台，业务按市场区域和历史成因分为两大板块，按不同模式进行管理。广东省内项目或企业统一由广钢林德公司具体负责发展和运营管理，省外由气体能源公司直接负责发展和运营管理。广钢林德由1991年合资公司一路演变而来，

具有非常成熟的符合国际标准的安全和运营管理规范和手段，是广钢经营和发展气体业务非常坚实的基础和依托。省外项目或企业的管理运营，基本上都移植了广钢林德的经营管理模式，确保安全高效、规范严格。广钢气体业务运营的高标准要求，确保了广钢气体品牌在国内市场的优良信誉度和美誉度。

2. 探索形成工程建设成熟做法

作为第一个省外项目，河南骏化项目主要面临招标时间、安全性、工期、质量、成本、资金等项目要素管理的挑战。为此，广钢气体一是加强对项目公司的财务管理，实行全流程审核，既严把资金支付关口，确保资金支付进度不超工程进度，又不影响项目进度，让有限的资金发挥最大效能；二是充分考虑到异地工程建设工程量和计价的复杂性，通过招标引入专业的第三方造价咨询机构把关过程控制，在项目部制定的"主材甲控乙供、土建部分按综合单价并实施最高限价"等原则下，协助实现了工程造价的有效管控；三是做好招标、质量、安全、进度控制等专项工作，确保按时、高质量、安全地在投资预算内完成工程建设。通过一系列严格管理，项目建设取得了"零事故、零伤害、零污染"的优异安全管理成绩；两套4万空分的建设周期仅仅耗时14个月，居行业领先水平；两套空分均一次试车成功，调试物料的消耗比合同约定值均有节约；项目建设投资控制卓有成效，相比项目可研报告，建设投资节约1777万元。

3. 探索形成人力资源管理成熟做法

河南骏化项目公司建设和运营队伍建设问题主要从三方面解决：一是从广钢林德合资公司抽调技术和经验丰富的专业人才，进驻项目现场，参与建设和运营全过程；二是从广州总部派驻一部分技术和商务骨干全过程参与规划设计、建设施工和运营管理；三是面向全国招聘项目管理、生产运营等专业技术人才，先后吸引30多名专业人才加盟，为项目实现成功建设运营奠定了坚实基础。

4. 探索形成廉洁建设成熟做法

气体公司要求所有重要岗位和骨干签订《广钢集团年度党员干部廉洁

自律承诺书》，并组织系统学习中国共产党党内监督条例和廉洁自律准则、国家、集团招投标法/管理、采购管理、财务管理等规章制度，提升政治思想水平。在业务拓展方面，每一个项目都要经过各部门的专业参与，充分论证和分析，最后再统一制定优化的商务和技术方案，以保障业务和投资的效益最大化。在工程建设方面，严格按照相关规章制度实施，做到招标方案、招标文件、招标结果、合同签署、款项支付等事前流程审批、集体决策确认，坚决防范和杜绝招标中出现不合规的歧视性条款和利益输送等情况。通过上述种种有力措施，广钢气体形成了风清气正、干事创业的良好氛围。

（五）创新发展方式，加快气体业务成长

1. 创新性项目建设融资

河南骏化项目建设内容为 2 套 40000Nm3/H 空分装置，总投资 3.57 亿元，其中项目资本金 1.86 亿元、债务资金 1.71 亿元。广钢集团根据转型发展长远需要，要求广钢气体转变观念，坚决摒弃依靠集团担保贷款融资的老路；要求河南骏化项目必须立足项目本身优势，从社会中进行创新性融资，走开放发展、创新发展的新路。

因投资项目的广钢气体能源公司和项目公司均为新设立公司，无历史经营数据，除了项目资本金外，无其他可支配的财务资源，无法提供增信条件，使得银行融资困难重重。广钢气体转变思路，根据项目设备类资产投资占比较重的特点，积极寻求租赁融资渠道，在没有依靠外部其他条件的情况下，通过直租方式融资 1.78 亿元，解决了项目建设运营的资金缺口，项目建设得以顺利进行。

由于融资租赁进行项目建设融资的方式在河南骏化项目的成功实践，广钢已将这种融资模式应用于目前正在建设的其他项目中。

2. 推进股份制改造

广钢将股份制改造、实现气体公司上市作为加快气体产业发展的重要推手。2016 年，广钢完成了气体能源公司注资等工作。2017 年，广钢完成集

团下属工业气体及能源板块股权整合。2018 年，完成气体能源公司股份制改造。目前，正积极推进引入战略投资者等工作，加快推进上市进程。拟通过增资扩股方式引入战略投资者，数量不超过 5 家，增资后，战略投资者和员工总体持有的股比不超过 49%。募集资金主要投向关联业务的股权收购、稀有气体业务投资。

3. 合资建设第一个省外项目

广钢气体河南骏化空分项目是广钢投资建设的第一个省外气体项目。项目由气体能源公司和四川空分集团于 2014 年 11 月合资（股权比例为 9∶1）的河南气体公司经营，充分发挥广钢在气体业务方面的经营优势和四川空分集团在设备制造维护方面的优势。

（六）气体业务创新发展初步成效

2010 年时，广钢气体能源产业主要由粤港气体、珠江气体、南华气体和南沙气体四大气体厂组成。以 2010 年实际经营数据计，将要关停的粤港气体、珠江气体和南华气体三家企业的营收合计为 5.5 亿元、净利润 0.65 亿元，约占当时气体业务总营业收入的 76.6% 和净利润的 77.4%。

粤港气体和珠江气体于 2013 年关停以及南华气体于 2016 年关停后，经过数年的发展壮大，广钢气体形成了省内拥有广州南沙、深圳、汕尾和惠州等地，省外拥有湖南、安徽、河南和内蒙古等地的市场布局，初步实现了全国布局，经营规模和效益也逐步从钢铁主业关停中恢复过来，重新焕发出生机和活力，经营和发展均保持旺盛势头。2017 年经营一举扭转多年的低迷状态，扭亏为盈，实现营业收入 5.7 亿元、净利润 1.05 亿元，2018 年实现营业收入 7.3 亿元、净利润 1.655 亿元。即使不考虑期间产品价格下降因素（以普通产品液氧、液氮销售价格为例，2010 年液氧液氮销售价格分别为 0.97 元/公斤和 0.94 元/公斤，到 2017 年则分别下降至 0.53 元/公斤和 0.65 元/公斤），2017 年和 2018 年经营规模和效益都分别达到和超过了 2010 年时的水平，初步实现了打造气体产业的战略构想，成为广钢主业中材料及高端制造业的中坚力量。

三　广钢集团拓展气体业务、打造气体能源产业的重要启示

（一）破解发展难题始终是企业经营管理的第一要务

广钢在关停钢铁主业后，产业出现"空心化"，只有以时不我待的紧迫感，坚定落实发展是第一要务的理念，加快培育新产业，加快新产业发展壮大，才能破解企业面临的严重生存发展难题。面对企业实际情况，广钢以二手策略，加快气体业务发展。在省内，加强与外资方林德集团的沟通合作，完成资源整合，扩大"广钢林德"品牌实力和影响力，加快省内业务拓展；在省外，以气体产业发展平台为市场主体，积极寻找符合自身发展战略的发展项目，加快业务拓展步伐。通过短短 6 年的努力，基本形成全国布局。现在，气体业务已成为广钢主业中材料及高端制造业的中坚力量。

（二）创新发展方式是企业加快成长壮大的有效途径

进入 21 世纪尤其是 2010 年以来，气体行业竞争出现新变化，国际气体巨头间兼并整合步伐加快，控制着战略主导权，占据国内市场约四成份额。在强大的外资和国内竞争对手面前，要赢得生存和发展空间，就必须充分利用各种有利因素和条件，加快发展，才能实现后来者居上。作为省外首个空分项目，广钢在股权结构上采用了与四川空分合资的方式，在人才队伍建设上面向全国市场化招聘引进专业人才，在融资中采用了融资租赁的方式，在降低广钢投入资金的同时，优化了公司治理结构，提高了运营效率，取得了良好的效果。正在推进的混改和融资模式创新是广钢创新发展方式的进一步体现。

（三）紧跟宏观产业升级方向是企业发展的生命力所在

广钢气体业务随钢铁主业而生而发展，2008 年达到巅峰。随着国家化

解过剩钢铁产能、推进产业结构转型升级，广钢钢铁主业实施关停，依附的气体业务也随之跌入低谷。在陷入困境时，广钢看到了国家战略性新兴产业蓬勃发展带来的巨大机遇，整合资源，集中力量拓展电子、通信、新能源等领域项目，成功获得了深圳、汕尾、滁州等特种气体项目，业务量和经营效益又恢复到并超过了历史上最辉煌的钢铁主业繁荣时期，企业焕发出前所未有的生机和活力。

广钢发展气体业务的案例说明，在国家产业结构转型升级的大背景下，每一个具体的业务都可以根据国家未来产业发展方向，制定相应的发展战略，创新发展方式，聚集资源，实现新的发展。

监督管理篇

Supervision and Management

关于广州市国资监管"一清单两事项"制度的调研报告

广州市国资委权责清单课题组*

摘　要：　本调研报告立足于"以管资本为主的职能转变"的改革进路，对制度建构问题以及国资委作为出资人的法源基础进行探究；围绕"深调研"中企业提出的问题、建议进行分析，阐释了目前权责清单需要解决的问题。在吸收国务院国资委及各地国资委在权责清单制度建设成果的基础上，提出了明确一个定位（出资人的定位），围绕一个转变（管资本的转变），坚持两个结合（放权与监管结合），系统谋划，多措并举，突出"四个聚焦"，推动"四个增强"，实现两个提升（国有资本效率、国有企业活力）的权责清单制度完善对策建议。

---

* 课题组成员：叶珊瑚，广州市国资委党委委员、副主任；方海卉，广州市国资委政策法规处（董事会工作处）处长；童迪，广州市国资委政策法规处（董事会工作处）主任科员；陈翔，广州市国资委政策法规处（董事会工作处）主任科员。

关键词： 出资人 权责清单 国有资本 职能转变

2018 年国务院政府工作报告中，国有企业改革的总体思路是：推进国资国企改革，制定出资人监管权责清单。2016 年，广州市国资委根据国资国企改革系列文件精神及总体要求，出台出资人权责清单，并明确下放事项及日常管理事项，科学界定出资人监管边界。权责清单制度实施两年以来，市国资委对企业实行"清单"管理，放权、授权范围也将进一步细化和扩大。为进一步完善国资监管权责制度，广州市国资委权责清单课题组通过相关法律梳理、企业实地调研、书面征求意见、与国务院国资委及多地做法对比分析等方式，对"一清单两事项"制度运行情况开展了专题调研。

一 回顾小结——广州现行"一清单两事项"的基本情况

（一）现行"一清单两事项"的编制背景

2016 年，根据中共中央、国务院国资国企改革系列文件精神以及中共中央、国务院推行权力清单制度的总体要求，按照广州市编办的统一安排，广州市国资委在全面梳理国资监管权限及管理事项的基础上，印发了《广州市国资委关于国资监管权责清单和有关事项的通知》，并向社会公布。目的是把更多精力放在调整布局结构、推动资源整合、加快创新发展上，推动国资监管从管企业为主向管资本为主转变，形成权力边界清晰、权责一致、运转高效的国资监管体系。

（二）现行"一清单两事项"架构体系和主要内容

1. 架构体系

"一清单两事项"由权责清单、下放事项和日常管理事项组成。权责清单是按照广州市编办要求以法律、法规、规章作为依据的审核、核准、备案事项；下放事项是围绕"管资本"职能转变在广州市国资委原有的审核备案事项中下放由企业董事会决策的事项；日常管理事项是因无政府规章及以上依据不列入权责清单，但根据国家、省市相关规定需要日常管理的事项。

2. 主要内容

权责清单共18项（其中审批事项16项、备案核准事项2项），主要集中在企业规划发展、国有产权管理、薪酬考核、章程审批、财务监督、公司改制、企业领导人员管理等方面；下放企业董事会事项共7项，包括主业投资、超股比借款担保、部分产权转让、限额以内的物业出租土地处置等经营管理事权；日常管理事项包括7项应严格按照有关规定及时报送出资人的事项，如限额以上的物业出租土地处置、企业领导人员出国（境）审核、产权登记等。

（三）现行"一清单两事项"的运行情况

"一清单两事项"自2016年4月正式印发运行至今已近两年时间。其间，广州市国资委进一步完善了各项配套措施，明确了监管企业重要子企业名单，修改完善了对外捐赠管理，融合加强了党建理念，修订完善了公司章程范本，出台了企业国有资产评估管理办法，修订出台了新的国有土地处置、物业出租指导意见（穗府办函〔2017〕141号、147号文），进一步厘清政府、国资委、企业三者权责边界，有力推进了国资委由管企业为主向管资本为主转变。

二 寻根溯源——国资委权力的法源分析

权由法定，依法制权。权责清单的根本依据、基本原则、本质特征、基本内容源自何处，应当首先从现行法律法规中寻找答案。通过从权力源头分析，为广州市国资委调整完善"一清单两事项"打下坚实的法理基础。

（一）出资人职责定位，是"一清单两事项"确立的基本前提和根本依据

1. 国有资产监督管理机构根据授权依法履行出资人职责

《中华人民共和国企业国有资产法》（以下简称《企业国有资产法》）第四条规定：国务院和地方人民政府依照法律、行政法规的规定，分别代表国家对国家出资企业履行出资人职责，享有出资人权益。第十一条规定：国务院国有资产监督管理机构和地方人民政府按照国务院的规定设立的国有资产监督管理机构，根据本级人民政府的授权，代表本级人民政府对国家出资企业履行出资人职责。《企业国有资产监督管理暂行条例》（以下简称《条例》）第六条规定：国务院，省、自治区、直辖市人民政府，设区的市、自治州级人民政府，分别设立国有资产监督管理机构。国有资产监督管理机构根据授权，依法履行出资人职责，依法对企业国有资产进行监督管理。第十二条规定：国务院国有资产监督管理机构是代表国务院履行出资人职责、负责监督管理企业国有资产的直属特设机构……设区的市、自治州级人民政府国有资产监督管理机构是代表本级政府履行出资人职责、负责监督管理企业国有资产的直属特设机构。

由此可见，国资委代表政府履行出资人职责的定位，是我国以立法形式予以明确规定的，具有法律效力。地位法定、职权法定，是国资监管权责清单得以成立的基本前提。

2. 国资监管职权两个分开的性质，是"一清单两事项"的基本特征

《企业国有资产法》第六条规定：国务院和地方人民政府应当按照政企分开、社会公共管理职能与国有资产出资人职能分开、不干预企业依法自主经营的原则，依法履行出资人职责。《条例》第七条规定：各级人民政府应当严格执行国有资产管理法律、法规，坚持政府的社会公共管理职能与国有资产出资人职能分开，坚持政企分开，实行所有权与经营权分离。国有资产监督管理机构不行使政府的社会公共管理职能，政府其他机构、部门不履行企业国有资产出资人职责。

综上，国资委依法履行出资人职责，专司国有资产监管，这是科学界定出资人权责边界，制定"一清单两事项"的基本前提和根本依据；国资委职权具有政企分开、社会公共管理职能与国有资产出资人职能分开的特点，是"一清单两事项"必须体现的基本特征。

（二）依法行使监督管理职能，是"一清单两事项"必须反映的基本内容

"监督管理"是《企业国有资产法》《条例》关于国资监管机构基本职能的核心词。同时，关于"监督管理"职能的具体内容和方式有以下明确的规定：一是在对所出资企业履行股东权利方面，如《企业国有资产法》第十二条规定，履行出资人职责的机构代表本级人民政府对国家出资企业依法享有资产收益、参与重大决策和选择管理者等出资人权利。履行出资人职责的机构依照法律、行政法规的规定，制定或者参与制定国家出资企业的章程。二是在出资人监督方面，《企业国有资产法》第十九条、第六十七条等，分别从委派监事、设立监事会、年度财务会计报告审计等规定了具体的方式方法。

因此，"一清单两事项"作为国资监管的标尺，应当反映监督和管理两项基本内容，准确把握和依法确立履行职权的方式方法。

（三）推进以管资本为主的职能转变，是"一清单两事项"的出发点和落脚点

由上述法源梳理可见，依法履行出资人职责，实现所有权和经营权分离，必须坚持放管结合原则，坚持以管资本为主的职能转变。《中共中央国务院关于深化国有企业改革的指导意见》明确提出"以管资本为主推进国有资产监管机构职能转变"，《国务院国资委以管资本为主推进职能转变方案》将依法建立"出资人监管的权力和责任清单"作为推进职能转变的一项重要措施。上述正是对法律法规关于国资委出资人定位以及两个分开职权性质的回应和坚守，也是"一清单两事项"的根本出发点和最终落脚点。

三 窥斑见豹——广州现行"一清单两事项"存在问题及原因分析

为进一步掌握"一清单两事项"运行情况，以问题为导向推进完善"一清单两事项"，广州市国资委书面征求了各监管企业意见，并就企业意见进行了整理归纳，从中发现问题，剖析成因。

（一）企业反馈意见总体情况

经统计，收到企业反馈意见共 92 条，其中 7 家企业的意见数量超过 5 条，分别是广州酒家 13 条、广汽集团 12 条、越秀集团 11 条，岭南集团 6 条，广州港集团、广州国发及广州农商行各 5 条。数量居前的企业主要为竞争类企业，或为上市公司（含上市公司的控股企业）（见图 1）。

根据企业对权责清单的需求不同，各企业反馈意见大致可分为五种类型，一是关于优化内容表述的意见，占比 14.1%；二是关于简化办理流程的意见，占比 16.3%；三是关于明确指导或配套制度的意见，占比 17.4%；四是关于分类管理的意见，占比 10.9%；五是关于权责清单事项下放或授权的意见，占比 41.3%（见图 2 和图 3）。

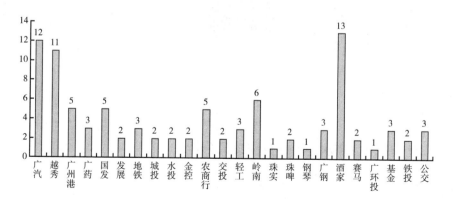

图 1　分企业意见数

187

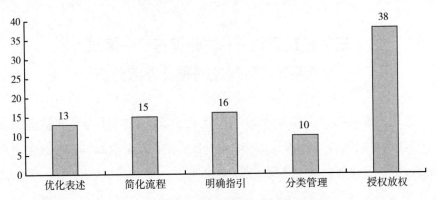

图2　分类型意见数

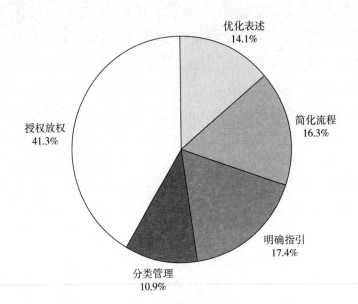

图3　各类意见占比

（二）企业需求角度的反馈意见分析

1. 关于优化权责清单内容表述的意见

权责清单中部分权责事项的意思表述与最新相关政策法规意思不一致或表述不够明确，建议优化调整表述，权责事项具体明确，确保相关法律法规政策衔接一致。此部分意见主要集中在国有资产交易及超股比担保部分，主要原因是现行权责清单出台后，2016年国家出台了32号令后及广州市国资委制定了《担保办法》。

2. 关于简化权责清单事项办理流程的意见

权责清单中部分权责事项分工不够明确，办理流程烦琐，效率不高，建议进一步明确权责事项分工，梳理简化流程，提升办理效率。该意见主要针对事项办理的实际流程，企业一方面希望简化流程，缩减时间，提高效率，另一方面希望建立事项办理的标准化机制，如备案应出具备案回执等。从实际工作来看，企业提出此意见的主要原因：广州市国资委关于权责清单事项制度可视化、流程化的操作细则，对企业宣贯指导工作不足，企业对政策文件理解不深，报送材料与要求存在差距，导致需要反复多次沟通。

3. 关于权责清单事项明确指导或配套制度的意见

权责清单中部分事项存在配套制度缺位，企业对政策文件适用缺乏依据、指导意见的情况，建议制定一系列相关配套制度措施，明确事项办理方式，提升办事效率。

4. 关于权责清单事项分类监管的意见

监管企业公司性质、发展规模及行业属性不同，权责清单中的部分事项适用于所有的监管企业标准过于单一，不利于反映企业自身实际情况，实际操作存在困难。意见的主要原因：一是权责清单的适用对象主要为独资、全资国有企业，对于上市公司、控股公司未做区分；二是目前的分类考核机制未能完全反映企业的经营、地位、定位等实际情况。

5. 关于权责清单事项下放或授权企业决策的意见

权责清单中部分事项审核备案管理，监管企业反馈审核备案流程烦琐，标准控制严格，制约了企业市场化竞争，建议进一步将相关权责事项下放至企业，或授权企业董事会可以将部分事项授权企业总经理办公会处理。39项意见中，薪酬管理占到了10项，土地物业处置及租赁管理占到了13项，两项合计占近60%，反映出企业对这部分权力下放的渴望。

（三）事项的具体反馈意见分析

反馈意见主要针对广州市国资委"一事项两清单"中的 18 项清单事项及 7 项日常管理事项提出。其中，"审核监管企业合并、分立、解散、申请破产和改制"及"国有控股上市公司股权激励年度实施结果备案"两项均无企业提出意见。其他 23 项清单事项均收到企业反馈意见，意见 3 条及以上的事项有 15 项，意见最多的事项是"监管企业企业年金方案审核，监管企业及各级子企业年度工资总额预算及决算情况、监管企业的各级子企业年金方案备案"，有 11 条意见，其次是关于产权转让的事项，有 7 条意见。企业反馈意见主要聚焦于以下 5 个事项。

1. 关于企业工资总额及企业年金的建议

该事项共收到 11 条反馈意见，其中，1 条为简化办理事项流程，希望限时答复，2 条希望对工资总额的上限等予以调整，其余 8 条都希望得到不同程度的授权，既有希望直接将工资总额下放至监管企业董事会决定，也有希望将子企业的工资总额由监管企业审核，还有希望取消企业年金的审批的。提出意见的企业涵盖各种类型，反映出企业对改变现有企业年金及工资总额备案管理的期盼较高。

2. 关于审核监管企业国有产权转让，以及需要市国资委批准的企业国有产权非公开协议转让、非公开协议企业增资的意见

该事项共收到 7 条反馈意见，除 1 条提出下放审批权到企业外，其余 6 条均为希望根据 32 号令优化调整相关表述。反映了现行权责清单存在部分事项表述与最新法律法规不同步，需及时进行更新调整。

3. 关于所监管企业负责人年度和任期经营业绩考核与薪酬分配重大事项审核的意见

该事项共收到 6 条反馈意见，其中 3 条提出进行分层分类考核的意见，强调考核要与企业的实际情况相适应，不加区分的考核方式存在不科学性。其他反馈意见主要为相关配套制度、政策宣贯力度不够，企业难以把握标准。

4. 关于监管企业领导人员任免和内部董事、监事委派管理的建议

该事项共收到 6 条反馈意见，主要为规范事项的办理流程，制定相关的指导意见，注重区别上市公司作为公众公司的特殊性等。

5. 关于审核监管企业及各级子企业证载登记为工业、仓储性质的物业单次租期6年以上的出租事项的意见

根据 2017 年最新修订的关于物业租赁的指导意见，物业租赁统一要求进场交易，且一定限额的物业出租需要进场交易。企业从便利性、及时性等角度希望减少备案的情形。

（四）企业意见集中反映的主要问题

企业意见集中反映"一清单两事项"在事项内容表述、权力下放力度、具体操作等方面存在的问题。

1. 准确性尚不足

个别权责事项内容表述较为笼统，与国资监管最新规定不一致。如国有产权转让审核、超股比担保审核、监管企业领导人员任免和董事监事的委派管理等事项表述较为笼统，与现行的国有资产交易管理、广州市国资委出台的担保管理办法、广州市委组织部关于国企负责人管理等有关规定不完全一致。

2. 指引性不够强

部分权责事项办理流程、具体环节不够清晰。如物业出租、土地资产处置、企业主要领导人员出国（境）审核等，企业在实际操作中对具体办理环节、最终是否出具备案回执等存有疑问。

3. 下放力度不够

权力下放力度与企业需求存在差距。企业反映部分审核事项一定程度上制约了企业参与市场化竞争，造成时机延误，建议下放至企业或允许转授权。如监管企业年金方案审核、监管企业及各级子企业工资总额预算与决算情况备案建议下放至监管企业董事会。

4. 差异性未体现

目前"一清单两事项"对所有监管企业一视同仁、统一规定，企业反映不能适应企业产权类别、性质多元的现实情况。如监管企业负责人年度业绩考核与薪酬分配管理，没有区分不同企业性质、发展规模及行业特点分层分类考核；同一监管事项没有根据国有上市和非上市公司的差异进行设置；等等。

（五）企业意见形成的原因分析

1. "一清单两事项"的调整完善存在滞后性

权责清单是权力运行的标尺，具有一定的稳定性。然而，近年来随着国资监管体制改革和国企改革的不断深入发展，一方面，国资监管权力运行所依据的政策法规体系出现了重大调整，针对产权管理、投资监督管理、薪酬管理等重要领域的新政策新制度密集出台，在监管要求、方式手段等方面进行了较大调整；而现行"一清单两事项"调整落后于法规政策的出台，直接导致部分表述与相关规定不一致，或者为避免与新的政策法规产生冲突，直接采取了较为宽泛笼统的表述。另一方面，作为权力运行的载体，无论是国务院国资委还是广州市国资委的职能架构，都产生了较大的调整，权责事项对应的办理流程也相应调整。因此，权责清单一旦无法同步予以调整，就出现了表述不够准确规范的问题。

2. "一清单两事项"的实施缺乏具体清晰的工作指引

虽然广州市国资委在 2017 年对"一清单两事项"进行了一次细化调整，明确了各权力事项对应的责任子项、办理流程和追责方式，但与细致清晰的指引标准还存在一定的差距。每项权责事项仍欠缺具体、清晰、区分不同企业类型、明确不同适用范围的分层分类操作指引，欠缺可视化的工作流程图，致使企业在实际操作和遇到具体问题时，产生各种疑问。

3. "一清单两事项"未能充分体现放管结合原则

尽管现行"一清单两事项"将广州市国资委原有的 32 项权责事项缩减为 18 项，并有 7 项权限下放至企业董事会，审核事项少于当时广东、上海、天津等地国资委，但在以管资本为主推动职能转变的国资监管体制改革背景下，仍需要进一步厘清管资产与管资本的边界、出资人与企业的边界，按照政企分开、政资分开、所有权与经营权分离的要求，回应企业下放权力的现实需求，进一步正确处理好放与管之间的关系。

4. 政策权限限制和企业主体责任意识差别制约了权力下放力度

一是根据最新政策规定，企业领导人员管理、薪酬考核等方面权力已并不属于国资委权限或有政策限制，无法下放相关权力；二是部分监管企业主体责任意识、依法治企和法人治理能力不足，权力承接能力不够强，习惯等靠要，希望国资委多管；相反主体责任意识强、勇于作为、敢于担当的企业，法人治理较为规范、科学决策能力较强的企业，则希望国资委充分放权。

5. 差异化权责体系尚未建立

广州市国资委监管企业因功能、性质、产权结构等不同而存在多种类别，因法人治理情况差异存在不同情况。从产权关系上看，有国有独资（全资）公司、直接持股上市公司、非直接持股上市公司等多种形式；从功能性质看，存在产业实体公司、国有资本运营公司等多种模式；从治理情况看，存在法人治理规范的公司、尚未完成改制的事业单位、国有集体联营企业等多种形态；同时，企业所处行业、发展规模差别较大，对权力下放的需求和具体表现也不尽相同。目前，"一清单两事项"的无差异管理方式，已不能适应监管企业多元化的现状。

四　他山之石——国务院国资委及各地国资委的经验借鉴

各级国资委正在调整优化监管职能，明确监管清单。

（一）各级国资委权责清单相关工作的总体情况

根据公开资料显示，北京、天津、上海、广东、成都、深圳等各级地方国资委正在制定履职事项清单，明确清单以外的事项由企业自主决策，其中多地权责清单已经调整到第二甚至第三稿，总体呈现以下趋势：一是清单事项的数量持续精简；二是逐步减少对产权二级企业的直接监管；三是不直接对上市公司的经营业务进行管理；四是探索对符合条件的企业授予部分权力。然而，受现行国资监管政策制约，各地国资部门简政放权工作遭遇瓶颈，对于企业一直呼吁的薪酬激励、高管考核、经理层选聘等事权的下放仍未有突破性举措。

（二）各级国资监管部门完善权责清单的具体做法

1. 国务院国资委做法

2017 年 4 月，国务院办公厅转发了《国务院国资委以管资本为主推进职能转变方案》，该方案强化了国务院国资委的 3 项管资本职能，精简 43 项监管事项，其中，取消事项 26 项，下放事项 9 项，授权 8 项。根据此方案，国资委将不再审批中央企业子企业分红权激励方案，不再审批中央企业年金方案，不再指导中央企业内部资源整合与合作，减少对企业内部改制重组的直接管理，不再直接规范上市公司国有股东行为，推动中央企业严格遵守证券监管规定；将审批中央企业子企业股权激励方案等事项下放给中央企业；对落实董事会职权试点企业、国有资本投资、运营公司试点企业授权 8 项，涵盖了经理层成员选聘、业绩考核、薪酬管理以及职工工资总额审批等企业呼吁多年的事项。

2. 北京市国资委做法

2017 年 12 月，北京市国资委出台了《北京市国资委出资人监管权力和责任清单》，清单包含了共计 8 个大项 31 个小项。清单说明材料指出，对于指导、协调、备案、统计、监测、后评价六类职责，以及辅助工作事项等不列入清单。未列入清单的事项，北京市国资委仍将根据法律法规、三定方案和相关工作部署履行出资人职责。

3. 天津市国资委做法

2017 年 4 月，天津市国资委印发了《天津市国资监管清单（2017

版)》,分为"审核、核准、事前备案、决定事项"清单和"事后备案、报告事项"清单两个部分。其中,审核清单共分 14 大类 35 项,备案清单共分 17 大类 37 项。作为全国第一家省级国资委印发的《天津市国资监管负面清单(2017 版)》,采取目录式体例,分为事项范围和特别监管措施两个部分,对投资项目、投资并购、企业改制等 18 个方面的禁止性条款予以了明示,坚决不准企业触碰和跨越。

4. 上海市国资委做法

2017 年 8 月,上海市国资委公布了最新的《上海市国资委管好资本、服务企业履职清单(2017 版)》及《事中事后监管事项清单(2017 版)》"两清单"。其中,《履职清单》主要涉及管理事项 18 大项 43 子项目录。值得注意的是,对于规范董事会建设的市管企业,其董事会对重要子企业国有股权控制权发生变更的情形具有决定权。

5. 广东省国资委做法

广东省国资委 2017 年修改完善了其权责清单,涉及管理事项 44 项,较 2014 年的权责清单有如下变化:一是强化 5 项监管事项,如新增省属企业年度全面预算为审核事项,省属企业主业及发展战略规划由备案改为审核事项等;二是授权下放 14 项监管事项,如企业年金(补充医疗保险等)方案审批。对于省属企业本部年度工资总额计划、省属企业参与二级市场行为、捐赠和赞助、企业年度投资计划,因逐步纳入全面预算管理事项后不再单独管理事项,也为下放的事项。

6. 深圳市国资委做法

深圳市国资委权责清单为 17 项,从内容来看深圳版的权责清单较为精简,如没有提及对所监管企业负责人年度和任期经营业绩考核与薪酬分配重大事项审核、监管企业企业年金方案审核,监管企业及各级子企业年度工资总额预算及决算情况、监管企业的各级子企业年金方案备案等。

7. 成都市国资委做法

2018 年,成都市国资委出台了《出资人监督权力清单 2018 年版》《出资人监督责任清单 2018 年版》《出资人服务事项清单 2018 年版》"三张清单"。《权力清单》列出了 30 项事项，《责任清单》对 30 项事项追责情形作出明确规定，《服务事项清单》主要涉及党组织的 3 项事项。在对市属国有企业职工工资总额预算、决算管理中，对竞争类、功能类、公益类企业分类监管，并且对已建立规范化董事会的企业从事前报批改为备案管理。

五 攻玉之策——进一步完善广州"一清单两事项"的建议

权责清单是权力之尺，行权之本。优化完善"一清单两事项"，应当以问题为导向，树立系统思维，明确一个定位（出资人定位），围绕一个转变（管资本的转变），坚持两个结合（放权与监管结合），系统谋划，多措并举，突出"四个聚焦"，推动"四个增强"，实现两个提升（国有资本效率、国有企业活力）。

（一）聚焦出资人定位，增强"一清单两事项"的精准性和规范性

出资人职权法定，是"一清单两事项"的根本立足点。以管资本为主完善"一清单两事项"，基本前提就是准确把握出资人地位，依法界定出资人权责边界，精准对标权责法源，准确制定权责事项，做到不缺位、不失位、不越位。

1. 从权力源头梳理，筑牢权责清单法理基础

进一步系统梳理《公司法》《企业国有资产法》《条例》等法律法规，科学界定国有资产出资人监管的边界，认真研究关于出资人依法享有资产收益、参与重大决策和选择管理者等权利的规定，明确国资委职能定位的法律依据，准确划分监管职能边界。

2. 抓住权力重点，实现监督管理两大职能有机统一

要围绕管理与监督两项基本职能，落实党中央、国务院《关于深化国有企业改革的指导意见》的要求，完善国有资产管理体制，管好国有资本布局、规范资本运作、提高资本回报、维护资本安全四个监管重点。

（二）聚焦管资本职能，增强"一清单两事项"的科学性和合理性

精简事权、激发活力是"一清单两事项"的核心要义。完善"一清单两事项"，关键是突出管资本主旨，从机制上寻求突破，从内容上动态优化，管住该管的，放开可以不管的，让企业搞活自己能管的，形成科学监管激发活力的有机统一。

1.探索建立差异化权限管理机制

根据企业功能类别、产权层级、治理情况的不同，在"减、缩、授"三方面进行差异监管。

一是做好"减"法。研究依法取消部分监管事项。比如，研究将限额以上投资项目的审核管理转变为负面清单管理，明确出资人投资监管底线，划定监管企业投资行为红线；将企业年金审核、符合条件的重大对外捐赠审核、同一集团内的企业国有产权无偿划转等备案事项交由企业依法自主决策等。

二是"缩"短链条。将延伸到监管企业子企业的管理事项，原则上归位于企业集团。如将符合条件的子企业改制、子企业中长期激励计划的审核、工资总额备案等事项下放给监管企业集团，减少对企业内部改制重组、考核分配的直接管理。

三是"授"好权力。根据监管企业法人治理的规范程度，区分企业性质功能和类别，探索试行按分类或"一企一策"差异化授权，落实董事会职权。如对董事会运作规范的企业，将战略发展规划、年度全面预算等出资人部分权力，授予董事会行使，同时健全完善制度规范，切实加强备案管理和事后监督；对国有资本投资公司和国有资本运营公司，落实董事会职业经理人选聘、业绩考核和激励机制等方面的自主权；对承担政府重大专项任务和特定目标的功能性企业，适当授予重大资金使用和管理以及国有资本投向和收益方面的自主权等。

2.建立"一清单两事项"动态调整机制

密切跟进国资监管相关法律、行政法规、地方性法规、规范性文件的最

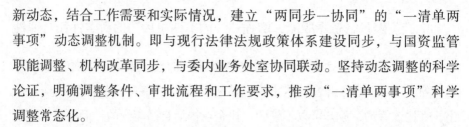

新动态，结合工作需要和实际情况，建立"两同步一协同"的"一清单两事项"动态调整机制。即与现行法律法规政策体系建设同步，与国资监管职能调整、机构改革同步，与委内业务处室协同联动。坚持动态调整的科学论证，明确调整条件、审批流程和工作要求，推动"一清单两事项"科学调整常态化。

3. 多维度优化清单内容

要细化"一清单两事项"结构体系，从纵向时间维度，区分事前、事中、事后监管；从横向权利维度，理清审核、核准、备案的权利类型；从条块维度，划分规划投资、资本运营、改革重组、考核分配、产权管理等专业领域。结合"管资本"职能转变需要，优化各事项内容和权利类型的表述。

（三）聚焦放管结合，增强"一清单两事项"的可行性和有效性

放管结合，是"一清单两事项"的根本特征。"一清单两事项"不是一张静态的表格，权力下放更非"一放了之"，国资委与企业要正确处理放管关系，统一思想认识形成合力，构建系统全面的运作支持和监督体系，确保出资人权力放得下、看得好，企业接得稳、风险控得住、责任有追究。

1. 完善公司法人治理，提高无缝承接能力

进一步完善公司法人治理，突出章程在规范各治理主体责权利关系中的基础性作用，建立健全协调运转、有效制衡的内部决策、执行、监督机制，打造全过程、全链条的权力下放监督体系。

2. 全面推进依法治企，提升合规经营水平

大力提升监管企业合规经营管理水平，把依法治企要求全面融入企业决策运营各个环节，努力实现法治工作全流程、全覆盖。加快建立统一高效、全面覆盖、责权明晰的合规经营体系，提升企业依法治企、合规经营能力。

3. 加强制度规范建设，形成完整闭环体系

建立健全国资监管制度定期评估清理的长效机制，及时废止、修改、完善相关配套制度办法，确保权力运行有据可查、权力下放有章可循。加大督促检查力度，压实企业主体责任，指导企业建立健全内部管理规章制度体系

及风险控制体系。

4.加强事中事后监督，确保权责放而不乱

明确权力下放授权条件、对象和相关责任，规范下放授权事项决策程序和责任追究方式；推行标准化、大数据精准监管，结合"智慧国资"系统建立投资、产权等重点领域动态检测和风险预警机制；充分发挥监事会过程监督作用，建立健全监管标准完善清晰、监管信息互通共享、各方力量协同联动的监管体系。

（四）聚焦效能提升，增强"一清单两事项"的指引性和实效性

权力可视、规范透明、提升效能是权责清单的应有之义。本次调研我们发现，企业意见相当一部分集中在权责事项的具体操作流程和办理环节上。因此要坚持问题导向，针对企业意见，学习借鉴先进经验，不断完善权责清单管理的方式方法，增强"一清单两事项"工作的指引性和实效性。

1.制定工作流程指引

按照"分类别、清单式、流程化"的思路，以"精准、高效"为原则，制定内容明确、流程清晰、责任到位、指引性强的"一清单两事项"工作指引。一是分类指引，从业务领域、权利类型对各事项加以归纳分类；对适用企业，区分国有独资、国有控股，依法规范行权方式。二是精准指引，逐项细化管理子项，明确适用范围、办理条件、办理时限，统一办理流程、材料表格，推进事项办理规范化、流程化、表单化。

2.推进公开、加强解读

一是做好公开工作。"晒"出权责，有利于公众监督，切实推动出资人权力运行规范透明。向公众公开的形式不仅包括政府网站公开，还有国资委网站、微信公众号、官方微博的同步链接，不仅公开内容，还应提供咨询反映渠道，方便企业查询下载，办理业务。二是做好文件解读说明工作。通过"一图解读"、会议宣讲、专题问答等多种方式，针对企业关注重点，形成"统一组织全面解读＋具体个案对口处室专题说明"的工作机制，加强切实增强解读的针对性和有效性。

关于加强准公益性企业
财务管理的调研报告

广州市国资委财经处　广州市交投集团财务部联合课题组 *

摘　要： 通过对广州市属准公益性企业以及部分省外交通行业国有企业的全面调研走访，发现存在部分准公益性企业资产负债率偏高、债务结构不合理、盈利能力较弱等问题，制约企业进一步发展壮大，并可能对未来广州市基础设施投资项目的推进落实带来不良影响。对此，建议通过坚持党管企业、稳定政策支持、指导企业优化债务结构及提高自主造血能力、加强企业监管等手段全面建立准公益性企业财务防控体系。

关键词： 准公益企业　财务风险防控　财务管理

在广州国有企业中，准公益性企业承担着城市基础设施建设和运营管理的重要责任，直接关系到人民群众"高兴不高兴、满意不满意、答应不答应"。2018 年 6～10 月，广州市国资委财经处党支部联合共建支部交投集团财务部党支部组成专题调研组，全面调研走访广州市准公益性企业以及部分

---

　* 课题组成员：李少圃，广州市国资委财务监管与经济运行处处长；陈林河，广州市国资委财务监管与经济运行处调研员；王祯昌，广州市国资委财务监管与经济运行处副处长；叶荔华，广州市国资委财务监管与经济运行处副调研员；邓鉴焜，广州市交投集团副总经理；王冬梅，广州市交投集团财务部部长；王昱，广州市交投集团财务部副主管；李晓敏，广州市交投集团财务部主办。

省外交通行业国有企业，深入了解和分析相关企业财务状况，总结提出了加强准公益性企业财务管理工作的设想和思路。

一　调研企业财务基本情况

本次调研先后走访了广州交通投资集团有限公司（以下简称"交投集团"）、广州地铁集团有限公司（以下简称"地铁集团"）、广州市城市建设投资集团有限公司（以下简称"城投集团"）、广州市水务投资集团有限公司（以下简称"水投集团"）、广州环保投资集团有限公司（以下简称"环投集团"）、江苏交通控股有限公司（以下简称"江苏交通"）、南京市交通建设投资控股（集团）有限责任公司（以下简称"南京交投"）。各企业基本情况如下。

交投集团：2007 年成立，主要负责广州市高速公路项目建设、投资及运营管理工作。目前集团已通车高速公路项目共 12 个，里程总计 635 公里。截至 2017 年底，公司总资产 785 亿元、净资产 266 亿元，实现营业收入 58 亿元、净利润 13 亿元。

地铁集团：1992 年成立，于 2015 年改制，承担广州轨道交通系统建设和运营管理职责，同时经营以地铁相关资源开发为主的多元化产业。集团运营线路共 13 条，里程总计 392 公里，车站 233 座。截至 2017 年底，公司总资产 2665 亿元、净资产 1633 亿元，实现营业收入 91 亿元、净利润 1 亿元。

城投集团：2008 年成立，负责城市基础设施投融资、建设、运营和管理，通过逐步向市场化转型，现经营城市基础设施建设、资产经营、开发置业、资本运营、文化旅游五大业务板块。截至 2017 年底，公司总资产 1136 亿元、净资产 575 亿元，实现营业收入 22 亿元，净利润 4 亿元。

水投集团：2008 年成立，主要负责统筹中心城区供排水、滨水土地及其附属水利设施等涉水项目的投融资、建设和营运，并稳步推进城乡供排水一体化工作。截至 2017 年，总资产 771 亿元、净资产 294 亿元，实现营业收入 83 亿元、净利润 4 亿元。

环投集团：2008 年成立，主要负责清洁能源生产、固废资源开发、环保装备制造和现代服务业等环保领域的综合性业务。截至 2017 年底，总资产 119 亿元、净资产 39 亿元，实现营业收入 11 亿元、净利润 1 亿元。

江苏交通控股：2000 年设立，主要负责全省重点交通基础设施建设项目的投融资，全省高速公路的运营和管理，目前管理全省 86% 的高速公路，管辖里程 4066 公里。截至 2017 年底，总资产 2923 亿元、净资产 1033 亿元，实现营业收入 448 亿元、净利润 87 亿元。

南京市交通集团：2002 年成立，肩负南京重大基础交投设施的融资、投资、建设和运营管理任务，先后承担高速公路、过江通道、高速铁路、市政配套等项目。截至 2017 年底，总资产 938 亿元、净资产 408 亿元，实现营业收入 107 亿元，净利润 11 亿元（见表 1）。

表 1　调研企业 2017 年基本财务指标情况

单位：亿元

公司名称	总资产	净资产	营业收入	净利润
交投集团	785	266	58	13
地铁集团	2665	1633	91	1
城投集团	1136	575	22	4
水投集团	771	294	83	4
环投集团	119	39	11	1
江苏交通	2923	1033	448	87
南京交投	938	408	107	11

二　调研企业财务状况分析

在调研过程中，我们发现，广州市属各准公益性企业在政府及相关职能部门指导和支持下，结合企业的行业特点，较好地完成了各项基础设施建设任务，在企业快速发展的同时，经济指标持续向好。

但是，通过调研以及比较分析，我们发现存在部分企业资产负债率偏高、债务结构不合理、盈利能力较弱等问题，制约企业进一步发展壮大，并可能对未来基础设施投资项目的推进落实带来影响。

（一）部分企业资产负债率偏高，偿债压力大

准公益性企业均为资本密集型企业，项目投资回收期长，要实现企业财务稳健，一般认为，其资产负债率控制在50%～60%为宜。近年来在市国资委以及政府相关职能部门的支持下，广州各准公益性企业资产负债率控制在稳定范围内，并有下降趋势，但部分企业资产负债率仍然偏高（见表2）。

表2　调研企业偿债能力指标对比

单位	资产负债率（%）	流动比率	速动比率	经营现金流动负债比
交投集团	66.07	0.87	0.75	0.25
地铁集团	38.72	1.30	0.76	－0.21
城投集团	49.44	2.75	1.55	0.01
水投集团	61.92	0.44	0.41	0.12
环投集团	66.93	1.20	1.10	0.21
江苏交通	64.64	0.19	0.15	0.28
南京交投	56.41	0.66	0.52	0.21

在负债高、偿债能力低的情况下，如企业投资规模加大，资产负债率不断接近并突破75%的警戒线，不仅面临新增融资困难的问题，并且偿还现有债务压力加大，带来企业资金链断裂的风险。

从流动、速动比率表现上看，交投集团、水投集团指标偏低，反映企业整体偿债压力较大；地铁集团、城投集团以及水投集团经营现金流动负债比较低，反映其经营活动产生的现金净额的能力较弱，短期偿债乏力。

（二）债务结构不合理，资金错配风险高

由于基础设施项目投资回收期长，负债期限与之匹配度越高则财务风险相对越低。目前，广州准公益性企业短期负债比重较高，容易受融资市场波

动影响；而长期负债比重较低，存在资金错配风险。随着未来企业投资额和负债额的增长，风险敞口还将进一步扩大（见表3）。

表3　调研企业债务结构对比

单位	长短期债务比	长期负债资本化率（%）	单位	长短期债务比	长期负债资本化率（%）
交投集团	0.28	58.42	环投集团	1.39	54.11
地铁集团	0.48	21.73	江苏交通	0.71	48.87
城投集团	0.07	42.69	南京交投	0.84	33.00
水投集团	0.03	41.46			

交投集团、环投集团长期负债资本化比率指标偏高，反映其权益类融资比例偏低，长期、稳定的资金来源不足。

此外，部分企业受到前期政府融资平台认定以及清理政府隐形债务影响，融资能力在一定程度上受限。

（三）资产收益率偏低，自主造血能力弱

准公益性企业净资产收益率偏低，整体盈利能力较弱。广州市属各准公益性企业净资产收益率仅在1%上下，远远低于社会资本所要求的资产报酬，甚至低于普通的银行贷款利率。如企业不能形成"长效自养"的运营模式，提高自主经营能力，其承担着的巨额投资建设任务将只能依靠政府供血，增加财政压力，加大整体去杠杆难度。

相比之下，江苏交通盈利指标远高于市属各准公益企业，这主要得益于：一是其主业拥有沪宁、京沪等七大路桥，造价低、收益好，2017年路费收入251亿元。另外，其在建高速公路造价也远低于广州，加上"省市共建"的投资原则，总资本金投入不低于40%，且各市承担30% ~ 50%，公司财务费用负担较轻，仅占收入的12%，而同行业的广州市交投集团财务费用占收入比达28%。二是多元化经营，覆盖石油制品销售、运输、金融、房地产等业务，贡献收入196亿元，贡献利润20%。三是财政厅补助铁路

建设资金每年 30 亿元,对整体盈利形成有力补充。四是拥有宁沪高速、江苏租赁两家上市公司,能够为企业带来稳定权益融资,降低财务费用(见表4)。

表4　调研企业资产收益情况对比

单位:%

单位	总资产收益率	净资产收益率	单位	总资产收益率	净资产收益率
交投集团	0.61	1.74	环投集团	1.06	3.09
地铁集团	0.64	1.01	江苏交通	6.17	17.45
城投集团	0.25	0.50	南京交投	1.14	2.69
水投集团	0.58	1.58			

三　调研企业应对企业财务风险的防控经验

(一)稳定政策支持,对维持企业健康的财务状况至关重要

1. 支持企业降低资产负债率

资产负债率是银行以及债券市场特别重视的财务指标,政府及相关职能部门通过安排专项资金、补充项目资本金、土地资源配置、政府债置换、盘活资产、市场化转型等方式,保持企业资产负债水平在可以接受的水平(见表5)。

表5　政府改善企业资产负债的政策

交投集团	1. 按照"7 + 5"方案,市财政安排项目资本金和财政补贴,2018 年,拨付了 5 亿元的资本金及 3.57 亿元的财政补贴 2. 代表广州市政府投资机场、铁路、城际轨道等省部级合作项目,同时增加资产和所有者权益,降低集团资产负债率
地铁集团	1. 安排市本级专项地铁建设资金,2015 ~ 2017 年每年 100 亿元,2018 年起降低为每年 50 亿元 2. 建立市区共建机制,新六区承担辖区内轨道交通线路投资的 50% 3. 制定政策推动沿线地块收储出让,净收益专项返还用于地铁建设
城投集团	1. 专项资金投入,用于基建项目资本金和还本付息 2. 政府注入优质资产,集团资产负债率从 62% 下降到 28%

续表

水投集团	1. 项目资本金以国有收益解决为主，由市国资委以股东投入方式分年度注资 2. 转出无效资产，同时获得地块无偿划入 3. 将挂账的公益性资产与市财政置换的政府性债务进行对冲
环投集团	项目建设资本金全部由国资委注入，其余部分由各级财政资金和债务融资解决
江苏交通	1. 财政补贴铁路建设资本金 2. 地方承担更多资本金；征拆成本超出的部分由市承担，折算股权为出资
南京交投	资源整合，通过做大二级集团，建立南京交投集团、南京公路集团、南京铁投集团三个集团同时作为融资主体的模式

2. 支持企业增强盈利能力

为保证一些社会效益明显的项目顺利融资，政府及相关职能部门采取土地转让收益、注入优质资产、政府购买服务、项目特许经营、税费减免等方式，使项目有稳定的收益预期，同时增强企业整体的盈利能力（见表6）。

表6　政府支持企业增强盈利的政策

交投集团	1. 落实高速公路闲置土地开发收益返还 2. 市政府拟划拨地块
地铁集团	1. 支持地铁开展沿线地块开发，构建"地铁 + 物业"的价值循环体系与盈利模式 2. 市政府给予减免地铁运营车站的房产税 3. 市财政局对票价优惠缺口以购买服务的形式予以补足
城投集团	1. 赋予项目及关联公共空间户外广告和地下空间开发等延伸性资源收益权 2. 根据政府债务化解方案，安排财政预算，落实土地开发及收益返还
水投集团	1. 配置地块，落实土地开发、物业开发及收益返还
环投集团	1. 政府购买服务 2. 垃圾处理费由物价局核价，价格可调
江苏交通	1. 财政补贴作为不征税收入，无须缴纳所得税 2. 政府划拨华泰证券等股权资源
南京交投	新建交通基础设施项目，无法资金平衡的方案，发改委不审批。对平衡不了的，由财政出资，资金缺口不需要企业自筹

（二）加强业务建设，积极发挥企业自主经营功能责任重大

1. 加强投融资管理

在政府对投资项目予以政策支持的同时，各企业也在银行、证券、保险

等多个市场积极开展融资，充分运用债务性及权益性融资工具，创新融资方式，拓宽融资渠道，为项目投资募集资金（见表7）。

表7 调研企业投融资经验和做法

交投集团	运用银行间超短融、短融、中票、私募债、永续中票等产品,推动资产证券化,探索境外融资模式 积极争取产业基金推动权益性融资新模式,并筹划发行企业债
地铁集团	1. 大力推进轨道交通场站综合体开发,构建"地铁＋物业"的价值循环体系与盈利模式,形成建设与运营、沿线物业开发良性互补机制 2. 建立完善多元化的融资体系,打通境内外平台,综合运用银行贷款、融资租赁、信托贷款、超短融、短融、中票、企业债、可续期债券、停车场建设专项债券、美元中期票据、国开专项基金等方式筹集低成本资金,目前正推进300亿元优质企业储架式企业债、100亿元资产证券化等新产品和新模式的运用 3. 参与设立国资创新基金、轨交基金、绿色基金和城市更新基金,发挥基金杠杆作用,加快产业的发展 4. 积极开展资本运作,筹划设计院上市、入股香港上市公司创兴银行,借助资本市场实现资源整合并加快发展
城投集团	1. 利用银行间市场等渠道发行中票、永续中票、企业债 2. 利用广州塔等上市平台获得权益融资
环投集团	1. 利用各项债券产品 2. 探索上市
江苏交通	1. 系统内拥有 AAA 评级的企业共三家 2. 宁沪高速 A＋H 上市,江苏租赁上市
南京交投	1. 利用银行借款、融资租赁、银行间债券等 2. 参股南京证券、南京长江二桥等

2. 加强预算管理

各集团均按照国有资产管理要求，推行全面预算管理，将中长期战略目标分解到年度生产经营计划中，再通过自上而下与自下而上相结合方式制定年度预算目标，并将预算与考核挂钩。随后，在预算执行全过程中，充分发挥预算功能，强化预算约束，定期进行回顾，根据回顾情况严控预算进度，及时发现问题、分析解决。

为有效监控预算进度，部分企业如地铁集团还引入专门预算管理系统，实现了战略规划、预算编制、执行反馈、评级考核的闭环管理，控制和分析预算执行情况，实时跟踪预算完成情况、有效控制经营管理过程中的成本及费用。

3. 加强财务信息化建设

财务信息化建设是本次调研企业在业务管理中的一个亮点。大多数企业通过信息化应用，逐步建立全面预算管理系统、资金系统、财务系统，各个系统单独运行同时相互关联，大大提升了企业财务管理水平以及管理效能（见表8）。

表8　信息化建设的经验和做法

交投集团	利用拜特系统、金蝶 EAS 系统进行资金核算、财务核算
地铁集团	1. 引入 ORACLE 预算管理系统，实现了决预算全流程闭环管理，实时跟踪预算完成情况，有效控制成本及费用 2. 实施财务信息化，已逐步建立起资金管理系统、资产一体化系统、全面预算管理系统等，财务信息化覆盖企业管理全链条
环投集团	构建财务共享中心，由集团集中管控预算与费用、供应链、资金、报表、税务，使各模块连接联动，实现从预算、审批到报销的无纸化、自动化，高效管理预算与费用支出，及时诊断财务风险
江苏交通	外购招商银行资金系统，保障资金管理安全性、高效性
南京交投	1. 集团管理部门增设信息中心 2. 定制化预算管理系统、资金系统、合同系统

（三）严格制度规范，有效防范企业财务风险任重道远

城市基础设施项目投资收益率一般较低，从准公益性企业的性质和定位来说，也不能与民争利获取超额收益，因此，如企业由于经营和财务风险而出现损失，很难通过项目自身收益进行弥补，这也对企业财务风险防范提出了更高的要求。

目前，各企业通过对项目投资、预决算、资金管理、成本费用等重要风险点的监管和控制，加强对企业经营和财务风险的防范（见表9）。

表9 财务风控管理经验

交投集团	1. 对资金进行计划管理,资金使用需要制订年度计划,提前一个月向结算中心提出用款需求,资金统筹安排,确保不会出现资金风险 2. 开展多元化融资,降低系统风险
地铁集团	1. 通过实施资金集中管理,对集团资金支付全过程监控,对银行余额、银行账户变动等情况实时监管,强化对资金的管控 2. 搭建和应用完善的预算与财务关键指标执行监控,实现对目标管理的过程控制 3. 定期组织经营情况例会,通报各业务经营情况,揭示经营风险,提高对内外部环境变化和风险的敏感性 4. 利用信息化手段进一步强化信息的传递和及时发现风险的能力,有效预防和控制财务风险
城投集团	1. 项目拨款专款专用 2. 以化债方案为依据,积极与有关部门沟通,争取财政支持 3. 完善招投标、投融资等审批制度和流程,严控经营和财务风险
环投集团	利用项目贷款和长期债券,同时约定项目建设期只付息、不还本,实现项目回收期与融资期限、现金流收支的匹配
江苏交通	成立财务公司,金融机构直接与财务部对接,充分利用产业金融功能优势,建造资金归集、资金结算、流动性管理、融资运营、投行服务和风险控制六大体系
南京交投	对资金进行计划管理,资金使用需要制订年度计划、三个月资金计划,通过资金系统进行管理

四 进一步加强准公益性企业财务管理工作的对策建议

从调研情况看,虽然各准公益性企业高度重视财务风险防范工作,但受各种主客观因素影响,相关工作仍有待加强。一是在项目决策方面,需要科学严谨的论证。建设项目投融资数额巨大,建设造价逐年增高,而受项目的公益性质影响,经营收入却不能与造价同步增长,需要保证新建项目收益覆盖前期投入。二是在项目实施方面,需要完善的管理流程。项目投资要有完整的前期资金平衡方案设计、中期建设成本控制和后期财务成本管理;企业对营运管理和偿债压力估计不足,将导致未来财务风险敞口较大。三是在项目监管方面,需要健全的制度规范。加强干部队伍建设,完善企业法人治理结构，建立健全制度规范，实现企业正常经营，保证国有资产保值增值。因此，需要进一步加强准公益性企业财务管理工作。

（一）稳定政策支持，建立长效扶持机制

在政策支持方面，政府部门已通过多种形式帮助企业降低资产负债率，增强企业盈利能力，并取得较好成效，但整体缺乏长效统筹机制，仍以"一事一议"为主。

对此，建议参照对地铁、城投等集团的支持，结合企业特点，系统化帮助企业全面打通沟通反馈通道，获取省市共建、市区共建政策和财政支持，缓解市属企业基础建设投资资本金支出压力。同时，继续通过优质资产划拨、资本金补充、土地整理及开发收入、政府债置换等，帮助企业降低资产负债率，增加经营收入。

（二）指导企业优化债务结构，拓展多元化融资

一是引导企业开展多元化融资，拓展融资渠道，降低单一渠道融资风险，加大直接融资力度，相应扩大长期负债和权益融资比率；二是加强企业债权、债务管理，督促企业防范债权流失，化解债务风险，维护国有资产运行安全；三是平衡融资审批的集权与放权，根据各集团实际融资能力控制融资总额，适度减少审批限制，提高审批速度。

（三）提高自主造血能力，加强考核激励措施

准公益性企业普遍自主盈利能力弱，应引导各企业不断提升市场化运作水平。通过在考核中加强激励约束：一是要求企业围绕增收节支、降本增效下功夫，同时盘活资源，挖掘现有业务经营潜力，拓展产业链相关联的高增值项目；二是按照"适度释放、有效整合"的原则，改变项目散、小、多的现状，优化资产结构，提高投资成效；三是鼓励企业充分利用主营业务优势，在关联产业中拓展新项目，开辟新的利润增长点。

（四）加强企业监管，建立全面风险防控体系

针对准公益性企业目前在财务风险防控方面的现状，一方面可以总结推广现有一些好的做法和经验，如环投集团明确项目投标前必须具备全面的资金平衡方案，对资金需求、资金来源、资金筹措方式、融资结构等做出整体考虑；交投集团要求企业在建设过程中加强项目管理，有效控制投资概算；地铁集团推进各企业全面财务信息化管理系统建设，通过信息技术手段加强风险识别和上报的及时性。另一方面，要求各企业必须从健全制度着手，建立涵盖企业项目决策、项目实施以及项目监管全方位的风险防控体系，实现对企业财务风险的有效管控。

广州市属国企纪委书记与监事会主席交叉任职试点调研报告

广州市纪委监委驻市国资委纪检监察组课题组 *

摘　要：　广州市属国企纪委书记与监事会主席交叉任职试点，丰富了纪委监督的手段，有效提升了监事会的权威，在增强监督合力、提升监督效能等方面取得了一定成效。但也存在纪检监察部门和监事会职责界定难、专职监事的独立性难以保证等问题与困难，需要进一步积极改革创新，加快构建完善具有中国特色的国有企业监督制度。

关键词：　纪检监察　监事会　合力监督

当前，国有企业全面深化改革正处于关键时期，国有企业维系着我国的经济命脉，关系着国家的稳定和发展，改进和强化外派监事会、纪检监察监督方式，是深化国资国企改革，加强和完善国资国企监管的一项重要工作。近年来，广州市在实践中不断探索和学习，开展市属国企纪委书记与监事会主席交叉任职试点工作，在整合监督力量，建立和完善市属企业监督合力等方面做出了积极努力。面对新形势、新任务、新要求，及时总结合力监督经验，不断提升监督水平，服务市属国企改革发展大局，已成为当前国资国企监管工作的重要内容。

---

　*　课题组成员：徐备，广州市国资委党委委员、广州市纪委监委驻广州市国资委纪检监察组组长；周芳梅，广州市纪委监委驻广州市国资委纪检监察组综合室副主任；陈佩珊，广州市公共交通集团客轮有限公司纪委书记；郑喆妮，广州广电城市服务集团股份有限公司人事专员。

一 广州市属国企纪委书记与监事会主席
交叉任职试点工作进展与成效

2018 年 1 月，广州市纪委、市国资委党委对国企纪检监察体制改革进行了有益探索，选取广州轻工工贸集团有限公司（下称轻工集团）、广州医药集团有限公司（下称广药集团）、广州风行发展集团有限公司（下称风行集团）三家市管企业开展纪委书记兼任外派监事会主席试点工作。

纪委书记是党内监督职务，监事会主席是公司法人治理的三驾马车之一，两者合二为一，实现了党内监督和法人治理监督有机融合。纪委书记兼监事会主席，除了在人事任免上与企业脱钩以外，考核、交流、薪酬、待遇等统统与企业脱离干系。纪委书记的升迁，不由企业来决定，明确了权力来源，理顺了管理体制，为企业纪委书记监督执纪问责打下基础。

从试点情况来看，三家企业根据广州市纪委、市国资委的要求，积极在机制、制度等方面进行创新，取得了一定的成效。

（一）完善机制，增强监督合力

三家试点企业完善纪委与监事会联合开展监督的工作制度，为整合纪检监察、监事会、财务、审计等部门的监督力量提供了制度支撑，为开展监督工作提供了有力的抓手，打造了联合监督的平台。如轻工集团制定《广州轻工工贸集团有限公司监事会、纪委监察和审计联动工作机制实施办法（试行）》，建立纪委与监事会联动工作机制，明确工作信息共享原则，尤其是对违法违纪违规案件线索移交、协助案件查办等提出了明确要求，综合运用审计成果，为执纪问责提供了有力支撑。广药集团制定《广药集团公司监督委员会制度》，由监事会、纪监室、审计风控、法律事务、财务等监督部门组成监督委员会，并由集团纪委负责具体工作，充分发挥纪委"调度中心"和"监控中心"的作用，整合了各部门监督职能，统筹指导各监督部门制订工作计划，建立信息共享机制、系统联动机制、成果运用机制、轮岗交流机制四项工作机制，初步形成以纪委书记牵头的综合风控体系，增强了联合监督的实效。风行集团通过完善《监事会议事规则》，明确了纪委、监事会联合监督的内容，为联合开展监督提供了依据。

（二）把握重点，明确监督方向

轻工集团探索起草监事会和纪委联合监督清单，与时俱进扩展监督事项，完善监督清单，为联合监督明确了切入点，同时不断拓宽监督覆盖面。例如，围绕物业经营管理重点领域加强风险防控，并将监督工作与风险管理工作相结合，通过联合调研检查、联合督促整改等方式，有力加强了风险防控，提高夯实风险防实效。广药集团发挥纪委书记整合风险防控的优势，由纪委带领监事会、纪检监察室、审计部以及财务部等部门开展联合调研、纪委牵头不定期召开专题监督分析会等方式，确定联合监督的方向，加强经营风险防控。

（三）集中力量，提升监督效能

健全协调联动机制，利用科技手段实现信息共享，发挥国企纪检监察与监事会融合监督效应。轻工集团把党内监督同监事会监督、法律监督、财务监督、审计监督、民主监督等协调起来，形成严密的合力监督体系，推动监督工作在讲政治中促工作方向融合，在守纪律中促工作程序融合，在谋创新中促工作方式融合，在严要求中促工作作风融合，强化监督的实效。用活"四项手段"，努力搭建监督信息平台，推动监督工作不断与时俱进。广药集团把外派监事会的监督权和纪委书记的纪律执行权、问责处理权等有机结合，把监事与执纪，管风险和管廉政，揭示、发现问题与剖析、解决问题以及处理问题相结合，做到前后相连，首尾一体，闭环管理，链条完整。如轻工集团整合监督力量，大力推进问责工作，2018年全年问责人数为93人，占市国资委监管企业全年问责总人数的6.56%，在33家监管企业中表现较为突出，体现了纪检监察与监事会融合，形成立体化、全链条的综合监督实效。

二 广州市属国企纪委书记与监事会主席 交叉任职的试点经验总结

从三家试点企业的实践情况看，纪委书记兼监事会主席的模式，有利于融合纪委纪律审查和监事会财务监督两项职责，实现资源共享，把外部监事会的专业优势和纪委监督的震慑效应有机结合，发挥了互相促进的作用。

（一）丰富了纪委监督的手段

纪委书记兼任监事会主席，以监事会为依托，充分履行监事会在财务经营、资本运作和风险预警等方面的监督职责，能较好地统筹审计监督、法律监督的力量，有力地整合了监督主体，一定程度实现纪委的党内监督与监事会监督、审计监督、法律监督的有机融合，拓宽了监督的范围，丰富了监督手段，突破了单独开展党内监督或监事会监督的局限。整合党内监督、监事会监督、审计监督、法律监督的合力，能够更加贴近业务一线、贴近经营实际，更加有利于融合监督主体，发挥监督合力。在纪律审查中，能够更好地运用监事会监督、审计监督、法律监督的成果，有利于提高监督执纪问责的质量，有利于推动基层企业全面从严治党向纵深发展。

（二）提升了监事会的权威

纪委书记是企业班子成员，能够较全面地了解和掌握企业相关信息，包括在酝酿阶段、上会前各单位各部门的决策信息等，对决策实现能够全程跟进监督。在传统模式下，监事会主席往往是在决策会前一两天甚至是在决策会议上才能获知这些信息。纪委书记兼任监事会主席，有利于监事会及时掌握企业重大决策事项的真实背景、决策者真实意图。同时，通过纪委执纪问责，融合监督的效应明显增加，有利于提升监事会权威，有利于提升监事会监督的实效。在 2018 年监事会成员年度考核中，被评为"优秀"的监事会主席均兼任企业纪委书记，也体现了交叉任职工作机制对监事会主席履职的促进作用。

三　当前市属国企纪委书记与监事会主席交叉任职面临的困难和问题

虽然纪委书记兼监事会主席能较好地融合纪委和监事会的力量，有利于强化企业监督制约机制，但探索过程中也遇到一些困难和问题，需要进一步研究解决。

（一）职责问题

纪委、监事会工作的侧重点有所不同，对应上级部门要求也不尽相同。特别是新形势下纪委深入"三转"聚焦主业，纪委书记兼任监事会主席，在履职过程中力量如何分配、纪检监察部门和监事会职责如何界定，仍需继续探索，进一步完善制度支撑。

（二）独立性问题

由于监事会主席由市国资委独立派出，向国有资产管理机构负责，属于企业外部人，能够加强监督的独立性和有效性；而纪委书记客观上又属于企业领导班子成员，同时向上级纪委、同级党委负责，又必须承担和参与企业内部经营决策，难以做到完全中立。融合履职在方便工作的同时，也容易衍生出另外的副产品，即监事会与纪检部门边界消失，监事会演变成企业的"内设处室"，专职监事也变成企业"内部人"，改变了制度对监事会职能设计的初衷。此外，由于专职监事在工作中也需要遵守个人服从组织、下级服从上级的职业准则，如果监事会主席的独立性不能保证，那么专职监事的独立性也难以保证。

（三）考核问题

纪委书记与监事会主席双重身份多方考核的问题亟待研究。一方面，纪委书记作为企业领导班子成员，须接受上级部门外部及企业内部对企业领导人的正常履职考核，同时须接受市纪委考核。另一方面，监事会作为市国资委外派机构，市国资委对外派的监事会有严格的履职要求，年终均要对外派监事会开展履职考核。不同标准的多方考核，容易分散监督精力，使得监督指向弱化。

（四）管理问题

根据中央机构改革有关要求和市有关方案，原属于市国资委的监事派出管理职责划入市审计局，管理部门和工作职责的调整会给纪委书记兼任监事会主席工作带来新的思路和挑战。

四 进一步做好市属国企纪委书记与监事会主席交叉任职试点的建议

随着深化党和国家机构改革和广州市国资国企改革工作的不断深入，为更好地保障市属国企可持续健康发展，在总结企业纪委书记与监事会主席交叉任职的实践经验和面临的问题困难基础上，结合市属国企实际，应着重做好以下几个方面工作。

（一）提高思想认识

根据有关统计数据显示，党的十八大以来，广州市管国企领导干部40多人被查处，其中广州白云农工商系列窝案已有19人因卷入而被立案调查；广日系列窝案涉案人员30余人。国企成为腐败重灾区。近年来的广州国企巡察也发现，腐败问题主要集中在八大方面：一是党的领导弱化、"两个责任"落实不到位；二是不守纪律、不讲规矩现象仍然突出；三是个别企业政治生态重构任务艰巨；四是以权谋私、利益输送问题突出；五是违规决策现象较为普遍；六是监管不力问题时有发生；七是选人用人方面存在不正之风和腐败问题；八是违反中央八项规定精神和"四风"问题仍然突出。巡察发现的这些问题显出国企监管体制失灵，我们的"国企病"尚未能得到根治，广州市属国企需要更加严格的监督和管理。

（二）积极改革创新

从试点实践来看，广州市属国企纪委书记兼任监事会主席深入监督企业生产经营决策过程，不仅能"找到问题"，还能"开准药方"，为企业的持续健康发展、国有资产保值增值、做强做优做大国有资本，提供了有力保障。但两者职责不同，纪委主要通过抓反腐倡廉、廉洁自律、党风党纪等教育规范党员干部的行为，侧重在教育、惩处、保护上下功夫。监事会则要侧重在监"事"上下功夫，要对企业的投资决策、资金运作、债权债务、生产经营等经济活动实施监督。根据深化党和国家机构改革方案，国有重点大型企业监事会的职责划入审计局，不再设立国有重点大型企业监事会。根据新修订的监察法，各级监察委员会可向国有企业派驻或派出监察机构、监察专员。市属国企应根据广州市深化党和国家机构改革的工作部署和派驻机构改革的精神，积极理清工作思路，在确保符合机构改革和派驻机构改革的要求基础上，创新工作方式，整理各类监督力量，形成监督合力，构建具有中国特色的国有企业监督制度，以充分体现监督的严肃性、权威性、实效性，促进国有企业持续健康发展。

（三）选好用好干部

在充分认识市属国企监督工作重要性的基础上要选好用好干部。企业的各类型监督队伍，不仅要有较高的思想政治觉悟，严于律己的道德品质，还必须要有丰富的财务、金融、投资、纪检、监察等方面的专业知识。企业是经济组织，从事企业监督工作的工作人员不懂或不了解现代经济知识，显然是很难胜任本职工作的。因此在干部的选用上注重思想政治素质好的同时，要注重其经济方面的素质，要加强专业知识的培训，提高做好本职工作的技能，从整体上提高企业监督工作水平。

关于广州国资监管企业构建
综合监督机制的调研报告

广州市国资委综合监督机制"深调研"课题组 *

摘　要： 构建监事会与其他监督主体的综合监督机制，进一步完善制度，明确职责，确保综合监督有力有效，是当前广州市属国有企事业监管改革的重要内容。本文通过调研，在全面分析企业综合监督机制构建现状的同时，着力从构建监督闭环、强化工作协同、完善监督链条、加强问题核查、强化成果运用等方面进行了对策研究。

关键词： 综合监督　机制建设　国资监管企业

为全面掌握广州市国资监管企业综合监督机制构建现状，进一步完善制度，提升综合监督效能，广州市国资委组建综合监督机制调研组深入广汽集团、广州地铁集团、广州建筑集团、广环投集团等企业，深入调研了解广州市属国企综合监督机制建设情况，并综合分析历年监事会报告情况,形成了如下调研报告。

一　广州国资监管企业建立综合监督机制的基本现状

（一）初步建立监督联席制度，搭建综合监督联动平台

根据广州市国资委的工作部署，各监事会及时修订完善《监督工作联

---

* 课题组成员：覃海宁，广州市国资委党委委员、副主任；郑重民，广州市国资委规划发展处处长。

席会议制度》，自上而下宣传部署并严格实施。明确联合监督的牵头部门和参与部门，确定各部门主要负责人为固定成员，选拔优秀骨干持续参与联合监督检查，建立综合监督工作平台。联席会议由纪委书记、监事会主席、专职监事、纪检监察部负责人、审计部负责人、财务部负责人、法律事务部负责人、工会办负责人等组成，逐步形成日常工作联系、重要信息报送机制。会议主要研究决定涉及集团公司协同监督的相关制度、文件、工作计划和重大问题线索，每季度召开一次。通过综合监督工作平台，在工作中不断创新联动方式，突出联动效能，提升联动效果。

（二）积极统筹谋划安排，联合开展实地监督检查工作

各监事会通过专项调研，集思广益，研究确定年度联合监督检查重点项目，制定年度工作方案，并指导督促各企业按要求全面开展自查自纠工作。监事会坚持联合监督检查与一般性调研相结合、年度监督检查和专项监督检查相结合的形式开展多种多样的监督检查和调研工作，有效了解并监督企业经营管理及风险管控情况。在每次的调研检查中结合实际，形成主题，形成特色。调研与检查紧密结合，突出效果，体现价值，不断提升含金量。监事会注重深入集团及下属企业生产经营一线调查研究，对集团的重大全资子公司与重大合资合作企业在重大投资、重大项目重组、重大资产处置、内部控制、物业出租、资金运营等业务风险自查自纠的基础上进行了深入调研与检查。对投资企业经营活动的合法性、合规性、合理性、效益性和廉洁性进行独立的监督和评价，提出合理可行的改善建议，促进企业持续平稳健康发展。

（三）基本建立工作联动机制，提高联合监督检查效率

各监事会注重与派驻企业纪检监察、审计、财务、法律事务、工会等部门建立工作联动机制，有效配置资源，提升工作效率和效果，先后协同开展了土地物业专项检查、企业领导人员工资总额检查、年度综合监督检查等任务，有效创新整合监督检查资源。进一步加强资源整合，推动形成"五位一体"的联动检查机制,构建综合监督检查信息库,实现监督检查信息互通共享。如广州地铁集团整合纪检、审计等监督力量,利用内外部审计等监督成果,发现监管企业存在的经营风险,把控监督重点,确保监事会监督工作重点突出、目标明确,提高监督效率。

（四）增进互信、加强沟通，探索股东联合监督检查方式

各监事会加强沟通,创新企业联合监督方式,探索与外方监督检查的可能性。如广汽集团对中外合营公司的监督检查,从 2016 年度前的中日双方股东分别独立监督检查,过渡到 2017 年度全过程相互观摩监督检查,再创新发展到 2018 年的中日双方股东联合监督检查。其优势体现在:一是加强了股东双方的沟通,解决了中外双方管控差异问题;二是实地交流了股东双方的监督经验,共享彼此的监察工具、方法和成果;三是提升了监督的广度和深度,有效保障了股东双方的权益。通过统筹各部门对企业的监督检查工作,一是减少了重复检查,降低了合营企业应对的频次;二是提高了监督检查的效率和效果;三是保证了整改的力度,进一步促进了合营企业经营活动合法性、合规性、合理性、效益性和廉洁性。

（五）建立台账管理机制，促进综合监督检查整改落实

监事会定期与企业相关部门开展联合监督检查工作,选好一个项目,查透一类问题,规范一类管理。同时,有针对性、有重点地开展监督检查活动,形成有效监督机制,弥补监事会人员不足等短板;注重建立监督会商机制,实现畅通监督渠道,共享信息资源,形成监督合力,提高监督效能。如按照市国资委的工作部署,2018 年下半年以来监事会联动纪检监察、审计、财务、法律事务、工会等监督部门力量,实地检查土地物业,检查和督促下属企业采取必要措施,加强土地物业的管理,并在季度监督工作联席会议纪要通报有关情况和提出整改建议,并敦促集团资产管理部门加强对下属企业土地物业管理台账的规范化管理工作。

二 监事会监督报告反映问题概况

2017 年 6 月监事会管理体制改革以来，各监事会累计参加企业党委会、董事会、总经理办公会、党政联席会等重大会议 2600 多次，监督董事会和经营班子运作及各类高管的履职行为，监事会共提交反映企业风险和问题的监督报告 224 份。其中，土地物业专项监督检查、企业工资总额预算、企业年金、国有企业负责人履职待遇和业务支出管理监督检查、企业领导人员经济责任审计整改情况专项监督检查报告 83 份。同时，针对重大风险事项发出提醒函 66 份，及时提示预警重大国有资产流失风险，提出意见建议 1240 次，被采纳 1060 次，采纳率达 85.5%，督促企业及时规范经营管理行为，防范国有资产流失风险。监事会监督报告反映的主要问题集中在八个方面。

一是债务风险，反映部分企业因流动资金短缺、资金链断裂等带来的风险。如房地产建筑业受宏观调控政策影响，存在资金风险。派驻广州交投集团监事会主动关注该集团东圃兰亭盛荟房地产项目股东借款风险问题，督促企业履行主体责任，协调相关部门密切关注，积极化解。又如，派驻广州交投集团监事会还关注大广高速外方股东胜洲公司抽逃大额资金未还，导致大广公司大额负债影响运营，面临流动资金短缺、资金链断裂风险，建议积极协调，妥善处置，减少国有资产的损失。

二是融资贸易风险，反映部分企业有效防控风险的积极举措。如派驻广州发展集团监事会在监督实践中总结归纳出国有企业避免被动落入融资性贸易圈子的警示和建议，提出端正认识、正确辨识、加强监控等 6 条防范措施，对国有企业防范贸易风险具有借鉴意义。

三是内控风险，反映部分企业监事会建设存在薄弱环节、财务管理制度不健全等问题。如派驻岭南集团监事会与企业纪委联合开展二级企业的制度建设与执行情况检查，发现子公司监事会主席普遍身兼多职、部分企业未能按制度规定开展监督，并提出建议加强对二级企业监事会建设的指导，推动完善监事会机构建设和人员配置。又如，派驻智能装备集团监事会关注企业购买超过董事长授权额度的保本理财产品，并未经董事会决定，建议企业建立完善理财类业务管理制度，希望加强对企业理财业务的指导。

四是廉洁风险，反映部分企业违规发放费用问题。如赛马娱乐总公司财务总监根据该公司总经理经济责任审计的线索，发现企业存在违规发放职工福利费等相关费用问题，要求企业进行整改，完善相关制度规定，防范廉洁风险。

五是资产管理风险，指出部分企业存在决策流程不规范、购买财险项目大额本金逾期未收回等风险。如派驻发展集团监事会反映能源物流公司未按规定决策流程违规延续担保业务，要求企业完善决策流程，对相关制度进行检查和相关责任人进行问责。又如，派驻广州基金监事会反映该企业属下城发基金将大额资金投向北京新华富时资产管理有限公司，2017年12月21日到期日本金逾期，而回购方存在负面舆情，资金风险大。

六是投资风险，提示个别企业投资偏离主业风险、决策程序不完备可能产生的境外投资风险、投资股票二级市场浮亏风险、收购上市公司后按供股公告追加投资风险等。如派驻广州基金监事会反映该企业偏离政策性发展目标，投资方向不符合自身定位要求。广州基金监事会提示广州基金公司境外收购香港恒宝公司存在业务经营风险，城发基金公司担保台特化项目逾期存在较大风险，城发基金公司购买多处商业物业房产，存在违约风险和经营风险。促使市政府层面成立广州基金工作专项研究小组研究对策、化解风险、督促强化整改进一步防范风险。又如，派驻广药集团监事会反映该集团拟成立合资公司投资美国项目，在尽责调查尚未开展、项目可行性尚未评估前就准备成立合资公司和向境外拨付资金，有效防止了风险发生。派驻广钢集团监事会关注其属下金峻公司大额投资股票二级市场浮亏，建议及时防范风险，加快转型升级，培育新产业方向。派驻城投集团监事会关注该集团参与"神州数码"供股项目，提醒防范风险。

七是国有企业物业管理风险，提示部分企业物业管理不规范，存在国有资产流失风险。派驻企业监事会普遍反映企业物业管理方面存在一些问题。一是物业层层转租；二是物业租期过长；三是招租程序不公开透明；四是出租底价确定不科学；五是租金欠缴情况比较突出；六是物业管理不规范，滋生腐败现象，甚至导致少数企业领导班子系统性塌方式腐败。如派驻风行集团监事会反映该企业有 3 宗共计 7460 平方米土地物业被他人非法侵占，建设大量违章建筑问题，造成国有资产隐性流失，并存在安全生产隐患。

八是其他经营风险，提示淘汰落后产能关停风险、安全生产风险等。如派驻广州发展集团监事会关注广州发电厂拟提前关停带来的生产经营问题和员工稳定问题，建议加强组织领导，妥善做好职工分流安置，加快谋划产业转型升级。又如，派驻广州公交集团监事会关注交通运输行业岁末年初安全生产情况，对事故原因进行深入剖析，提出开展警示教育、加强培训、落实责任、加强监控等防范措施。

三　广州国资监管企业建立综合监督机制存在的问题分析

（一）监督报告数量和质量存在提升的空间，反映的问题不够深入

监事会新体制运作以来，各监事会充分发挥制度上的"先发优势"、常驻企业的"驻在优势"和熟悉企业的"比较优势"，对国有企业实施以财务为核心的监督，行使纠正建议权等监督权力，"一事一报告"力度明显增强，实现了及时发现报告企业已发生但未被揭示的重大问题、及时化解企业存在重大风险的双重目标，发挥了防患于未然、防险于未成的重要作用，监事会的权威性、有效性和影响力明显提升，监事会"有形监督、无形约束、成果隐性、影响深远"的作用充分体现，为防止国有资产流失、做强做优做大国有企业提供了坚强保障。但是，监督报告的数量和质量还有很大的提升空间，有个别外派监事会问题和风险导向意识不够，专业能力和业务水平不足，各监事会主动提交的包含问题和风险事项的监督报告存在不平衡的问题，监督报告反映的问题除了上述八方面外，对于导致大额国有资产流失的深层次问题，少有报告或报告不及时。有个别外派监事会问题和风险导向意

识有待增强，对于驻在企业的问题和风险存在发现不了、不敢报告的问题，有的监督人员仅仅停留在财务层面对企业进行监督，而对企业发展战略、营销策略、风险预警等领域关注和了解不多，影响了监督的广度和深度，有的受人手限制，发出提醒函后，缺少后续关注和报告或报告时间过于滞后，影响监管效率和处置效果。个别监事会还存在畏难情绪，监督流于形式，对驻在企业重大情况不了解不掌握，存在老好人主义、监督走过场现象，履责担当不够，不敢碰硬、不敢监督、不敢亮剑，报告质量不高，监督责任落实不到位。

（二）综合监督手段和方式尚不成系统，协同联动效应不够明显

在当前的综合监督机制中，监督主体政出多门、比较分散，除监事会外尚有纪检监察、审计、财务、职代会等各类监督主体的客观存在，监督方式和手段各异，尽管在《广州市市属国有企业监事会管理试行办法》中已列明监事会可通过列席企业重要会议、查阅资料、开展调研、进行质询等方式开展监督，但由于当前各监督主体采取的监督手段和方式各异，在实际监督过程中，未能与其他监督主体的监督方法形成互补、有机的系统，各监督主体之间缺乏互相协调和沟通联动，没有形成相互衔接、协调一致的运行机制，没有建立起联查、联动的运行制度，导致监督资源分散、监督效率不高、重复监督等问题，协同联动效应欠佳。针对不同程度风险的具体问题的处理过程中，监督资源未能得到有效配置，从而影响监督效能。各监督主体的薪酬管理方式、激励约束机制不够科学统一，也成为影响综合监督权威性和独立性的原因之一。打造大监督平台，建立综合监管机制，开展联合监督，使监督工作紧密结合企业实际，发挥合力监督优势势在必行。

（三）综合监督成果运用制度规范尚未建立，监事会建设体系有待系统构建、有效延伸

监事会作为公司治理层面的监督主体，法定职责明确，治理针对性强，但是因为缺少工作途径和方法，加之机构、人力、信息等必要资源配置有

限，综合监督职责难以落地。各企业目前的综合监督仅停留在信息共享层面，尚未就监督机制设计、成果运用等方面形成制度进行固化，形成监督闭环并逐步强化，监督结果没有在各监督主体间进行充分、及时的共享，深挖运用，导致综合监督效能大打折扣。监事会报告反映的问题较多发生在子企业，尽管集团公司监事会负有对子企业监事会建设指导职责，但子企业监事会建设尚处于起步阶段，尚未形成系统、完善的机制。急需将监事会监督延伸至子公司，构建上下联动的综合监管格局的形成。急需从更高层面完善顶层机制设计，整合监督资源，强化成果运用，加强子企业监事会建设，促进综合效能的提升，推动综合监管格局的形成。

（四）少数企业不能正确对待监事会监督，客观影响综合监管效果

调研中发现，广州个别市属国资监管企业领导对监事会工作不够理解，在工作上不支持、不配合，没有为监事会依法履行职责提供必要的工作条件，不全面开放企业财务和经营业务系统，会议材料和上会讨论没有预留充分时间。有的企业对监事会的提醒函和提出的意见重视不够，没有按时处理，存在整改不力情况。

四 进一步完善广州国资监管企业综合 监督机制的对策建议

构建监事会与其他监督主体的综合监督机制是一项系统工程。必须针对存在的问题和短板，进一步强化问题和风险导向，需要在构建监督闭环、强化工作协同、完善监督链条、加强问题核查、强化成果运用等方面同频共振、同向发力。

（一）创新监督方式方法，推动形成"监督报告－协调处置－领导决策－整改落实－考核问责"的监督闭环

目前，广州市国资委已初步构建起"天网（智慧国资系统）＋地网

（外派监事会）""前端＋后台"的全方位综合监管体系，通过"智慧国资"系统和外派监事会汇集监测企业相关信息，分类处置、督办和深入核查监督检查发现的问题，分析研判形成决策，再反馈外派监事会抓好督促落实，对共性问题组织开展专项核查，组织开展国有资产重大损失调查，提出有关责任追究的意见建议，形成"监督报告－协调处置－领导决策－整改落实－考核问责"的监督闭环。现阶段，建议以"智慧国资"监事平台系统的使用为契机，从修改调整监事报告办文呈批表入手，规范监事会报告办文流程，将监事会报告分为《风险事项报告》《列席企业重要会议报告》《专项检查报告》《年度监督报告》《其他工作事项报告》五类，并区分风险问题轻重缓急，强化监事会工作处的督办和其他各业务处室的承办职责，形成办理情况定期通报制度，将监事会发现问题的处置闭环落到实处。

（二）强化监督力量工作协同，构建重大风险问题的发现、报告和整改机制

建立广州市国资委监督工作联席会议制度。国资委各职能处室应加大对企业执行国有资产监管制度情况的监督力度，各监督主体要强化对监管重点领域、重点事、重点人、重点环节的监督，对开展监督检查工作情况进行总结分析，各监事会要加强与企业纪检监察、法务、审计、工会等内部监督力量的协同，国资委机关对企业重大监督事项的处理要遵循分类处置、分工负责、协同配合、信息共享的原则，按问题的性质、影响程度和整改难易程度分层分类处置，对于企业问题复杂需要由其他处室协同办理的，由各主办处室负责召集由相关处室、外派监事会参加的企业问题会商会议，提出企业问题的处理意见，按程序上报国资委领导审定。实施监管企业问题整改约谈制度，健全对企业重大问题的跟踪督办机制。

（三）探索推广试点纪委书记与监事会主席交叉任职综合监督新模式

试行企业纪委书记兼任监事会主席是强化监督工作协同、构建综合监督

格局的有益探索。目前，广州市纪委会同市国资委已选取广药集团、轻工集团、风行集团3家企业试行纪委书记兼任监事会主席模式，充分发挥纪检监察与外派监事会之间的互补优势，强化监督合力，初步效果良好。

（四）建立联合监督链条，健全各监督主体从事前预防、事中监督到事后评价的检查处置机制

各监督主体各有侧重，财务和法务部门侧重于事前预防与审批，监事会侧重于事中的监督与事后的评价，审计与诊断巡视侧重于发现存在的问题，巡察还关注事后的处置，纪检监察则涵盖全过程。应充分发挥各监督主体的优势，从预防、检查、处置三个阶段建立联合监督链条，健全工作机制。监事会监督与审计监督形成了事前、事中和事后的全链条监督，两者融合将有助于建立完善预防、检查和处置工作机制，增强监督的法定性和权威性。

（五）综合运用多种方式深入核查问题，促进监事会报告提质增量

要着力做实日常监督，坚持以财务监督为核心，综合运用列席会议、听取汇报、访谈座谈、受理反映等多种方式，及时掌握企业重大决策和运营情况，围绕招投标、融资性贸易、委托担保、金融衍生品、混合所有制改革、合并重组、"僵尸企业"处置、境外资产管理等重点业务、重大事项、关键环节、重点岗位、重点人员、重要子公司，开展针对性专项重点检查。要深化监事会当期和事中监督，着力提高监事会报告质量，坚持"一事一报告"，增强监事会报告的及时性、针对性和规范性。加快建立健全可追溯、可量化、可考核、可问责的监事会履职记录制度。

由财务共享服务推动财务管理变革研究

——广州地铁财务共享服务中心建设实践案例

广州地铁集团有限公司课题组*

摘　要：　在共享经济时代，企业如何合理利用各种资源变得越来越重要。本文通过广州地铁财务共享服务中心建设实践，分析了在国际形势及国家政策大背景下，广州地铁如何建设财务共享服务中心、如何从多角度制定实施风险应对策略以及财务共享为企业带来价值提升。同时，从财务人员职能分层变化（财务人员分为战略财务、共享财务、业务财务三个层次）、全面预算深化变革、资金共享深化变革以及智能时代新技术发展等方面阐述财务共享服务给财务管理带来的变革。

关键词：　共享服务　财务共享　管理变革　广州地铁

P2P、共享单车、共享汽车、共享雨伞、共享充电宝……，近年来，打着共享头衔的经济现象层出不穷。他们以各种方式带给了老百姓便利以及低廉的服务价格。这些现象我们可以称之为"共享经济"现象。

早在1978年，美国得克萨斯州立大学社会学教授马科斯·费尔逊和伊利诺伊大学社会学教授琼·斯潘思就提出"共享经济"的概念。其本质是对资源的整合和合理利用，比如闲置的资金、闲置的人力、闲置的物资等。

＊　课题组成员：王苹，广州地铁集团总会计师；王晓斌，广州地铁集团财务管理部总经理；温路平，广州地铁设计院财务总监；万明滨，广州地铁集团财务管理部会计管理经理。

回到企业管理，企业不同的业务部门或者分子公司有着分散的资源，比如各自有财务、人力、IT、采购等专属资源。这些资源在各自组织中发挥着各自作用，但是由于属地化管理，很难由企业集团统一调配使用，不能将资源效益最大化。那么，如果将这些分散的资源在企业集团内部共享起来，就成为一个提高资源利用效率的重要手段。因此，近年企业各类"共享服务中心"的建设在我国逐步兴起且有加速推广的迹象。

一 共享服务的发展

由于财务业务标准化做得比较早，发展共享服务比较容易，因此最早开始共享服务的是财务共享。财务共享服务最早起源于 20 世纪 80 年代，由美国通用、福特等大型跨国集团提出，通过把内部不同事业单元之间相同的、重复设置的财务流程集中到独立的共享中心处理，借助规模效益推进效率的提升与成本的节约。

随着共享服务理念和实践应用的进一步发展，依托信息化手段的提升，共享模式也被广泛应用于全球不同行业企业集团的财务、物流采购、信息技术、人力资源等综合职能，并成为一种职能运营模式。

从 2000 年开始，以中兴通讯为首的科技企业陆续引入共享服务这一理念，开启了我国共享服务建设的新篇章。财政部于 2013 年发布《企业会计信息化工作规范》，其中第三十四条规定：分公司、子公司数量多、分布广的大型企业、企业集团应当探索利用信息技术促进会计工作的集中，逐步建立财务共享服务中心。这项规定在国家政策层面为我国企业探索建立财务共享服务中心提供了依据。

二 广州地铁建设财务共享服务中心的探索实践

2013 年，广州地铁已经是多线同时建设及运营、多板块业务综合发展的国有大型企业集团。资产规模达到 1422 亿元，员工 2.1 万多人，拥有多个事业部子公司，业务板块包括地铁建设运营、房地产开发、设计、监理、咨询、广告经营等。随着集团业务迅速发展，对核算人员数量要求不断增加，对会计信息质量要求更高，同时，由于存在财务主体众多、人员地点分散、平台不一等问题，亟须改革以降低风险。根据内外部环境形势分析，为了解决管理痛点，提升财务管理水平，广州地铁决定自主建设轨道交通行业第一家财务共享服务中心。

在充分调研的基础上，广州地铁制定了财务共享服务中心实施总体规划并逐步实施。2014年10月，财务共享服务中心正式挂牌成立；2014年8月将建设事业板块率先纳入共享中心作为试点；之后分别将运营板块、后勤服务板块和房产板块等陆续纳入共享中心，实现集团法人全共享，并着手将子公司纳入财务共享。

实施过程中，广州地铁通过多举措保障财务共享的落地实施。

1. 广泛调研充分匹配企业需求

在财务共享项目立项前，广州地铁经过了一年多时间的前期准备。由财务、人力及 IT 人员组成的财务共享服务建设工作小组通过对国内相关行业的优秀财务共享服务中心进行调研学习，深入分析企业内部管理需求。

2. 完善实施方案防控实施风险

实施方案是财务共享中心落地的基石，方案的完善程度决定了项目的成败。在实施方案中应明确各个实施阶段的关键任务和目标。同时，为了减少实施风险，广州地铁根据各属地业务的复杂程度，设置了 3~6 个月的模拟运作过渡期。

3. 由易到难分步实施积累经验

广州地铁财务共享建设规划了三个实施步骤：第一步，选取业务较为简单的业务板块作为试点单位来验证实施方案的可行性；第二步，集团本部法人内各事业部逐一实施提高项目实施质量；第三步，推广至下属子公司，子公司的财务具有一定的独立性，原有实施方案需要有针对性地做一定调整。

4. 合理切分财务流程确保业务通畅

财务共享需要对原有财务业务流程进行合理切分，明确属地财务和共享财务的工作界面及职责。广州地铁通过梳理296个财务流程并进行流程切分再造。

5. 深入分析工作量与人随业务走原则

流程的变化，带来属地财务人员的调整，此时应由项目组对属地财务人员结构与工作量进行深入分析评估。由于涉及人员岗位调整、部门调整以及劳动合同关系调整，应坚持人随业务走原则进行人员调整。

6. 优化信息系统配合流程调整

由于业务流程调整，上线方案中应制订详细的信息系统的调整及改造计划。广州地铁在实施财务共享前已经有合同管理系统、费用控制系统、ERP系统及资金管理系统，在项目实施过程中，又陆续对现有系统进行共享业务优化（包括扩大上线范围、调整审批流程、全面配置自动会计记账、开发业务报表等），并且新建了影像扫描系统，解决跨区域远程报销问题，为电子会计档案奠定基础。待时机成熟，财务共享中心还需要上线业务管理系统来对员工工单、工作时效、工作质量、绩效考核等进行管理。

7. 签订服务水平协议明确责权

服务水平协议是财务共享运作的依据，它是财务共享服务中心与服务单位之间就服务范围、服务标准、服务质量及权利义务等达成的共识。同时，该协议也明确了集团各单位财务服务成本分摊与收费的标准，以及争议解决的解决方案。

8. 做好全面后勤保障平稳落地

由于流程、人员、系统等均进行了调整，在财务共享服务中心正式运作初期，为了保证业务平稳过渡，应考虑设置多种后勤保障措施，比如设置财务热线电话用于解答业务人员费用报销疑惑、设置部门联络员用于尽快传达各种通知、设置报销信箱用于单据传递。

三　广州地铁财务共享服务实施成效分析

财务共享服务的实施，推动财务人员向专业化方向发展。采用专业分组形式，集中调配财务资源，以达到成本降低、流程标准、精细化管理、促进企业核心业务发展的作用。

1. 财务人员工作效率大幅提高

财务核算人员共享集中后，其可以专注于会计核算工作，通过专业分工，统一处理审单、记账、支付、报表编制等会计工作，达到提升工作效率，减少会计差错的目的。据统计，2018 年对比 2017 年，广州地铁投资额增长了 34%，业务单据增长了 23%，合同单据审核时间从 6 日缩短为 3 日，效率提升了快一倍。另外，财务关账时间从原来的月末后 12 日提升为月末后 6 日，效率大幅提升。

2. 会计信息质量得到保证

通过财务共享的实施，集团会计政策及会计估计得到统一的执行、报表编制人员整合带来编制时间的缩短及准确性的提高。另外，由于轨道交通行业各线路须独立竣工财务决算，须把线路设置为独立的会计核算主体，这样，各种资金往来、代垫费用、建设单位管理费分摊等会造成内部往来业务量巨大，时常产生内部往来差异。财务共享后，这些内部往来的会计核算集中处理，大大减少内部往来的差异，使得会计信息质量较共享前有较大的提高。

3. 财务会计人员数量得到有效控制

广州地铁原来的财务人员配员主要按照业务单元（新公司或新地铁线路）来配备，新增一个业务单位将会新增一部分财务人员。随着广州地铁业务发展、线网规模扩大，财务人员的数量将得不到有效控制，造成人力资源成本高企。财务共享后，从 2015 年到 2018 年，广州地铁资产规模从 1918 亿元增长到 3151 亿元，财务会计人员由 93 人减少为 92 人，虽然没有大幅减少财务人员，但实现了业务增量人员减少。

4. 财务管控能力加强

财务共享的实施，对信息系统进行了改造，对业务流程进行了再造。按照新的业务流程，优化了原有合同管理系统、费用控制系统，新增了影像管理系统。合同和费用控制系统通过嵌入支付和报销相关制度，达到信息系统自动管控的目的，减少人为干预，降低支付风险。影像管理系统则有助于业务人员远程报销，便于财务人员稽核最原始真实的业务信息，达到降低风险的目的。

5. 会计档案集中规范管理

在实施财务共享前，各业务单位自己装订和管理会计档案，造成会计档案分散、查询困难、标准不统一。广州地铁通过实施财务共享，一方面实现了会计档案的集中管理、规范装订；另一方面，通过影像系统的实施，实现了原始凭证的电子化，便于后续查询及管理，为实现无纸化会计档案打下基础。

6. 纳税风险减少与可控

由于广州地铁是多事业部多线路的多会计主体核算模式，在财务共享前，税务会计处理及部分纳税申报在属地财务部门进行处理。这样会造成税务政策理解不一致、账套之间增值税往来挂账出现差异、代垫税款不平衡、计提税费不及时以及所得税汇算清缴不准确等诸多纳税问题。在财务共享后，由于税务会计集中统筹管理，实现了税务会计政策的统一落实、会计主体之间的纳税处理同步处理、所得税汇算清缴合并调整等，极大地减少了纳税风险。

四　财务共享推动财务管理变革

财务共享服务中心在新管理思想的影响下，在新技术的支持下，给企业和财务人员均带来了深远的影响，它是财务组织及管理模式的一次重要变革。

1. 推动财务人员职能变革

广州地铁通过财务共享的实施，将财务人员划分为三个层次：第一层为集团财务（战略财务），主要负责集团会计政策管理、税务政策研究、财务稽核与评价、以及原集团财务的预算管理、资金管理、资产管理等职能；第二层为共享财务，主要负责为属地提供单据审核、会计处理、报表编制、税务申报及档案管理等；第三层为属地业务财务，参与到业务最前端，通过预算分析、成本管控、税务筹划、政策分析等方式加强业财融合，帮助战略落地。三个层级的交互关系为：战略财务为共享财务及业务财务提供专业指导，共享财务为战略财务及业务财务提供数据信息，业务财务为战略财务和共享财务提供前沿业务信息。

2. 推动全面预算管理深化变革

全面预算作为广州地铁集团管控的最重要手段，一直在公司内部控制和经营管理上被赋予了重要的角色。广州地铁建立起"四位一体"的以战略为导向、全面预算管理为平台、绩效考评为目标、标准成本管理为手段的全面预算管理体系。有效确保了企业经营目标的实现，对经营管理过程的成本、费用进行了有效的控制，助力了广州地铁的持续发展。随着财务共享的实现，财务人员的职能变革，战略财务与属地财务更加聚焦于集团战略目标实现以及属地业务全面预算指标的完成，同时，财务数据的集中处理，使得全面预算管理可以与财务共享服务中心的业财数据实现全面对接，对战略规划、预算编制、执行反馈、评价考核四个环节的闭环管理提出了新的变革要求。

3. 推动资金共享深化变革

广州地铁从 2009 年开始实行资金集中管理，建立了完善的资金管理内控体系，实现对属地业务单位资金支付的全过程监控以及资金集中结算。财务共享的实施，通过对出纳人员共享、账户集中、资金共享，进一步推动了资金集中管理向资金共享的深化变革，实现了属地业务单位的"三无"资金管理（无出纳、无账户、无资金），提高了资金的管理效能，强化了内控与风险防范。

4. 新时代新技术助力智能共享变革

新时代，随着移动互联网、AI 人工智能、BIG DATA 大数据、CLOUD 云平台、机器人以及区块链技术在全球的兴起，人类已经进入智能时代，也给财务管理带来新思想与新机遇。财务共享应构建智能化团队，用智能工具武装自己，用智能机器作业取代工人作业。第一，应推动移动互联网在员工报销环节的应用，通过手机终端 App 实现实时联网报销，让员工少跑腿，让信息多跑路；第二，在原始单据及发票管理方面应用智能图像识别技术对关键信息电子化，实现电子税务、智能结算及智能风控；第三，通过企业大数据实现资源动态调配、员工信用管理、智能资金预测及智能盈利分析等功能；第四，通过区块链技术，统一会计引擎，推动智能核算，防控会计风险；第五，通过智能机器人将员工从银行对账、往来对账、标准报告编制等重复烦琐的事务性流程工作中解放出来，转向增值型任务。

五　全面共享时代的深化变革

2018 年，随着广州地铁业务的跨越式发展，总资产规模达到 3000 多亿元，员工 2.6 万多人。伴随着共享经济的脚步，在财务共享服务的成功经验基础上，广州地铁经过新一轮的深化变革，围绕"共享中心、成本中心、服务中心"三大发展定位，秉承"服务、效率、质量、成本"理念，打造了员工服务共享、财务服务共享、采购服务共享、IT 服务共享、行政后勤服务共享，支撑集团业务运转，集约资源，达到提升服务质量、效率提升、成本控制的目的，实现了广州地铁的全面共享。广州地铁也致力于成为轨道交通行业共享服务的典范。

参考文献

刘根荣：《共享经济：传统经济模式的颠覆者》，《社会科学文摘》2017 年第 6 期。

陈潇怡、李颖：《大数据时代企业集团财务共享服务的创建》，《财会月刊》2017 年第 4 期。

何瑛、周访：《我国企业集团实施财务共享服务的关键因素的实证研究》，《会计研究》2013 年第 10 期。

毛元青、刘梅玲：《"互联网＋"时代的管理会计信息化探讨——第十四届全国会计信息化学术年会主要观点综述》，《会计研究》2015 年第 11 期。

广汽集团探索投资企业财务总监委派制、完善全方位多层次监督体系的实践研究

摘　要： 通过广汽集团对直接投资的全资、控股企业委派财务总监，与董事会、监事会、纪检监察、审计等公司治理机制相结合，形成全方位、全周期、多层次国有企业监督协同体系的实证研究，本文分析了广汽集团开展财务总监委派制的现状和实施效果，并提出了继续完善财务总监委派制的建议。

关键词： 投资企业　财务总监　委派制　广汽集团

广汽集团以党的十九大精神和习近平新时代中国特色社会主义思想为指导，深刻把握全面从严治党和国有企业的经营发展规律，按照整体性、协同性、科学性、时效性的原则，积极探索完善财务总监委派制，构建全方位、多层次的国有企业监督体系。

一　广汽集团建立财务总监委派制的探索实践

为了保障派驻企业财务总监充分发挥监督与服务职能，广汽集团一是制

---

* 王啸，广汽集团审计部高级审计师。

定了《集团派驻财务总监管理规定》，规定财务总监对派驻企业享有知情权、建议权、报告权，并通过联签制度确保财务总监的监督职权，为财务总监工作有效开展奠定制度基础；明确派驻财务总监的工资、福利等各项薪酬待遇均由集团发放，集团审计部负责总监日常管理工作，监督财务总监管理制度实施，财务总监直接向集团负责，避免财务总监与受派企业的利益联系，保证了财务总监工作的独立性，最大限度发挥该制度的监督作用；此外，制度中明确规定财务总监的任期为三年，任期结束后轮岗，年度绩效考核作为财务总监是否续聘的重要依据，财务总监的工作表现直接与聘任挂钩，通过考核的"指挥棒"和"冲锋号"，督促财务总监不断改善工作绩效。二是投资企业在集团制度总体框架内，根据各公司经营规模、所处行业风险等实际情况，投资企业和集团派驻财务总监共同研究，对派驻企业联签事项的范围、金额和流程再进行细化，制定各公司《派驻企业财务总监管理制度》，征求集团审计部意见，经所在企业董事会批准后实施，上报广汽集团备案。集团和投资企业两个层级的财务总监管理制度，既保证了集团派驻财务总监管理工作的一致性和规范性，也体现了管理制度对投资企业实际经营管理活动的适应性。

（一）履行监督、审核、联签工作职责

广汽集团派驻财务总监管理制度规定，财务总监履行以下监督职责：一是监督投资企业财务管控体系、内部控制体系、财务风险预警与防控机制的健全性、有效性及执行情况；二是监督投资企业"三重一大"决策流程以及日常经营管理活动中的资金使用，对外投融资，对外抵押担保，资产评估，工程建设，资产和债务重组，企业改制、破产、关闭清算等经营决策活动；三是定期向集团报告投资企业财务状况、内部控制、风险管理等情况。

财务总监履行以下审核职责：一是监督投资企业制订年度经营计划，出具独立的审核意见；二是监督年度事业计划的执行情况，对执行过程中出现的问题，出具独立审核意见和建议；三是对公司完成集团下达年度事业计划情况出具独立审核意见；四是监督投资企业资金使用、资产评估、资产处

置、工程建设项目等重大经营决策活动，出具独立的审核意见。

财务总监履行以下联签职责：派驻财务总监按照所在企业联签制度规定的范围、金额及流程，对企业重大经济事项决策过程，涉及重大资金支出、财务运作和可能对企业财务状况产生重大影响的经济活动，如重大经济合同、重大建设项目、资产处置、对外投资等进行审核，向投资企业董事会和经营层提供审核意见，并承担相应的责任。公司属于联签范围的经济活动，必须由企业总经理和集团派驻财务总监双方签字方为有效，这就保障了财务总监工作的独立性，使其有职有权。

（二）享有职责范围内的权力

财务总监任职期间，一是享有与履行职责相应的知情权，包括列席投资企业董事会会议，参加投资企业总经理办公会议、党政联席会议等相关会议以及与业务有关的专题会议；二是财务总监享有对投资企业董事会和经营班子提出财务管理、会计核算、内部控制及风险管理等方面意见的建议权；三是财务总监享有定期和不定期向集团报告投资企业的财务状况、内部控制、风险管理以及其他重大经济事项的报告权。

一　广汽集团实施财务总监委派制取得的主要成效

财务总监委派制在广汽集团总体实施过程顺畅，取得了较好的成效。财务总监在派驻投资企业认真执行监督、联签等工作职责，严把资金、重大决策事项和流程的审核关，重大问题及时、如实报告集团。财务总监在派驻企业贯彻监督中服务、服务中监督的工作理念，接受集团及投资企业董事会的考评和监督，通过横向和纵向的制衡效应，做到了到位不越位、参与不干预，认真处理和协调好与各方面的关系，既符合公司法和投资企业经营自主权的要求，又积极行使出资人权力，对投资企业进行监控，防止国有资产流失，帮助企业提高经营管理水平和风险防范能力。在企业所有权与经营权分离以及多层次管理的集团治理结构下，派驻财务总监积极为投资企业提供有效的专业服务，深入企业实际，参与经营管理，控制企业风险。总体来看，财务总监委派制度是保障国有资产保值增值的一项科学制度，也是完善国有企业监督体系的有益探索。

（一）提供合理化建议，帮助企业提高经营管理水平

财务总监在职责履行的过程中，积极利用自己的管理经验和知识优势，为企业发展出谋划策，已成为投资企业运营监控者、投资企业管理层值得信赖的合作伙伴。2018年度，广汽集团派驻投资企业的7位财务总监共提出合理化意见和建议200余项，提交有助于投资企业提高经营管理水平的专题调研报告20余份，充分发挥财务总监制度在加强企业管理、提高经济效益中的积极作用，成为投资企业内部控制体系的一个重要组成部分。

1. 监督企业规范财务基础工作

广汽集团下属投资企业广汽商贸近年来汽车销售网络快速扩张，营收年均增长率达17%，截至2018年末，广汽商贸在全国各地通过参股、控股等方式经营的汽车销售4S店达80余家。根据"十三五"规划，公司计划在"十三五"期末将4S店增设至250家。根据集团和广汽商贸历年监督检查结果，各4S店受人力资源和管理模式等因素影响，不同程度存在财务核算不规范、财务内控执行不到位、经营管理数据信息不完整的问题。为了解决上述管理难题，派驻广汽商贸财务总监主持指导公司对4S店现有的会计制度、核算办法、核算标准进行了全面梳理，从制度、流程、岗位、职权、核算科目和表单等方面，建立起统一的4S店财务标准化体系，并借助信息化手段将业务操作流程固化、系统化，加强4S店的财务管理，提升母公司财务管控能力，发挥母公司财务管理中心的作用，为广汽商贸汽车销售板块的快速发展奠定坚实的基础。目前，该财务标准化体系在广汽商贸4S店分阶段推进实施，成为广汽商贸强化汽车销售板块财务管理与风险管理的重要手段。

2. 为企业降本增效提供专业化建议

财务总监从投资的经营效益、长期发展等角度出发，积极为企业提供增加收入、控制成本、节约费用的专业建议。例如，派驻广汽部件财务总监审

核发现，下属个别企业在搬迁过程中，存在设备报废手续流程不完善、对仍有使用价值的设备提出报废申请等问题，建议相关企业充分评估设备资产报废的经济性和合理性，通过出租、内部转移利用等方式，提高设备的使用寿命，降低设备直接报废的损失。企业采纳了财务总监的合理建议，将设备按评估价进行出租，使企业每月增加经营收入，提高了设备利用的效益，避免了直接报废的损失。广汽资本派驻财务总监在对公司基金管理公司成本利润专项分析中发现，公司计算超额收益时考虑了资金成本，但未将项目差旅费、投成奖、固定运营成本等支出全面剔除，可能导致超额收益计算基础偏大的问题。公司采纳了财务总监的上述建议，改善了基金收益核算方法，全面剔除相关固定成本、合理分摊费用后，再计算超额收益分成，保障了公司的合法利益不受损失。

3. 参与企业经营风险管控

在市场快速变化的大环境下，企业决策的复杂性和风险程度空前提高，财务总监在工作实践中，积累了丰富的风险管理意识和风险管理能力，深度参与投资企业风险管理活动，有助于协助投资企业经营者做出正确的决策，有效控制风险。广汽乘用车财务总监对公司重大经济合同审核，从合同违约条款、质保金条款、项目实施团队等多方面提出建议和措施，管控了供应商违约的风险。广汽商贸财务总监对公司《整车销售企业二级经销商管理规定》等制度进行审核，指导和监督公司二级经销商管理、销售合同、货款收取、开票提车等方面的内控设计和执行，督促公司稳步推进整车销售企业的内控标准化体系建设。广汽资本财务总监持续跟踪业绩不达预期，满足大股东回购条款的股权投资项目，督促公司及时评估项目风险，制订股权退出方案，加强项目的投后管理。

4. 提供专业管理咨询服务

财务总监工作中，充分发挥自己的经营管理知识和经验优势，为企业出谋划策，帮助企业提高管理水平。例如，广汽乘用车财务总监在对货物和服务采购招投标流程检查中发现，部分项目商务门槛不尽合理、废标依据不充分等情况，及时建议公司相关部门建立规则，避免了评委主观判断对项目供应商选择的影响；广汽研究院财务总监对海外研发中心差旅费、人工费等预算编制原则和完善海外中心授权管理规则提出改进建议，帮助研究院在充分授权、效率优先的总体原则下，进一步制定加强海外研发中心管控的具体措施；广悦公司财务总监对公司托管企业的资产核销流程进行审核，建议公司进一步完善相关企业吊销、注销情况的资料，保证了资产核销依据的完整、充分。

（二）发挥桥梁作用，解决信息不对称问题

财务总监定期或不定期提交月度、季度、年度、重大事项工作报告，执行月度工作例会制度，向集团提供有价值的信息和建议，保证集团了解和掌握投资企业经济活动动向和集团战略在子公司执行落实情况，预防可能出现的重大损失，较好地发挥了集团和派驻企业间重大情况交流"通讯员"的作用。广汽集团下属投资企业达150余家，经营范围涵盖整车研发、生产制造、产品销售、金融保险等多个领域，随着投资企业数量增多，集团管理纵深和难度加大，企业内部面临信息沟通传递及时性、有效性、真实性等问题。因投资企业所有权与经营权的分离，集团母公司作为投资方，往往处于信息不对称的弱势一方，而财务总监委派发挥了沟通桥梁的作用，缩短了母子公司间信息沟通时间，保证了集团获取信息的质量，防止投资企业经营者在信息不对称的条件下，违背所有者利益而追求自身利益最大化，当内部控制人腐败、舞弊等重大问题发生时，派驻财务总监及时上报。例如，广汽乘用车财务总监针对海外经销商开展的赊销业务进行审计和检查时，发现个别地区的经销商出现逾期支付货款的现象，存在资金损失的风险，财务总监立刻上报集团，督促集团相关部门研究海外市场赊销风险，制订经销商赊销额度跟踪检查方案，及时将资金风险控制在合理、安全的范围内。

（三）严格执行联签，对重大决策事项认真把关

财务总监年度考核中，集团派驻投资企业的7位财务总监都严格按照联签细则做到应签则签，违规拒签，重大事项及时上报。财务总监推进投资企

业加强议题事前沟通，在公司"三重一大"决策事项上会集体决策前，先由财务总监审核把关，为企业经营层最终决策提供参考；财务总监积极参与议题和方案的过程评价，加快决策环节的联签审批，通过工作流程的不断优化，协助投资企业平衡好决策效率和流程合规的关系。2018 年集团财务总监共办理经济合同、大额资金支付等联签单据 13500 余项，参加投资企业项目专题例会 300 余次，对资产评估报告和清产核资报告进行审核数十项，有效维护了投资企业国有资本的安全。

（四）加强前置监管，突出经济活动事前和事中控制

企业集团母公司对集团子公司的管控，常规财务控制以及监察、审计等监督控制是必不可少的，但上述控制往往是事情发生后再采取控制措施，具有时间滞后的特点，可能风险或损失在控制前已经发生。财务总监委派制的实施，虽然会产生一定的费用，但较投资企业监督不力可能带来的经济损失，监督的成本微乎其微。广汽集团财务总监被委派到经营管理一线后，对投资企业整个经营决策过程实时监控，开展从项目可研、决策分析到计划、预算、分析、考核全过程监督，可以将一些不利事件解决在问题发生之前，一些风险控制在决策之前，避免事后造成重大损失，监督的覆盖面扩大到事前、事中。广汽集团派驻投资企业财务总监，事前积极参与投资企业项目前期研究，对项目可研报告、尽职调查资料、项目投资方案等重要决策资料和拟签订的重大经济合同进行审核，例如广汽资本财务总监对基金设立方案、投资项目立项开展前置审核；各财务总监事中对投资企业经济决策执行过程跟踪检查，对重大工程建设项目、资产评估、资产处置、企业目标完成情况、合同执行情况等经营管理活动进行监督，制定财务衡量标准、业绩评价标准，对具体议案进行财务评估和分析，研究和诊断公司资产处置、债务重组方案，提出风险管理意见和建议。

（五）组成监督协同体系，各部门形成监督合力

财务总监委派制与公司董事会、党委会、监事会、纪检、监察、审计等

治理机制相结合，共同构建起"党组织统一指挥、全面覆盖、协同配合"的国有企业监督体系，增强了监督工作的及时性、全面性、系统性和有效性，为做强做大国有企业提供了坚强保障。派驻财务总监日常工作接受集团审计部领导，保证了财务总监工作与集团监察、审计、法务等监督机构，既保持步调一致，又能充分发挥各自优势。董事会负责公司业务经营活动的指挥管理，以及内控、风险体系的建设，监事会通过开展调查研究、审议议案等方式监督董事和管理人员职责履行，集团内部监督机构纪检监察、审计等部门，按工作职责履行监督管理职能。派驻财务总监作为公司内部人，凭借对投资企业经营情况了解更多、更直接的优势，围绕判断公司可能存在重大风险或贪污舞弊的业务，与集团内部监督机构进行充分沟通，提供有价值的信息和有针对性的建议，并且作为集团监督机构工作开展的有效补充和抓手，在集团统一部署下，定期或不定期对投资企业开展各类各项专项检查，及时跟踪集团监督检查工作中发现问题的整改情况，在集团和投资企业建立协调、跟踪机制，弥补了集团行政监察、内部审计等监督机构监督资源有限、监督面宽、频率不足等问题，实现了集团监督体系的上下联动、内外配合、分工合作，保证了集团对投资企业监督的质量和强度。财务总监作为产权代表派驻到投资企业，代表所有者行使监督权，实际上已经承担了监事会的相关监督职责。2018年，广汽集团在财务总监委派制度上再次进行了探索和创新，部分投资企业由集团派驻财务总监兼任公司监事会主席，进一步优化了投资企业监督管理体系，发挥财务总监工作及时性、有效性、经常性、自觉性的特点，通过监督力量的整合和同类型监督职能的优化，既避免了重复监督的管理资源浪费，降低了集团的监督成本，也解决了原来集团派驻投资企业监事会主席不坐班，监督工作开展频率和范围有限的问题。

三　进一步完善国有企业财务总监委派制度的思路和对策

财务总监委派制虽然在广汽集团已经取得了一定的成效，但财务总监委派制度实施和运行仍然存在一些问题与困难，需要继续探索研究，以更好地发挥派驻财务总监的作用。

（一）加强财务总监队伍建设，严格选拔标准

广汽集团进一步实施财务总监委派制，应从任职的政治素质、知识结构、管理经验、工作阅历、独立判断、决策能力等方面制定委派财务总监的标准和条件，吸引更多的优秀人才加入财务总监行列。把组织推荐和公开、平等、竞争、择优的原则结合起来，逐步引入市场机制，公开向社会招聘，建立委派财务总监人才资源库，派驻时充分考虑投资企业本身经营管理的特点，针对性地委派在经济、技术上有专长和相关工作经验的财务总监。

（二）加强财务总监管理，完善考核约束机制

完善科学、合理的考核和约束制度，保障派驻财务总监制度的有效运行。一是要逐步建立科学的绩效评价与考评体系，设置定性和定量的指标，对财务总监履职情况进行考核。财务总监考评中，除了监督职责的有效履行外，应引导财务总监从集团和战略的高度，为企业提供全局、整体、系统化的建议，财务总监为所在企业生存和发展出谋划策的工作业绩，应作为财务总监考核和奖励的重要内容和依据，鼓励财务总监提供管理咨询服务，积极参与企业管理。定性指标可以引入财务报告质量、发现问题质量、相关人员评价、述职报告业绩评价等，定量指标可以从日常报告的数量、频率、与集团沟通频率、发现的下属企业财务违规项目数量或金额进行综合计量。通过定性和定量考核相结合，并将考核结果与实质性的奖惩、提拔任用相挂钩，保证对财务总监工作给予公正、科学的评价，充分调动财务总监的工作积极性。二是建立财务总监管理部门与投资企业管理层定期访谈、财务总监工作业绩资料归档等长效机制，结合集团公司不定期查访等方式，对财务总监履职情况、权力运用进行约束，形成相互制衡的管理环境，督促财务总监不断提高工作质量。三是加强财务总监队伍的业务培训和职业道德教育，明确财务总监每年参加培训的学时要求，定期组织财务总监业务能力、管理能力和

道德修养的培训，保证财务总监履行职责所需的学习和进修的机会，强化财务总监的道德意识，促进财务总监成为政治、业务双过硬的专业人才。

（三）搭建监督信息的共享平台

广汽集团正积极筹划利用大数据、人工智能等信息技术，逐步构建国有企业内部"大监督"数据系统。依靠信息系统对监督情况进行汇总、对监督重点进行研判、对监督工作进行协调，强化数据归集和监督预警工作，保障财务总监信息的快速处理和及时反馈机制，加强集团内部监督机构、派驻财务总监工作成果等监督管理数据的深度运用，着力挖掘信息和数据的价值，促使各部门各负其责，推进投资企业监管信息和成果的共享。通过坚持事前预防、事中控制与事后跟踪和问责相结合，构建覆盖国有企业总部到投资企业"纵向到底，横向到边"的监督协同体系，压实监督基础，降低监督成本，提高监督效率，实现监督过程的闭环管控，保证国有企业监督体系与深化国有企业改革相适应，与培育世界一流企业相协调，与打造国企国际竞争相融合，与国有企业改革同要求、同部署、同安排。

风险导向增值型内部审计模式
在广药集团的实践应用

广州医药集团有限公司审计部课题组*

摘　要： 经济新常态下，内部审计应如何转型与升级引起了理论界和实务界的广泛关注与讨论。本文基于广药集团的实践经验，构建了风险导向增值型内部审计的模型及实施路径，探索内部审计发挥"防范风险，提高效益"作用的有效途径。通过实践得到结论：风险导向增值型内部审计能够有效降低体系风险，将风险值控制在目标范围之内，对于帮助企业提升价值、提高效益具有重要意义。

关键词： 风险导向　增值　内部审计　广药集团

广州医药集团有限公司（以下简称"广药集团"）是广州市政府授权经营管理国有资产的国有独资公司，主要从事中成药及植物药、化学原料药及制剂、生物药、大健康产品等的研发及制造，商贸物流配送以及医疗健康服务等业务，是广州市重点扶持发展的集科、工、贸于一体的大型企业集团。广药集团拥有"广州白云山医药集团股份有限公司"（香港 H 股、上海 A 股上市）1 家上市公司及成员企业 30 多家，经过多年的精心打造和加速发

---

* 课题组成员：高燕珠，广药集团审计部部长、风控办主任；黎占露，广药集团原审计部高级主管；陈少漫，广药集团原风控办主管；曾韵，广药集团审计部高级主管；杨嘉玲，广药集团审计部主管。

展，逐步形成了以"白云山"品牌推动的"大南药"、以"王老吉"品牌推动的"大健康"，以及以"广药"品牌推动的"大商业"等独具广药特色的"非典型创新"运作模式。近年来，广药集团的规模日益扩大，2018年实现工商销售收入约1160亿元，连续七年名列"中国制药工作百强榜单"第一位。

广药集团设有独立的审计部。近年来，为适应新常态，践行新理念，广药集团审计部以"防范风险，提高效益"为工作目标，在实现风险导向增值型内部审计方面进行了积极探索，通过开展重点企业跟踪分析、经营业务审计、内部控制审计、经济责任审计、关键岗位专项巡察等多种方式，探索风险导向增值型内部审计模式。

一 风险导向增值型内部审计的概念

风险导向增值型内部审计不等同于风险导向型内部审计。风险导向型内部审计是以企业的发展战略为出发点，以对整个组织的风险进行评估与改善为最终目的的一种审计理念，关注的风险是在公司内部可能造成无法完成公司目标的事件。风险导向增值型内部审计是将为组织提升价值、提高效益的目标运用于风险导向内部审计的一种方法，即首先对企业管理体系中的企业、业务、流程开展风险水平及价值创造能力进行评估，接着根据风险评估的量化结果确定存在效益提升空间的经济业务并开展审计，从而有针对性地提出对策与建议，最终实现高增值企业、业务、流程重大风险可控的目标。风险导向增值型内部审计与风险导向型内部审计的区别主要在于在整个审计过程紧密围绕"组织提升价值、提高效益"的目标进行。

二 风险导向增值型内部审计的基本模型

构建一套完善的模型既是目标实现的基础，也是指引实践的依据。

广药集团审计部以"防范风险、提高效益"为工作目标，全面考虑风险与效益，识别风险，评估风险发生的可能性及影响程度，确定风险得分及风险等级。在广药集团风险管理系统中，集团内部所有企业实体均对企业自身的所有风险事件进行了详细定义，并按类别、风险产生原因进行了划分。同时，各企业均会对每个风险事件的可能性及影响进行评分，两者的乘积即为风险事件的风险等级综合评分（风险值得分＝风险发生可能性×风险影响程度），内部审计人员利用以上数据可计算得到企业的整体风险等级[①]，根据此模型，内部审计人员以各项已知风险参数及企业、业务、流程的性质，确定高增值成员企业、高增值业务、高增值流程的目标风险容忍度，进而确定审计范围及审计方法，是"风险导向增值型内部审计"思想的量化体现。

三 风险导向增值型内部审计的实施路径

广药集团审计部以风险导向增值型内部审计为模型，结合集团实际情况，研究搭建一套完整的风险导向增值型内部审计实施路径。主要环节如下。

从广药集团风险管理系统取得每家成员企业的整体风险等级→汇总计算得到集团整体风险等级→确定集团公司可接受的整体风险容忍度→根据每家企业的价值创造能力确定每家企业的目标风险容忍度→对具有高增值能力的重点成员企业定期跟踪并将风险及时反馈至企业→对比企业整体风险水平与目标风险容忍度→选择差异较大的企业确定审计范围及方式→对高增值风险业务定期分析业务数据→对高增值业务流程实施内部审计→下达整改意见→责任部门落实整改意见→风险再评估（见图1）。

在上述基础上，定期开展跟踪审计，继续执行风险导向增值型内部审计。

---

① 该等级可根据企业各级别风险的占比计算。

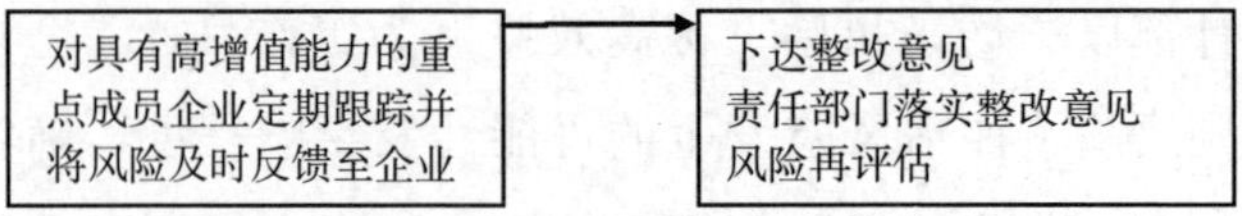

| 对具有高增值能力的重点成员企业定期跟踪并将风险及时反馈至企业 | → | 下达整改意见责任部门落实整改意见风险再评估 |

图 1　风险导向增值型内部审计实施路径

四　风险导向增值型内部审计模式
在广药集团的实践应用

实践中，内审部门主要通过以下三种途径来实施风险导向增值型内部审计：对具有高增值能力的重点企业跟踪分析企业风险并将风险及时反馈；对具有高增值能力的风险业务跟踪分析业务数据；对具有高增值能力的业务流程实施内部审计。

广药集团审计部在以上三种关键途径的实践中实现了企业、业务、流程风险可控，企业效益提升的目标。

（一）高增值重点企业风险跟踪分析

广药集团审计部组成了工作小组，每季度审阅重点企业资料，通过对重点企业的经营指标、现金流量、应收账款总体风险、往来款重大变动、产品结构及毛利、存货管理等方面进行分析，识别企业的风险隐患，提示企业管理层关注风险，制定有效管控措施，提高风险防范意识。如发现重点企业存在重大风险，审计部会将风险信息反馈至企业并作进一步调查，查证后以书面形式出具重点企业跟踪分析报告。报告除提交至集团高管审阅外，还将反馈至重点企业管理层；企业须制订整改计划控制风险，提升效益。如必要，集团审计部还会对存在异常情况的重点企业开展进一步调研或开展专项审计。

通过开展高增值重点企业的定期跟踪工作，审计部帮助重点企业实现了企业风险可控与效益提升的目标。

2016～2018 年，审计部分别针对重点企业的风险或管理漏洞提出风险控制建议 263 项。审计部均据此对相关企业下发了风险提示，报告得到了集团公司及成员企业高管层的高度重视，各企业均已报送反馈意见或风险管理措施。

广药集团于 2014 年成立了集团集中采购平台，由于采购平台企业在集团整体战略部署中需要发挥增值作用，审计部立即对平台企业开展了审计及后续审计，加快了组织内控体系建设与完善的速度。

（二）高增值风险业务数据跟踪分析

高增值业务中的主要风险因为企业所在行业特性而有所区别。图 2 显示了经济新常态下，广药集团主要业务的风险分布情况。

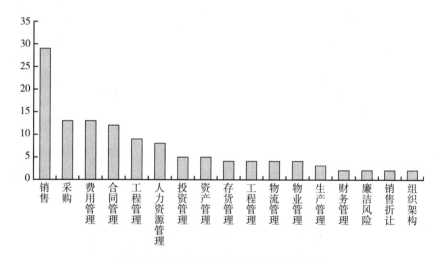

图 2　风险导向增值型内部审计实施路径

从图 2 可见，医药制造企业的高增值业务风险主要是应收账款风险。由于广药集团下属企业众多，各企业均有独立的销售管理体系，因此应收账款管理体系较难实现统一管理，业务风险较大。为控制应收账款风险，广药集团审计部通过三项工作实现"高增值业务风险可控，业务效益提升"的目标，具体包括："成员企业同一客户多头授信风险跟踪""成员企业一年期以上应收账款跟踪""成员企业 500 万元以上授信客户及风险应收账款跟踪"等。

关于销售业务的应收账款风险，审计部主要通过风险提示的方式反馈至各相关企业。后来，应收账款风险得到集团公司领导的高度重视，集团公司为此开展了一项范围包括集团内部所有成员企业的应收账款清收行动，并将应收账款清收成果纳入绩效考评范围。

（三）高增值业务流程实施内部审计

1. 根据业务流程的价值创造能力制订审计计划

广药集团审计部组成工作小组对高增值业务流程定期开展内部审计，通过访谈、查询资料、分析复核、穿行测试、实地检查等方式，主要选择高增值流程进行审计，并提出改进建议。

在制订内部审计计划前，审计人员会执行以下流程：

首先，审计人员对被审计企业的业务流程进行筛选，筛选出高增值业务流程。

接着，审计人员下一步会对高增值业务流程中风险事件的可能性及影响性进行评分。风险等级综合评分模型"发生可能性标准"及"发生影响性标准"分别如表1和表2所示。

最后，通过计算两者乘积得到风险事件的风险等级综合评分。风险等级综合评分模型"风险等级确定标准"如表3所示。

表 1　风险等级综合评分模型——发生可能性评分标准

可能性	风险发生可能性判断标准				
	罕见 （非常低）1 分	不太可能 （低）2 分	有一定可能 （中等）3 分	很可能 （高）4 分	几乎肯定发生 （非常高）5 分
发生概率	发生概率 10%以内（含）	发生概率10%～30%之间	发生概率30%～60%之间	发生概率60%～90%之间	发生概率超过90%
发生频率	1 年以上可能发生一次	9 个月可能发生一次	6 个月可能发生一次	3 个月可能发生一次	1 个月至少发生一次
现状持续时间	现状已持续的时间 1 个月（含）或未发生过	现状已持续的时间 3 个月（含）	现状已持续的时间 6 个月（含）	现状已持续的时间 9 个月（含）	现状已持续的时间超过 1 年（含）

表2 风险等级综合评分模型——发生影响性评分标准

风险影响程度判断标准（根据风险事件造成的后果所产生的直接影响确定其影响程度）

影响性	适用风险事件影响特征	可忽略影响 1分	较少影响 2分	中等影响 3分	较大影响 4分	重大影响 5分
导致企业损失	风险事件发生导致企业发生资产、财产、收入、收益发生直接损失，损失金额明确	损失金额≤20万	20万元<损失金额≤100万元	100万元<损失金额≤200万元	200万<损失金额≤500万元	损失金额>500万元
影响年度目标实现	风险事件发生导致企业利润下降	利润下降≤0.5%	0.5%<利润下降≤1%	1%<利润下降≤3%	3%<利润下降≤5%	利润下降>5%
影响年度目标实现	风险事件发生导致收入下降，或成本增加	收入下降or成本增加≤0.5%	0.5%<收入下降or成本增加≤1%	1%<收入下降or成本增加≤3%	3%<收入下降or成本增加≤5%	收入下降or成本增加>5%
影响年度目标实现	风险事件发生导致企业市场占有率下降	市场占有率下降≤1%	1%<市场占有率下降≤5%	5%<市场占有率下降≤10%	10%<市场占有率下降≤30%	市场占有率下降>30%
影响企业经营合规性	风险事件发生导致企业员工涉及承担刑事责任	有期徒刑≤1年	1年<有期徒刑≤3年	3年<有期徒刑≤7年	有期徒刑>7年	无期徒刑、死刑
影响企业经营合规性	风险事件发生导致企业或委托加工企业、供应商生产经营证照、许可权利被吊销、相关资质被取消等	受影响的产品≤5%	5%<受影响的产品≤10	10%<受影响的产品≤15%	15%<受影响的产品≤20%	受影响产品>20%

续表

影响性	适用风险事件影响特征	风险影响程度判断标准（根据风险事件造成的后果所产生的直接影响确定其影响程度）				
		可忽略影响 1分	较少影响 2分	中等影响 3分	较大影响 4分	重大影响 5分
影响对企业文化认同性	风险事件发生导致有更多员工不认同企业核心价值观念	增加不认同员工比例≤3%	3%＜增加不认同员工比例≤5%	5%＜增加不认定员工比例≤10%	10%＜增加不认同员工比例≤15%	增加不认同员工比例＞15%
信息可靠性	风险事件发生导致非会计报表信息产生偏差	信息偏离≤5%	5%＜信息偏离≤10%	10%＜信息偏离≤20%	20%＜信息偏离≤30%	信息偏离＞30%
管理及决策有效性	风险事件发生导致企业管理决策机制失效	经营管理过程不可避免的日常常见现象	经营管理过程发生的轻微事件	管理及决策不当导致以下影响之一：1. 内部各种关系不协调 2. 内部沟通不顺畅 3. 内部矛盾激化 4. 与主要客户关系恶化 5. 品牌（商标）运作不协调 6. 经营业绩停滞不前 7. 公司干业务经营相关计划未在预定的时间内实现，或未能达到预期目标 8. 损害公司资产利益	管理及决策不当导致以下影响之一：1. 公司战略性规划未在预定目标的时间内实现，或未能达到预期目标 2. 内部管理职权不清 3. 内部控制权责不清 4. 被动调整降低收益的交易条款 5. 产生社会负面影响	管理机决策不当导致以下影响之一：1. 面临清盘破产 2. 内部动乱 3. 危机公司财产安全或员工人身安全 4. 无法估计的损失 5. 可直接使公司终止经营
影响财务指标合理性	风险事件发生导致财务指标偏离程度	偏离程度≤1%	1%＜偏离程度2%	2%＜偏离程度≤3%	3%＜偏离程度≤5%	偏离程度＞5%

表3　风险等级综合评分模型——风险等级确定标准

级别	特殊标准			一般标准	
	可能性	影响性			
低	****			1	5
中等	1	3	4	**** 6	**** 15
高	1	5		**** 16	**** 25

在内部审计过程中，对于风险等级低于目标风险值的流程，审计人员一般不进行实质性测试；对于风险等级略高于目标风险值的流程，开展审计时以询问、书面文档检查及穿行测试为主要方法，抽查实质性测试样本比例一般不需超过50%；对于风险等级高于目标风险值的流程，实质性测试抽查样本比例一般应超过50%；对于风险等级远高于目标风险值的流程，实质性测试抽查样本比例一般应超过80%。

2. 根据业务流程的增值性执行审计程序

企业经济业务的风险水平等于设计风险值与执行风险值的乘积，审计人员选取企业高增值的业务流程，从设计风险、执行风险两个角度分别开展设计审计和执行审计。

设计审计：审计重点是检查现有管理制度及业务流程的设计合理性与严密性。审计中发现高增值业务流程设计问题主要包括：现有制度存在漏洞或描述不准确；部分现有流程未制度化；新业务在开展前未制定规范的制度及运作流程；部门的工作标准与岗位职责未及时更新或存在不一致；部分部门的职能存在交叉重叠，提高了管理成本；公司组织结构层级多导致审批链条过长，部分审批流程需要经过较长审批周期，影响了公司的运营效率；等等。对于以上问题，责任部门均按照审计部提出的整改意见进行落实，高增值业务流程的设计风险得到有效控制。

执行审计：审计重点是已在制度中规范的流程在实际业务中是否得到严格执行。审计中发现高增值业务流程的执行问题较多，主要包括：应收账款对账差异未能得到及时处理，临时授信管理方面较为宽松；个别企业未按实际情况对待选经销商进行评估，未及时更新经销商档案资料；存货管理不规范；工程实际投资超过设计概算比例较高的项目没有进行概算调整并按原审批程序逐级审批；项目拆分审批及入账；项目招投标过程不规范；零星工程没有进行事前评估比价；合同条款过于简单或存在漏洞；等等。

审计人员针对上述问题，一是要求责任部门按照企业规定进行整改，二是要求在后续环节对违规业务进行限制。责任部门均按照整改意见进行了落实。

五 广药集团风险导向增值型内部审计模式的实施成效

2014～2018年，广药集团审计部开展风险导向增值型内部审计项目73个，发现问题及风险457个，提出建议和意见599条，实现内部审计对具有高增值能力企业、高增值风险业务、高增值业务流程的全覆盖。

根据近几年全面风险管理评估结果来看，企业的风险及管理漏洞的数量逐年下降，各重点企业经营管理风险得到有效控制，经营业绩大幅增长，广药集团在2016～2018年实现了整体经营业绩由878亿元上升至1160亿元的飞跃。

审计部还梳理了近年来专项审计、经济责任审计、风险调研、重点企业分析等监督过程中发现的企业漏洞和风险，建立审计问题库，促进企业举一反三，防范风险，同时为后续内部审计的开展提供有价值的参考材料。

广药集团的实践证明，风险导向增值型内部审计可将企业管理体系风险控制在目标范围内，对于帮助企业提升价值、提高效益具有重要意义，有助于实现"防范风险、提高效益"的目标。

岭南集团降杠杆防风险的实践与启示

康宽永　林增通*

摘　要： 在杠杆率普遍高企的市场环境下，降杠杆成为国企防控风险的重要目标之一。本文以岭南集团实践为例，探讨国企集团如何建立有效机制，化解高杠杆和控制债务风险问题，以期为其他国企集团提供具有借鉴意义的案例经验。

关键词： 国企集团　降杠杆　防控债务风险

一　岭南集团降杠杆背景

广州岭南国际企业集团有限公司（以下简称"岭南集团"）成立于2005年，以旅游和食品为主业。集团成立之初，下辖170多家企业，企业总体效益参差不齐，年主营业务亏损额超亿元；整体债务负担沉重。部分板块企业资产负债率过高，现金流紧缺，业务发展资金短缺，"存贷双高""融资难""融资贵"问题突出。

杠杆是一把双刃剑，当企业能运用资产获得超出融资成本的收益时，高杠杆有助于提高企业资源的利用效率；但杠杆也不是越高越好，过高的杠杆率有可能隐含潜在风险，特别是在市场波动环境下，一旦企业资产收益率下滑、现金流链条紧张，可能引发显性债务偿还风险。一般认为，企业比较合

---

* 康宽永，广州岭南国际企业集团有限公司副总会计师、财务管理部总经理；林增通，广州岭南国际企业集团有限公司财务管理部副总监。

理的资产负债率水平为 40%~60%，岭南集团成立之初的平均资产负债率明显高于"警戒"水平，降杠杆的紧迫性和重要性不言而喻。

国有企业降杠杆并不新鲜，关键在标本兼治。20 世纪 90 年代末，国家也曾针对国有企业资产负债率过高的问题，实施过一轮降杠杆工作，通过采取核销债务、债转股等方式，让一大批债务负担沉重的国有企业摆脱困境，但仅过了十多年时间，国有企业的杠杆率又再次成为突出问题。从过往经验看，单纯的债转股，无论是市场化手段，还是行政手段，只能纾解一时之困，不能从根本上解决问题，特别是在市场化条件下，债转股的股息回报率要求往往高于融资利息率，这反而可能加重企业经营负担，名义杠杆率下降了，实质经营压力却更重。岭南集团管理层认为，国有企业降杠杆，不能只是在报表上降杠杆，而应该深入剖析内部根源，建立长效机制，治标更需治本。

二　岭南集团高杠杆的成因分析

造成岭南集团高杠杆的原因是多方面的，既有历史原因带来的遗留问题和额外社会职能负担，也有企业历史上经营管理不善导致的效益低下和资金使用效率不高等问题。

（一）部分企业资产负债结构不合理，债务压力巨大

由于历史原因，部分划拨至岭南集团的企业存在诸多先天不足的沉重历史遗留问题，突出表现在企业资产负债结构严重不合理，项目建设投资资金主要来源于融资，存在大额银行贷款、财政代垫欠款以及待支付工程款项，资金缺口巨大。由于债务规模庞大，还本付息负担沉重，企业无法通过营运现金流偿还资本性债务，存在较严重的财务风险。

（二）背负较多社会负担，企业经营压力沉重

由于历史原因，岭南集团在承担运营保值增值任务的同时，还承担了较多的社会责任。一是岭南集团存在改革重组的人员分流安置压力，需支付巨

额的分流费用；二是岭南集团承担了部分政策性业务，每年在政府补偿之外，仍需额外承担政策性成本支出；三是部分项目定位与规划明显偏重于政治和社会效益，导致企业难以构建市场化盈利模式，实现自身良性运转，进一步加剧了还本付息压力。

（三）产品和服务缺乏盈利模式和核心竞争力，经营效益低下

集团组建初期下辖企业户数众多，业务集中度低、规模较小、竞争力弱。一些企业主营业务缺乏盈利模式，粗放经营，缺乏盈利能力、主业控制力和市场竞争力。在主业亏损的情况下，债务利息负担进一步加剧了企业的经营压力，让企业没有更多的力量去进行产业结构调整和产品更新换代，导致企业核心竞争力越来越弱。

（四）资金风险管控意识薄弱，资金使用效率较低

为应对激烈的市场竞争，部分企业盲目扩大赊销，重利润轻风险、重制度轻风控，市场话语权弱，导致应收款项余额不断扩大，呆账、坏账风险不断累积，导致运营资金利用效率低下，资产质量不高，企业偿债能力不强，一些企业面临较大的债务风险，给企业正常运营带来较大挑战。

三 岭南集团降杠杆的基本策略及做法

岭南集团将降低杠杆率和资产负债率置于集团战略管理的高度，充分发挥战略引领作用，以集团一体化、强管控，全面统筹集团资金管理，控制债务规模，将资产负债率控制与集团战略规划、投资决策、融资决策有机结合，并纳入常态化的管理控制与决策机制当中，立足内因，全方位多层次实施降杠杆工作。

（一）坚持战略引领，完善治理体系

1. 把内控风控纳入战略系统，保障企业健康发展

岭南集团在始创、整合、创新、重构的发展实践中，逐步构建起由顶层

设计、实现路径、保障系统、企业文化四个维度，40项要素组成的企业战略管理系统，形成岭南集团的理念共识和行动纲领。其中，由纪委监督责任、监事会制度、内部控制与风险管理、工程与采购督导、投资符合性评估制度、"三重一大"电子监察等10个要素组成的保障系统，是岭南集团健康可持续发展的安全保障伞。

2. 明确总部定位，发挥管控效能

以适应集团战略发展需要为目标，强化集团总部组织建设，以集团一体化、强管控，增强集团对核心业务的战略控制与协调管理。明确集团总部作为全集团战略管理中心、资金管理中心、投融资管理中心、资本运作中心的定位，全面实施集团总部的战略管理、运营协调、职能支持和风险控制，充分发挥集团化运作优势，优化资源配置，确保集团战略的有效执行。

3. 贯彻发展主线，推动转化落实

在业务发展实践中，岭南集团形成了清晰的，由企业理念、战略定位、规划目标、年度主题、年度预算、绩效文化6个维度构成的集团发展主线。这6个维度的发展主线相互支撑，共同构成一个系统化的逻辑体系，将战略管理和运营实践紧密结合，形成管理闭环，促进战略管理系统落地。

4. 落实党委主体责任纪委监督责任，强化"三重一大"决策

落实党委主体责任，充分发挥党委把方向、管大局、保落实的作用，建立党委在"三重一大"事项决策前的前置审议机制，有效保障企业从战略方向、目标定位，到重大事项决策、重要干部任免、重要项目安排、大额资金使用，都能保持正确的政治方向不偏移；落实纪委监督责任，聚焦监督、执纪、问责的主业主责，常态化对集团重大风险领域和事项，如工程建设项目、物资采购项目、物业租赁等方面的风险防范进行研究并进行全流程监督，规范企业业务运作。

（二）强化过程管控，提升运营质量

1. 建立符合性评估机制，保证投资效果

严格落实广州市国资委投资负面清单控制要求，以系统性、程序性、全

面性和科学性为原则，遵循重大投资项目战略符合性、投资符合性和运营符合性评估机制，以发展战略与规划为标准评估项目的战略符合性，以品牌标准与盈利模式为标准评估项目核心竞争力，以投资符合性控制机制严控投资成本与风险，贯穿事前决策、事中建设和事后运营管理全过程，及时对偏离战略与规划的投资行为进行纠正，保证建设目标和投资效果。将目标负债管理纳入其中，严格控制项目资本负债结构。

2. 组建财务结算中心，实施资金集中管控

2008 年起成立集团财务结算中心，上线统一的资金管理系统，对资金实施集中管理和实时监控，并以财务信息化为依托，结合中央财务系统 EAS、OA 办公平台和一体化短信平台，建立现金流报告体系。财务结算中心落实逐日通过短信方式对一体化资金池的资金结构及大额变动情况进行报告的工作机制。建立大额资金支出三级复核机制，确保资金安全。通过资金集中管理，以内部调剂置换外部融资，减少集团存量债务和融资费用，提高综合管理收益和融资能力。

3. 强化运营分析，提高运营质量

建立现金流日报、周报、旬报、月报，各业务平台 KBI 关键运营指标报表日报、周报、旬报、月报报送和分平台的月度运营例会制度，强化运营过程管控。加强应收款项事前、事中、事后等关键流程、节点控制，加大应收款项催收考核力度，防止产生坏账风险；持续优化现金流定期分析工作，强化行业对标分析，加大运营管控支撑力度，充分关注企业业务结构与模式、盈利能力、核心竞争力与经营现金流的关系，深入分析现金流结构与趋势变化的成因，及时发现短板，推动运营持续改善，提升质量。

4. 建立"八位一体"联合监督机制，提升监督合力

在集团党委领导下，建立由集团纪委牵头，监事会指导，纪检监察室、审计部、法律事务部、财务部（外派财务总监）、工程督导办公室、工会参与的联合监督工作体系，形成"八位一体"大监督格局，通过监督联席会议机制，共同研究重要的日常监督信息和风险防控重点，实现监督信息共

享，并落实内部工作协调，实现监督主体全方位覆盖、监督内容贯穿运营全面、监督职能深度交叉融合，提高监督实效，保障企业健康发展。

（三）推进资源整合，优化资产结构

1. 推进僵尸企业退出，夯实资产质量

创新出清途径，突破单一清算注销方式，采取破产、强制清算、吸收合并、股权转让等多种模式，有效推动"僵尸企业"实现出清，两年来，63%的关停企业完成工商注销或进入法院破产（强清）程序，75%的特困企业完成脱困工作。压缩精简企业层级，加强品牌引领下以优化资源配置为核心的整合重组，盘活存量资产，提高资产使用效率；推进内部低效闲置、与主业无关企业和机构的整合关闭，实现资源进一步向主业、优势企业和优秀经理团队集聚。

2. 合理运用资本手段，提高证券化水平

岭南集团充分利用所属上市公司融资平台，通过实施重大资产重组，以发行证券增发的方式，实现旅游产业、酒店产业进入上市平台，集团存量资产得到有效盘活，资产流动性提高，现金流增加。同时，借助资产重组，岭南集团上市平台形成了覆盖旅行社、酒店、会展、景区、旅游交通、旅游手信的完整旅游产业链，并进一步加快打造国际化"泛旅游生态圈"的步伐，具备了创造更高股东价值的能力和条件。

四 岭南集团降杠杆的成效分析

通过一系列有针对性的举措，岭南集团建立了稳定的杠杆约束控制机制，集团整体杠杆水平处于合理可控范围。经过多年努力，岭南集团已发展成为一家战略体系清晰、治理结构规范、发展主线突出、品牌优势显著、财务结构稳健、资产结构优良、创新氛围活跃、资本运作加快的企业集团，并位列中国服务业企业500强中上游、中国旅游集团20强。

（一）降杠杆成效明显，稳定可控

在集团酒店业更新改造成为常态，食品业转型升级项目陆续上马，固定资产和重大项目持续投入的背景下，岭南集团资产负债率总体呈逐年稳步下降趋势，在 2017 年同比下降 7.13 个百分点的基础上，2018 年同比再下降 2.20 个百分点至 50% 以下，创历史最好水平，降杠杆工作成效明显，并经受了时间和外部环境变化的考验。

（二）投资效果保障，有效规避风险

通过完善法人治理结构，建立项目符合性控制等内部控制机制，实施科学的投融资决策管理，强化了负债率硬约束，并形成长效约束控制机制。"十二五"规划以来，岭南集团加大转型升级力度，各类投资、采购、工程建设未发生重大投资决策失误、重大资金损失和重大腐败案件，确保了项目建设目标和投资效果。

（三）资金运作规范，保障资金安全

通过成立集团财务结算中心，上线资金集中管理系统，形成统一规范的财务资金调控制度，建立收支两条线的资金归集与管理结算体系。能够更加及时、准确、全面地掌握全系统重大资金结算、投融资管理等经营信息，从而实施有效的管理、监督和控制，保证了资金安全，在具备一定资金集中规模和管理效益的情况下，实现了 100% 收益全兑现、100% 理财零风险，全集团没有出现大额的资金舞弊涉案案件。

（四）资产质量提升，抗风险能力增强

岭南集团以品牌引领的盈利模式和战略业务单元作为运营的根基，经营业绩保持稳健有质量的增长，资产质量逐年稳步提升，具备较强的债务偿还能力，债务风险可控；集团信用等级提升至"AA +"级，综合实力、品牌影响力和价值持续提升，行业地位得到不断巩固。

五 岭南集团降杠杆带来的经验启示

岭南集团深入研究造成企业杠杆率过高的原因，坚持问题导向和目标导向，在化解国企集团高杠杆和控制资产负债率方面，探索并走出了一条长效治理路径，取得了较好效果。岭南集团的降杠杆防风险工作能够有效实施，主要有以下几个因素。

（一）重视顶层设计

形成 4 个维度 40 项要素的岭南集团战略管理系统，将顶层设计作为战略规划观，以实现路径落实战略执行力，将保障系统作为安全保障伞，用企业文化凝聚组织正能量，并稳定和深化战略管理理念，使之成为岭南集团各级经理人的思想共识和行动纲领。在顶层设计上，把党委主体责任、纪委监督责任融入公司治理各环节，确保企业正确的发展航向；建立董事会领导下的内控风控管理体系，形成有效的职责分工和制衡机制，提升各层级履职的专业性和有效性；规范监事会议事方式和表决程序，保证监事和监事会依法行使职权，发挥监督作用。

（二）强化制度建设

岭南集团总部按照上市公司标准，建立了以公司治理、运营管理、风险控制、品牌管理和信息化管理五大类共 200 多项制度组成的制度体系，从制度层面加强风险管控，推动企业规范化、标准化运作，并及时对相关制度进行对照检查更新，确保风险防范有效和及时。2017 年以来，在集团党委组织下，对全集团制度建立健全性和执行有效性、程序合规合法性等进行全面过滤，覆盖企业运营管理方方面面的制度 1600 多项，废除制度 55 项，修改更新制度 414 项，新增制度 320 项，筑牢风险防范制度体系。

（三）严格制度执行

岭南集团对分子公司实行"五统一"管理（统一制度机制供应、统一规范程序决策、统一核心团队选聘、统一财务运营监管、统一风险防控监督），分产业平台成立专业的运营管理部门，强化集团总部的战略管理、运营协调、职能支持和风险控制，落实相关考核、监督和责任追究机制。坚持一体化运营管控的连续性全覆盖常态化，确保制度的执行落地。

（四）注重过程监督

常态化开展风险测评与防控，围绕投资并购、业务重组、大额资金、采购管理、工程建设和物业租赁等高风险领域、重要业务板块、关键业务流程等积极开展内控测评或内控专项审计，岭南集团近三年共计开展100多项。聚焦重点领域实施靶向监督，对重大物资与服务采购项目、物业出租、大额资金支付、合同签订等关键领域实施靠前监督，对重大项目实施全过程全方位监督，集团各风险控制专业部门近三年共计参与过程监督和审核事项700多项。常态化开展运营审计，查漏补缺，即整即改，防微杜渐。

（五）落实规范整改

按照"统一领导、分工负责、统筹协调、务求实效、明确责任、纳入考核"的原则，扎实落实巡察审计整改、任中审计反馈意见整改、监事会的年度和专项检查整改工作。认真分析产生问题的深层次原因，逐条制定整改措施、细化工作责任，逐级明确整改主体和完成时限，纳入企业绩效考核，确保各项整改工作落到实处。

参考文献

张文魁：《国有企业债务分析》，《中国金融》2017年第6期。

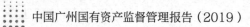

何帆：《国企去杠杆最大的困难在哪》，《现代商业银行》2017 年第 19 期。

徐忠：《去杠杆的标本兼治之策》，《金融经济》2017 年第 11 期。

崔也光、齐英：《降杠杆不单指降低资产负债率》，《经济日报》2018 年 6 月 22 日，第 9 版。

社会责任篇

Social Responsibility

广州金控以普惠金融践行
社会责任的探索与启示

广州金融控股集团有限公司课题组*

摘　要：　随着普惠金融业务的不断发展，普惠金融的内涵持续丰富，
其影响已扩展到促进经济增长，服务普罗大众、助力脱贫攻
坚、支持绿色发展等多方面。本文从经济增长、支持中小微
企业发展、提供完善金融服务和做好精准扶贫四个方面，积
极探讨了普惠金融与金融企业社会责任之间的联系，深入分
析了广州金控开展普惠金融业务的内在逻辑，对广州金控在
发展过程中以普惠金融实践履行社会责任的经验做出了详细
介绍，并总结普惠金融实践的重要启示。

* 课题组成员：李舫金，广州金融控股集团有限公司党委书记、董事长；梁宇，广州金融控股
集团有限公司副董事长、总经理；王达，广州金融控股集团有限公司总经理助理；龙潜，广
州金融控股集团有限公司发展规划部总经理；黎江毅，广州金融控股集团有限公司发展规划
部主办。

关键词： 普惠金融　社会责任　中小微企业

一　新形势下金融企业的社会责任与普惠金融

"普惠金融（Inclusive Finance）"主要指金融体系能够为社会各阶层和群体提供无障碍、平等、合理、便捷和安全的金融服务。在我国，普惠金融的服务群体主要是中小微企业、农村金融和个人金融，其中又以中小微企业为普惠金融的重中之重。中小微企业作为我国推动国民经济发展，构造市场经济的主体，是促进社会稳定的基础力量，为中小微企业提供便捷、合理和安全的金融服务，支持中小微企业发展，有利于我国经济实现平稳较快增长，但现实情况却是中小微企业因为整体规模较小、信用记录不完善等原因，得到非常有限的金融服务，融资难、融资贵的问题比较突出。

随着普惠金融业务的不断发展，普惠金融的内涵持续丰富，服务范畴不只局限于中小微企业，其影响已扩展到促进经济增长，服务普罗大众、助力脱贫攻坚、支持绿色发展等多方面。在国家政策的引导下，普惠金融正逐步进入到全面推进，遍地开花的发展阶段。

（一）促进经济增长离不开普惠金融的发展

自 2017 年 7 月全国金融工作会议召开以来，让金融回归服务实体经济的本源成了金融企业的责任担当。对金融企业而言，贯彻落实好习近平总书记重要讲话精神的主要任务，就是要不断深化对金融与经济辩证关系的认识，进一步回归本源，专注主业，把为实体经济服务作为根本出发点和落脚点。金融企业开展普惠金融业务以来，得益于其普惠性的特点，普惠金融在提高生产率、增加投资、节约劳动时间等方面对促进经济增长产生了积极的作用。尤其是近年来，我国经济发展进入新常态，经济表现出不同于以往的特点，普惠金融的发展恰恰可以有效激发经济活力，实现经济可持续、平衡包容的增长。

（二）支持中小微企业是普惠金融的本质

中小微企业是国民经济发展的重要力量，在稳增长、保就业、促创新等方面发挥着极为重要的作用，强化金融对中小微企业的服务，是金融支持实体经济和稳定就业的重要环节，具有十分重要的战略意义，全面支持中小微企业稳健发展，事关经济发展大局，是金融企业的重要使命①。金融企业开展普惠金融业务，就是要通过不断的产品创新、融资模式创新、风险管理创新、信息技术手段创新等方式，进一步向中小微企业提供丰富的金融服务，助力中小微企业解决融资难、融资贵问题，支持中小微企业发展。

（三）提供完善金融服务是普惠金融的要义

十九大报告提出，金融要坚持服务实体经济，也要提高服务实体经济的能力。金融业属于现代服务行业，服务国家战略、服务实体经济、服务广大客户是天职，新形势下金融企业应当有新作为②。普惠金融普惠性的特点，要求金融企业进一步增强社会责任意识，立足于金融服务实体经济的本质，不断完善金融服务体系，丰富金融产品类别，为社会、为客户提供完善的金融产品服务，力求做到让金融服务更有温度。

（四）做好金融精准扶贫是普惠金融的延伸

十九大报告强调，打赢脱贫攻坚战，要重点攻克深度贫困地区脱贫任务。金融企业应以提高帮扶能力，提高帮扶实效为重点，以扶贫领域作风问题专项治理为抓手，以"四个转变"为指导思想，拿出作"走在全国前列"排头兵实践者的政治担当，聚焦精准，综合施策，以巩固脱贫攻坚成效，构建扶贫开发长效机制，全力以赴实施精准扶贫精准脱贫方略。

---

① 曹凤岐：《金融企业社会责任与普惠金融》，第14届北大光华新年论坛"金融业的普惠服务转型"分论坛演讲，2013。
② 彭纯：《发展普惠金融是银行的重大使命》，《中国金融杂志》，2018。

二　广州金控开展普惠金融业务内在逻辑

（一）履行社会责任与国企使命的必然选择

中小微企业是保持经济发展、促进就业、改善民生和维护社会和谐稳定的重要保障，但诸多因素造成了中小微企业融资难融资贵的问题。广州金融控股集团有限公司（以下简称"广州金控"）作为国有独资金融控股平台，开展普惠金融业务可以充分发挥金融牌照齐全的优势，为中小微企业发展过程中的融资问题提供切实可行的解决方案，这是国有企业履行社会责任的重要体现。

（二）政策支持下普惠金融大有可为

2018 年 3 月，李克强总理在两会政府工作报告中指出，要大力支持金融机构扩展普惠金融业务，规范发展地方性中小金融机构；12 月，中央经济工作会议也明确要求，要改善货币政策传导机制，提高直接融资比重，解决好民营企业和小微企业融资难融资贵问题。普惠金融有别于传统金融服务，服务范围更加广泛、信用风险更为分散，开展普惠金融业务可持续发展空间较大，在国家政策大力支持下，普惠金融业务将大有可为。

（三）金控集团协同优势是业务突破的关键

广州金控是目前华南地区金融牌照最齐全的金融控股集团，具备为中小微企业提供延伸金融服务的坚实基础，助力经济实现高质量发展过程中，可以充分满足各方面的需求，利用品类丰富的金融服务可以更广泛地支持实体经济发展。积极引导好旗下各类金融机构和实体企业发挥好协同效应，根据不同社会群体需要提供全链条的金融服务，是金控集团实现普惠金融业务突破的关键。

三　广州金控普惠金融的探索实践

（一）勇于创新发展，推动金融业态多样化

积极创新，多个金融业态的创新在广东省乃至全国都具有首创意义。2013 年 10 月成立立根再贷款公司，是全国首家为小额贷款公司提供融资服务的企业。作为小贷公司的"中央银行"，间接撬动小贷公司向中小微企业投放资金数百亿元，极大地拓宽了中小微企业的融资渠道，也为地方"双创"创造了市场化的输血机制。2016 年创新政银风险分担的融资担保模式，获得广东省金融办批准设立的广州市融资再担保公司，成为全国首家省会城市中小微企业融资再担保机构。旗下股交中心成为全国首家与中证报价系统开展互联互通业务的区域性股权市场，广州股权交易中心成功开发资产收益权产品和微融工具两大金融服务新产品，推动资产管理类产品业务取得飞跃式发展。

（二）发展普惠金融，全面支持中小微企业

广州金控积极构建普惠金融服务体系，形成"投、融、担、贷"业务闭环，不断增强服务中小微企业能力。一是大力推动广州股权交易中心有限公司发展，促进多层次资本市场建设，截至 2018 年末实现累计挂牌展示企业 13593 家，其中挂牌企业 3472 家，展示企业 10121 家，累计实现融资 1113.6 亿元，现已成为广州市中小企业，特别是高新技术企业股权流转和融资的重要平台。二是健全普惠金融服务体系，丰富服务中小微企业金融工具，设立广州市融资再担保有限公司。2018 年，再担保公司为 10 家担保机构和融资租赁公司提供了 25.36 亿元再担保服务，包含机构再担保、机构反担保、机构分保、机构增信、司法拍卖担保、一般保证信用支持等六项产品和 241 户中小微企业。三是继续探索互联网金融发展突破口，明确"互联网普惠金融信用风险管理撮合平台"的战略定位，新增供应链和消费金融

资产网络交易服务。四是典当、小贷、保理等服务中小微企业的金融业务全面发展，深耕各类商会、协会、专业市场，拓展业务渠道和业务范围，有效缓解中小微企业融资难问题。

截至2018年末，广金资本及下属公司本年度累计放款141.60亿元，2018年当年对中小微企业提供融资金额达26.56亿元，有效缓解中小微企业融资难问题。其中，立根再贷累计放款130亿元，2018年对中小微企业新增提供融资金额达24.74亿元，广金资本本部（即不含下属公司）累计对2家中小微企业提供融资金额达0.8亿元，公恒典当累计对123家中小微企业提供融资金额达10.80亿元。

（三）促进产融结合，大力促进实体经济发展

广州金控自成立以来，积极履行为广州市建设现代金融服务体系和区域金融中心，以产融结合促进实体经济发展的使命。不断通过定向增发、融资租赁的方式支持实体经济发展，持续为14个行业超过50家企业提供资金，极大地支持实体经济的发展。广州金控先后出资参与上市公司定向增发，参与了岭南控股、广汽集团等市属国企定向增发，为万力集团提供融资服务，积极参与羊城通和地铁设计院股份制改造等项目。同时，按照市政府统一部署，广州金控代表政府出资11亿元，在全国率先推动设立11个区级政府主权投资基金管理公司，负责引导本区基金、产业直投资金和PPP基金等政府投资基金的管理运作。

（四）推行绿色金融，推动公用事业项目落地

一是与公交集团就新能源巴士项目达成合作协议，以融资租赁形式支持我市10亿元新能源巴士更新换代。二是按照广州铁路枢纽总部署规划，为促进广州交通运输业可持续发展，根据国家相关法规和PPP政策，广东省绿色金融投资控股集团有限公司（下称"绿色金控"）代表政府出资与社会资本合作开发广州北站项目，目前资本金募集工作已取得实质性突破。三是绿色金控下属全资企业广州广花资产有限公司和广州广花基金有

限公司成立有限合伙企业，与中建四局合资成立项目公司参与花都区 CBD 重要组成部分的中轴线项目建设，积极支持花都建设国家级绿色金融示范区。

（五）延伸金融链条，全面提供优质金融服务

历年来，广州金控通过兼并收购、股权投资等方式，拓展各类金融牌照，不断完善金融服务产业链，目前业务范围已涵盖银行、证券、信托、期货、基金、保险、股权投资、资产管理、融资租赁、典当、保理、担保、再担保、小额贷款、小额再贷款、互联网金融、股权交易、金融资产交易、商品交易清算、航运金融等主要金融领域，成为华南地区金融牌照较齐全的金融控股平台。2018 年，广州金控位列广东企业 500 强第 137 名、中国服务业企业 500 强第 332 名，并于 2017 年获得粤港澳大湾区年度社会责任企业优秀奖、金粤奖年度杰出综合型金融机构奖、"金榕奖"年度惠普金融服务商和金交会突出贡献奖等，行业影响力不断扩大。

（六）做好精准扶贫，积极履行国企社会责任

积极履行国企社会责任，在创造良好经济效益的同时，实现良好的社会效益。一是在第三轮精准扶贫精准脱贫三年攻坚工作中，广州金控累计筹集帮扶资金达 1194.87 万元，实施对口帮扶村路桥、灌溉、引水、卫生站等民生基础设施的建设和升级改造工程，实施帮扶村项目 69 个，帮扶户项目 1537 个，1318 户 5041 名群众直接从中受益，完成 22 个自然村新农村建设规划编制工作，高效推进新农村示范村建设"三清三拆三整治"，推动帮扶村脱贫率大幅提升，有效改善困难群众生活。二是积极支持培育和发展特色优势产业，加大对产业扶贫的金融支持力度，广州金控坚持建管并重，确保每一个项目都能落地，激发农民通过自主创业摆脱贫困的内生动力和愿望，实现从"授人以鱼"向"授人以渔"，以及从"输血"到"造血"的重大转变，为帮扶村实现健康可持续的发展奠定基础，增强了贫困地区对金融资源的承载能力。

四　广州金控开展普惠金融实践的经验启示

（一）加强政府支持引导

金融企业利润最大化的经营目标和"普惠性"的特点是普惠金融业务的主要矛盾，需充分发挥政府支持和引导作用。一是不断完善普惠金融的相关政策，为金融机构开展普惠金融业务指引方向；二是在市场经济主导的前提下，充分利用窗口指导、财政资金支持等方式引导金融机构开展相关业务，调整金融资源流向，减少金融服务过程中的偏见与不公，为大众提供完善合理的金融服务；三是要持续加强普惠金融知识教育，强化金融消费者的信用教育和权益保护意识，提高全民金融素养，增强全民风险意识，逐步提高社会各主体的金融服务参与度。

（二）完善普惠金融体系

普惠金融业务的发展，离不开完善的金融体系支撑，除政策引导外，健全的体制机制是普惠金融发展的重要保障。一是要明确普惠金融发展目标和改革路线图，建立更具普适性、包容性和广泛性的普惠金融体系。二是要优化激励机制，在平衡社会效益与经济效益的前提下，进一步完善差别化考核考评机制，充分调动普惠金融参与各方积极性。三是要强化监管约束，建立监督检查机制，加强对新型普惠金融服务机构的监管引导，确保政策性普惠金融资金用到实处。四是逐步推进信用体系和信用平台建设，建立黑名单制度，营造良好的社会信用氛围，形成普惠金融业务的良性循环。

（三）推动业务创新发展

普惠金融服务对象的广泛性决定了我们必须要持续创新发展。无论是中小微企业在发展过程中面临的融资难、融资贵问题，还是有部分群体无法充分享用公平的金融服务，根源都在于传统金融体系的局限性，传统金融体系在风险与盈利的平衡博弈中，经过长期的发展形成了一套区分信用层次的服务标准，正是这种严格的标准，导致金融资源配置不均的问题。因此，在普惠金融发展过程中，不能再简单沿用旧有金融体系框定的服务模式，要坚持创新发展，要充分利用大数据、人工智能、互联网和区块链等金融科技，推动金融科技和普惠金融的结合，进一步降低金融服务的成本，扩大金融服务的范围，提高金融服务能力，增加高质量金融供给。

（四）坚持企业稳健经营

既要承认普惠金融创新发展带来的成果，也要意识到普惠金融存在的问题。首先是目前由于供给与需求不匹配而普遍存在金融资源分配不均的问题，其次是普惠金融存在较多的成本收益不匹配的情况，再者是创新金融服务与监管缺失的矛盾，最后是风险分担机制不完善，发挥作用不充分的问题。因此，在开展普惠金融业务的过程中应对业务开展的风险有充分认识，要持续完善风控体系。一是要不断健全和规范风险防控的体制机制，明确业务权责、业务界限，引入风险共担机制，有效分散风险；二是强化风险流程把控，不断完善普惠金融业务流程，强化对专业人员的技能培训，开展风险与绩效挂钩的考核评估，避免人为因素带来的风险和损失；三是加强业务后续风险监测，充分利用金融科技手段，有效识别业务管理后续风险，有效做到风险提前应对。

（五）促进机构合作共赢

普惠金融服务要促进多机构合作，实现共赢。普惠金融是系统性工程，企业凭借一己之力难以实现普惠金融的目标，应在开展普惠金融服务过程中长期坚持合作共赢。一是要丰富金融服务要素，通过引进、发起设立等形式进一步扩大普惠金融参与主体；二是金融机构间充分实现信息共享，建立以数据为基础的信息共享机制，切实做到互联互通，提升金融服务效率，降低金融服务成本；三是金融机构间加强业务合作，实现优势互补，充分发挥协同效应，促进共赢。

广州国企勇担社会责任、
助力脱贫攻坚的案例研究

广州万力集团　轻工集团　发展集团联合课题组*

摘　要： 本文重点探讨了广州万力集团、广州轻工集团、广州发展集团扎实履行国有企业的社会责任，创新思路、因地制宜开展产业帮扶、定点帮扶、精准扶贫的工作措施与成功经验，有做法、有亮点、有经验、有成果，可参考可推广。

关键词： 社会责任　精准扶贫　产业扶贫　国企

习近平总书记在河北省阜平县考察扶贫开发工作时指出："全面建成小康社会，最艰巨最繁重的任务在农村，特别是在贫困地区。没有农村的小康，特别是没有贫困地区的小康，就没有全面建成小康社会"。近年来，广州万力集团有限公司（以下简称"广州万力集团"）、广州轻工工贸集团有限公司（以下简称"广州轻工集团"）、广州发展集团股份有限公司（以下简称"广州发展集团"）等市属国企深入贯彻落实党的十九大精神和习近平精准扶贫思想，紧紧围绕广东省委省政府、广州市委市政府确定的精准扶贫的目标和工作部署，扎实履行国有企业的社会责任，创新性、针对性地开展精准扶贫工作，取得了良好效果，一些创新性做法极具参考和推广价值。

---

* 课题组成员：伍良国，广州万力集团纪委书记；程洪进，万力集团工会办主任；吕爱武，广州万力集团办公室主任；刘琼，广州万力集团办公室副主任；樊秀彬，广州万力集团办公室主管；轩荣亮，万力集团工会办办事员；杨珍，广州轻工集团办公室副主任；梁瑞卿，广州轻工集团工会副经理。

案例 1　广州万力集团精准定位构建产业扶贫长效机制

近年来，广州万力集团以产业扶贫为主，帮扶贫困群众大力发展优势增收产业，增强贫困群众自我"造血"功能，各项帮扶措施稳步推进，取得了显著成效。截至 2018 年 12 月，对口帮扶清溪、石坑两村共投入 400 余万元。通过产业帮扶、就业帮扶、助学帮扶等措施，清溪村 81 户贫困户共 254 人年人均收入从 2015 年约 3400 元增长至 2018 年 1.4 万元，石坑村 79 户贫困户共 223 人年人均收入从 2015 年约 4000 元增长至 2018 年 1.5 万元。

一　主要做法

（一）强化组织、加强监督，确保扶贫工作落到实处

1. 成立扶贫工作领导小组，有效落实对口帮扶责任

为统筹推进精准扶贫工作，广州万力集团成立了扶贫工作领导小组，在内部抽调 4 名通晓精准扶贫政策、工作经验丰富的扶贫干部分别派驻对口帮扶的英德市沙口镇清溪村、石坑村，集团党员领导干部与贫困户"一对一"结对帮扶，并长期在村内公开。集团主要领导 6 次、分管领导 12 次到村调研指导精准扶贫、开展贫困户慰问、督导扶贫项目实施情况，驻村扶贫干部每月至少一次向扶贫单位分管领导汇报驻村扶贫工作开展情况；每季度召开集团扶贫工作会议，检查扶贫项目工作进展、资金使用情况和下一步工作计划等，为扶贫项目顺利开展提供组织保障。

2. 加强工作监督，扎实抓好扶贫领域作风建设

在制度方面，2016 年 11 月广州万力集团建立了扶贫资金使用审批制度，严格规定了扶贫资金的使用范围和审批流程等内容。2018 年 3 月，根据集团下发通知的要求，帮扶单位组织纪检、审计人员对扶贫开发资金进行专项审计，两村扶贫工作队不存在扶贫领域贪污侵占、虚报冒领、截留挪用、挥霍浪费等问题，实施到村的各类扶贫项目和资金使用资料齐全。

（二）深入调研、精准识别，推进扶贫工作精准实施

1. 精准识别，推动扶贫工作精准落地

驻村干部入村后全面开展入户摸查，深入贫困户家中走访察看，对每一户贫困户的基本信息、家庭成员信息、致贫原因、收入情况、生产生活条件等信息逐一进行详细登记，认真做好建档立卡工作，分析贫困户的致贫原因，精准识别，制定帮扶规划，建立脱贫台账。对于无劳动能力的贫困户，按政策纳入低保、五保体系；对于有劳动能力找到主要致贫原因，全面实施信息化管理，合理制订帮扶计划，定期组织技能培训，帮扶政策精确到户。

2. 深入调研，编制扶贫工作三年规划

驻村工作队深入走访调查两村基本情况。清溪村主要以种植水稻、花生等传统农作物，土地租赁发包给种植户，目前村内有种植业，主要有种蔗、冬瓜、茶叶和蔬菜等经济作物。有劳动能力的青壮年都外出务工，留在家中的基本上都是老、弱、病、残和留守儿童，依靠耕种水稻、花生等农作物和在镇、村周边打临时工、散工，经济来源不稳定。石坑村外出务工人员较多，常住人口断层，老龄化幼龄化偏重，村民主要种植传统农作物（水稻、花生、红薯、蔬菜等），同时兼养猪、养牛、养羊、养鸡等，产业结构单一。要想脱贫致富，必须寻找长期造血、长期见效的扶贫项目物化成固定资产作为村集体财产，产生的收益形成扶贫基金的模式反哺给贫困户和贫困村集体，使其形成一个长期增收的扶贫项目。在壮大村集体和村民经济收入的前提下，带动贫困户提升脱贫增收的意识、带动村民提升发展致富的理念。为此，驻村工作队以省、市精准扶贫指导意见为基础，以当地环境现状为切入点，以沙口镇政府土地资源整合为依托，制订了三年帮扶计划，帮扶计划以"造血"与"输血"相结合，提高贫困户收入，建立长效脱贫机制，以发展产业项目带动贫困户就业，通过开展百香果项目、购买水电站、入股龙头企业、购买商铺等途径形成长效收益模式，每年动态调整贫困户对象，定向分配给贫困户，实现贫困户长期稳定增收。

（三）建立长效精准脱贫机制，保证贫困户长期稳定收益

1. 因地制宜，发挥当地优势，挖掘产业帮扶项目

清溪村结合当地政府"三变"扶贫思路（"三变"是指资金变股金、资源变资产、群众变股民）。从 2016 年 10 月开始，工作队对百香果种植、红葱头种植、槟榔芋、养鱼、养猪、养鸡等项目进行考察、调研，对项目进行可行性论证分析。通过深入调研，多方协调，通力合作，并结合本村土地资源优势实现了百亩土地资源整合，并成功引进原产于南美洲、抗病性强、生长旺盛、投产早、高产稳产、开发前景广阔的百香果种植项目，最终整合了139 亩土地种植百香果示范基地。

创新产业扶贫模式。工作队指导石坑村利用本村水利优势，因地制宜，积极发展水电站扶贫产业，推进石坑村和贫困户通过"公司 + 合作社 + 贫困户"的方式筹资 165 万元，以沙口镇石坑村经济合作联社的名义购买了滑水山二级水电站，成立"英德市滑水山二级水电有限公司"进行管理。

2. 推动资产性帮扶，形成长效帮扶机制

实施"短、平、快"补血机制，入股分红助力贫困户脱贫。工作队通过英德市人民政府统筹上级扶贫开发资金，以两村经济合作联社名义，将两村扶贫开发资金共 80 万元入股本地龙头企业广东佳纳能源科技有限公司；石坑村运用扶贫开发资金 70 万元入股效益较好的英德正奇农业发展有限公司；清溪村还将扶贫开发资金 150 万元入股效益较好的广东利农康盛实业有限公司，每年获得不低于 10% 的红利分红，使贫困户持续增收获利。投入资金 270 万元在大站镇商贸活跃地带购买两个优质商铺并将租金用于奖励贫困户种养，建立增强贫困户种养脱贫长效机制。清溪村购买商铺项目于 2018 年 8 月 28 日收到英德市扶贫开发领导小组项目入库批复，现已按流程，逐级申报，共投入 150 万元购置 227 平方米商铺。石坑村通过广州万力集团帮扶资金与村委自筹资金共计 120 万元购置 141 平方米商铺。

（四）严格落实"八有""两奖补"，切实改善贫困户生产生活

1. 严格落实"八有"工作，保障贫困户基本生活

根据脱贫攻坚的总要求，在严格落实"八有"（即：有安全住房、有安全饮水、有电用、有电视信号覆盖、有网络信号覆盖、有教育保障、有医疗保障、有稳定收入来源或者最低生活保障）的基础上，实施教育扶贫工程，对建档立卡贫困户 103（2017 年 54 人次，2018 年 49 人次）名学生给予共 3.29 万元生活补助金，保障贫困户学生的学业顺利完成。实施医疗保险和医疗救助保障扶贫工程，为两村贫困户共计 493 人全部购买城乡医疗保险，对"贫困户大病救助"患重特大疾病的贫困户都全面及时给予医疗救助，另两村各由万力集团筹资 3 万元、上级行业资金 10 万元在行政村建设标准化卫生站，改善两村的医疗水平。实施农村危房改造工程，两村长期居住危房且危房是唯一住房建档立卡贫困户有 77 户（清溪村 43 户，石坑村 34 户），截至 2018 年 12 月，77 户已全部完成改造。此外道路硬底化、安全饮水、生活用电、广播电视、网络覆盖等工作 100% 完成。

2. 高效落实"两奖补"政策，鼓励贫困户自主脱贫

扶贫必须先扶志。扶贫工作队坚持精准扶贫正确导向，以会议和下队走访的方式向贫困户大力宣传英德市新时期精准扶贫"两奖补"（即：有劳动能力贫困户自主开展种植与养殖的产业、就业奖补）政策，对参与产业项目的有劳动能力的贫困户实行按规模奖补、多劳多得、不劳不得的模式，激发贫困户脱贫动力；对于在外务工的贫困户，则按工资多寡进行奖补，工资收入越高奖补金就越多，增加富余劳动力外出务工的热情。2017 年清溪村共发放产业奖励 55 户，就业奖励 79 人，奖励金额共 35.9 万元；石坑村共发放产业奖励 38 户，就业奖励 64 人，奖励金额共 28.7 万元。2018 年清溪村发放产业奖励 40 户共 14.5 万余元，就业奖补 53 户，13.61 万余元；石坑村共发放产业奖励 41 户，奖励金额共 17 万余元，就业奖励 64 人，奖励金额共 29.6 万元。通过奖励促进贫困户自主脱贫，只有贫困户心中有脱贫的动力，才能让贫困户达到真正脱贫。

二 实施成效

（一）结合当地土地资源优势，开发百亩百香果种植基地，切实提高贫困户收入

清溪村引进的百香果种植项目，于 2017 年投入 110 万元，其中单位自筹 80 万元，申请财政资金 30 万元（以贫困户入股的形式注入），2018 年 2 月开始项目实施，4 月完成果苗种植，9 月开始采摘。经清溪村村委会与扶贫工作队的努力，开拓批发商及微店，为百香果销售打下良好的基础。确保贫困户种植后，销得出，卖得了。2018 年 2 月，百香果产业帮扶项目首笔分红 18.32 万元，村集体收入 2.3 万元，55 户有劳动能力贫困户人均 800 元分红。除此之外，百香果基地为当地不能外出就业的人员提供了就业平台，其中 2 户年龄偏大不能外出就业的贫困户在基地就业，每人创收约 8000 元/年。

（二）创新产业扶贫模式，购买水电站项目，留下"带不走"的工作队保障贫困户稳定脱贫

沙口镇石坑村滑水山二级水电站项目，引用滑水山水源，流域内部植被良好，雨量充沛，基流稳定，使用可再生能源而无能源枯竭之虑，对生态环境负影响小，现阶段技术成熟。此外，水电站作为扶贫项目，技术难度低，操作管理风险低。项目年净收益达 20 万元以上，将以"1 - 1 - 8"的方式反馈给贫困村和贫困户（10% 日常维护费用、10% 贫困村增收、80% 贫困户增收分红），实现长期"造血"，留下一支"带不走"的工作队保障贫困户稳定脱贫，提高村公共服务水平。

（三）实施"短、平、快"补血，入股企业、商铺，分红助力贫困户脱贫

由英德市人民政府统筹，石坑村运用财政扶贫开发资金 50 万元入股广

东佳纳能源科技有限公司，每年获得入股金的 10% 分红，即 5 万元分红，贫困户人均增收 279 元；由沙口镇人民政府统筹，石坑村运用财政扶贫开发资金 70 万元入股英德正奇农业发展有限公司，每年获得入股金的 10% 分红，即 7 万元分红，贫困户人均增收 391 元。清溪村在沙口镇党委和政府领导下，推进新时期精准扶贫、精准脱贫资产性收益项目，2018 年 3 月分别入股广东佳纳能源科技有限公司和广东利农康盛实业有限公司，入股资金分别为 30 万元和 150 万元，不低于入股资金的 10% 进行分红。

截至 2018 年 12 月，收到广东利农康盛实业有限公司分红 120205 元、广东佳纳能源科技有限公司 22520.55 元，共收入 142725.55 元。按照沙口镇扶贫办指导意见，入股企业分红分配到户、到人。55 户，220 人，人均获得分红 684.7 元（佳纳公司人均 102.3 元，广康公司 546.4 元）。

清溪村购买商铺项目预计年收入约 7.2 万元，按照 8∶2 的比例分配到户到村，贫困户人均增收 264 元，村集体增收 1.44 万元。石坑村购置商铺预计年收入约 7 万元，按照 8∶2 的比例分配到户到村，贫困户人均增收 312 元，村集体增收 1.4 万元，租金收益将为两村贫困户脱贫分红继续增添保障。

案例 2　广州轻工集团长短结合齐发力造血式精准扶贫显成效

广州轻工集团定点帮扶英德市黎溪镇恒昌村和黎洞村，并积极参与广州—梅州对口产业帮扶。两年多来，广州轻工集团因地制宜，结合帮扶地区特有的区位优势和资源禀赋，联合当地政府和多方社会力量共筹集扶贫资金 1816.9 万元，通过实施长短结合的帮扶措施，带动恒昌村和黎洞村发展迈上新台阶，脱贫攻坚工作取得阶段性成效，恒昌村有劳动力贫困人口人均可支配收入为 18684.06 元，村集体年收入达 10 万元；黎洞村有劳动能力贫困人口人均可支配收入为 15038.78 元，村集体年收入达 12.8 万元。此外，广州轻工集团还通过在梅州打造智能家电产业集群项目，对梅州实施"造血式"的精准扶贫，推动广州与梅州产业互动良性发展。广州轻工集团连续两年荣获广东扶贫济困红棉杯铜杯奖。

一 加强领导，统筹协调，确保扶贫工作落实到位

（一）高度重视，强化组织领导

广州轻工集团成立由党委书记、董事长亲自挂帅的精准扶贫工作领导小组，近年来多次赴英德贫困村考察调研扶贫工作，与镇、村两委班子开展座谈，共同研究发展致富方案，做到年度有计划、三年有规划。

（二）选派优秀干部驻点帮扶

广州轻工集团从企业选派 2 名思想过硬、素质优秀的干部进驻英德两个定点帮扶村任驻村工作队队长，还分别外聘 2 名工作人员负责扶贫工作建档立卡和数据录入工作。驻村干部以高度的责任感和使命感全力投入精准扶贫攻坚工作，深入村组农户调查，了解村情民意。通过精准识别，把贫困户底数摸清、情况搞细，为制订"一户一策"脱贫方案，分类制定帮扶措施打牢基础。

（三）建立"一对一"结对帮扶机制

广州轻工集团广泛发动，建立了由集团属下各企业领导干部与两村共150 户贫困户"一对一"结对帮扶机制，明确帮扶要求和责任。每逢中秋、春节等传统节假日，集团领导及下属企业领导均对贫困户开展节日慰问。组织志愿者服务活动，开展送书助学、送课帮扶等特色帮扶活动，送上组织的关怀和温暖，为贫困户排忧解难。

（四）抓村委换届改选促扶贫

2017 年是村两委换届年，根据黎溪镇党委统一部署，广州轻工集团协助镇党委物色村两委合适人选，指导贫困村严格按程序顺利完成"两委"换届。充分发挥党建引领作用，带领换届后的新"两委"干部加强学习，迅速适应，保证村各项工作正常开展。加强对党支部建设和普通党员的教

育，建立党员微信群等平台，广泛宣传党的十九大精神以及扶贫有关政策，让扶贫工作和党的政策深入到每个支部、每个党员的心中，不断强化农村基层党组织的战斗堡垒功能。

二　因地制宜实施产业帮扶，提升贫困村造血功能

（一）建商业楼出租帮助村民增收致富

针对恒昌村和黎洞村贫困村经济落后的现象，广州轻工集团想方设法，利用两村自身在商业街上原有地块，投资 215 万元建起 2 栋共约 1215 平方米扶贫商业楼，租金收入为贫困户及贫困村提供长效稳定的收入来源。

（二）投资入股合作项目获分红

广州轻工集团积极探索构建精准脱贫长效机制，多次与镇、村、种养企业、专家等共同商讨入股参与农业产业化经营等扶贫项目。目前已投入 289.7 万元帮扶资金入股清远市大园围农业有限公司在恒昌村新建的豆芽培植厂，每年可获得不低于 8% 的红利收益。该厂现已正式投产，既带动当地贫困人口就业，又为贫困村带来较好的经济效益。

（三）开发"吴光亮故居"旅游度假带动周边经济发展

充分利用恒昌村独有抗倭名将吴光亮故居的资源，广州轻工集团深入挖掘故居的历史文化底蕴，加强保护和修缮，科学合理规划，发展历史人文旅游特色产业，促进当地经济发展。经过努力，分别争取到省级修缮"吴光亮故居"资金 500 万元、"三师"志愿者团体 63 万元，同时碧桂园集团大力支持，共同助力恒昌村旅游项目开发。现已启动故居修缮工程，外立面整饰、土地整合，预计 2018 年底完成一期改造，集爱国主义教育、观光、旅游、住宿、农家乐、特色农产品销售于一体的旅游景点可正常对外营业，拓宽村民增收渠道，带动村经济发展。

（四）推行"公司+农户+基地+合作社"的模式

恒昌村和黎洞村分别成立了合作社，让有劳动能力的贫困户加入到合作社中，推行"公司+农户+基地+合作社"的模式，贫困户不仅可以通过入股获得分红，同时也可以到合作项目中务工。根据各贫困户的情况，进行"不平均"分配合作社收益，困难大的贫困户多帮多扶，确保精准扶贫不落一人。并通过"两奖补"、发放牛苗、猪苗、麻竹苗、化肥、饲料等帮扶项目的实施，让贫困户提前享受到精准扶贫带来的丰硕成果。

三 加强基础设施建设，改善困难群众生活条件

（一）加强民生工程建设

广州轻工集团全力推进村容村貌改造，为恒昌村和黎洞村新建了2个村文化站、4个村卫生站、14个垃圾池、90盏路灯，开展了村道硬底化等民生工程建设，努力打造宜居农村新环境。目前，村容村貌发生了较大的变化，村民幸福指数大大提升，从根本上改善了贫困村民生产生活的条件。

（二）开展创建社会主义新农村示范村工作

广州轻工集团整合资源，分步推进贫困村危房改造，充分利用当地自然生态环境，注重保留农村建筑的风貌特色和历史根源，开展创建社会主义新农村示范村工作。恒昌村共有26条自然村需进行新农村改造，目前已全部完成新农村规划设计，16条自然村开始施工，通过"三清三拆三整治一美化"，逐步把农村建设成为集人文与自然于一体的美丽乡村。

四 打造轻工智能家电产业集群项目，助力广梅产业共建

广州轻工集团积极响应广州市委、市政府对口帮扶梅州的号召，在广梅

产业园投资 5.45 亿元打造广梅智能家电产业集群项目，通过"输血＋造血"的精准扶贫方式，带动梅州经济的发展，也是广州轻工集团通过"总部＋基地""研发＋生产"等产业共建模式，实现企业自身转型升级的有益探索。

（一）加强项目对接

集团领导多次深入梅州，与广梅产业园招商、规划、环保等政府部门沟通协调，对接项目用地、市政配套等工作。专门成立项目公司，从虎头公司抽调有产业园建设经验的精兵强将，负责筹划项目用地购置、工程建设与监理的招标、生产布局设计等工作，积极推动广州轻工智能家电产业集群项目落地实施。

（二）整合资源打造六大平台

广州轻工集团以老字号著名家电品牌"三角牌"为依托，打造智能家电研发创新、品质管控、防伪包装、品牌营销、公共工程服务、绿色低碳智能制造等六大平台。项目建成后，将通过严格甄选，整合分散在珠三角地区的家电许可厂，将 2000 万台小家电的产能集中转移至梅州，通过"集成生产，质量管控，产研结合"一体化模式，对原来分散的家电生产能力有效整合、引导和升级，打造全球最大的电饭锅制造基地，推动集团家电制造业向高端化升级。

（三）产业共建带动当地发展

目前该项目已进入全面施工阶段，力争 2018 年底建成，2019 年投产。该项目达产后，预计将为企业贡献年产 3000 万台小家电产能，为当地贡献年产值 60 亿元、利税 5.6 亿元，为梅州地区创造 2000 多个就业机会，通过这种产业共建、"输血＋造血"的精准扶贫方式，带动梅州经济加快发展。

案例 3　广州发展集团以"五个坚持"为抓手扎实推进精准扶贫工作

广州发展集团紧紧围绕广东省委、省政府确定的精准扶贫"三年攻坚、两年巩固，到 2020 年如期完成脱贫攻坚任务"目标任务，秉承"注重认真、追求卓越、和谐发展"的企业核心价值观，以建档立卡数据为基础，以"五个坚持"为抓手，扎实推进精准扶贫事业，全面落实贫困村和贫困户帮扶措施，不断提高脱贫攻坚工作成效质量。2016 年以来，集团累计投入定向帮扶资金 1096 万元，定点帮扶连州市西江镇西江村、斜磅村、大田村等 3 个贫困村，推动实现 101 户贫困户脱贫，脱贫率达 73%，有效推动贫困户收入和贫困村产业经济收入稳定增长，为实施乡村振兴战略作出积极贡献。

一 坚持"一户一策"，推动实现精准扶贫增收脱贫

（一）建档对口帮扶

驻村工作队通过逐户走访摸查，认真核实记录贫困户家庭情况，深入了解所有建档立卡贫困户的帮扶需求，建立"一户一策"帮扶档案，实现对口帮扶。根据摸查情况，有针对性地购买提供耕地机、农用三轮车、耕牛、鸡苗等生产资料，提供农技培训和上门防病防疫服务，帮助 85 户有劳动能力贫困户共计 270 人有劳动能力贫困人口发展家庭种植和养殖项目，实现增收。

（二）推动就业帮扶

鼓励帮扶各村通过组建农业合作社、建设农业产业园等方式，吸收贫困户劳动力就业务工，并通过清远市、连州市务工就业平台，以及当地企业、村集体企业等就业渠道，支持 45 人就地或异地转移就业。同时，专题组织开展农技与非农技培训，提升贫困户就业能力，集团先后组织 22 批次共 230 人次参加培训。

（三）落实保障帮扶

资助 135 户贫困户参加医保和养老保险，帮助无劳动能力的贫困户及其

他符合条件的贫困家庭申请纳入低保或五保，实现帮扶对象 100% 参保；完成 39 户危房改造；帮扶在读子女教育 68 人次；积极组织开展关爱慰问活动，累计慰问贫困户 681 人次。

二 坚持"一村一法"，带动贫困地区产业经济发展

（一）西江村打造"专业合作社 + 农业龙头企业 + 贫困户"帮扶新模式

通过农民土地流转、山地开发、农科机构指导、农业专业团队管理、争取社会公益支持和发动集团员工参与建设等方式，建设发展西江农业产业园，帮扶西江村发展集体农业产业项目。累计投入扶贫资金近 400 万元，吸纳社会捐赠资金 50 多万元，开发山坡荒地 500 多亩，完善水、电、路等基本农业基础设施建设，推广应用节水灌溉技术。同时，采取长短结合、主要种养与套种套养有机搭配，目前，已种植 300 亩台湾柠檬、50 亩百香果等主要农作物，及高山红薯、香芋南瓜等配套作物，农业产业园区初具规模。

（二）斜磅村打出"咨询服务 + 农业产业园 + 电商平台"帮扶组合拳

集团积极支持专业合作社开展清洁技术咨询服务，驻村工作队主动联系当地知名企业，帮扶斜磅村承包温氏奶牛场清洁绿化服务，2018 年收益达 23 万元，并解决农户及贫困户就地就业问题；建立村集体经济长效机制，建设 60 亩红雪桃集中种植基地，组织农户分散种植 35 亩红雪桃；发挥合作社平台作用，开展电商服务，促进农产品销售，年收益超过 5 万元。

（三）大田村创建"入股扶贫基金 + 产业园 + 光伏电站"帮扶增收新途径

帮扶大田村在入股连州市扶贫开发专项扶持基金基础上，投资建设 45

亩水晶梨种植产业园，并推进村级屋顶光伏扶贫电站建设，多渠道多形式创建贫困户增收和村集体经济增长新模式。

广州发展集团坚持"一村一法"，以产业经济带动贫困户稳定持续增收，预计产业扶贫项目丰产（达产）后，可增加 3 个贫困村的集体年收益 110 万元以上。

三　坚持因地制宜，用心改善村民人居生活环境

（一）全面推进村容村貌改造

实施村道改造、垃圾处理、集中供水、村容整治等农村基础公共设施建设，推动各村落实"三清三拆"工作，改善农村人居环境。建设 3 条共 4.5 公里硬底化村道，3 个集中供水水池及供水管网，53 个垃圾池，安装近 200 盏路灯。此外，结合各村特色，建设村级文化广场及建设美丽乡村小广场等微小型项目，全面改善村容村貌，提升乡村文明和公共服务水平。

（二）持续开展特色帮扶活动

广州发展集团积极发动各级党支部和工会群团组织，发挥各自优势，持续开展结对帮扶和公益志愿服务活动。共组织干部职工 1172 人次进村，分别开展送医送药进村、送书助学、送衣送暖、志愿服务、打扫卫生等特色帮扶活动，并在每个贫困户家里张贴结对帮扶工作卡片，将帮扶联系工作责任明确到户、落实到人。

（三）深入开展扶贫专项宣传

进一步改善村委办公和宣传条件，定期开展板报宣传工作，宣传扶贫政策，提振脱贫信心，加强农村精神文明建设。主动向省、市扶贫信息网等载体投稿，宣传扶贫工作成果，推介扶贫农业产品，积极争取社会各界支持。

四　坚持正风肃纪，坚决抓好扶贫领域党风廉政建设

（一）深化扶贫监督

持续开展扶贫领域正风反腐专项治理和纪律教育进扶贫点等活动，组织驻村干部深入学习中央和省、市关于扶贫领域监督执纪问责有关会议精神，紧紧抓住"自查自纠、监督检查、总结提高"三个环节，重点检查扶贫资金管理、扶贫领域不正之风等情况，推动解决群众反映的难点、热点等问题，确保扶贫资金专款专用、扶贫项目早日达产见效、扶贫成果惠及贫困群众。

（二）定期专项审计

组织审计小组到村实地开展扶贫资金使用和管理情况专项审计。2017 年，通过审计查找出制度建设和执行、档案管理、账务核算、工程建设管理、物资采购管理、村集体经济管理等 6 个方面存在的 21 个问题，提出 8 条整改建议。以问题为导向，严格执行集团帮扶工程建设项目和物资采购项目管理要求；同时，协调当地镇政府协助完善帮扶资金管理安排，完善各村集体经济收入分配管理办法。发现问题现已全部完成整改。

（三）狠抓建章立制

广州发展集团根据中央、省、市扶贫工作要求，结合集团相关管理制度，在广州发展集团、帮扶责任集团和驻村工作队三个层级，建立多项专项管理制度，实现对扶贫工作人、财、物以及项目、思想政治等工作管理制度全覆盖，确保扶贫工作规范有序。帮扶各村共建立完善 34 项制度，推进村务管理民主化、科学化、制度化。

五 坚持严管厚爱，切实加强驻村干部队伍建设

（一）选派优秀干部驻点帮扶

把驻村帮扶工作作为锻炼干部、培养干部的重要平台，选派 8 名优秀干部长期驻村，并为驻村干部创造必要的工作生活条件。组建驻村联合工作队，定期组织学习贯彻精准扶贫会议及文件精神，执行扶贫专项管理制度，相互监督驻村工作落实，交流借鉴工作经验，形成扶贫工作合力，有效提升扶贫前线驻村干部队伍管理质量。

（二）完善驻村干部考核激励

针对驻村干部考核激励，出台专项管理办法。坚持物质激励与精神激励相结合，奖励表彰优秀驻村干部，优先考核提拔成绩突出优秀驻村干部，树立脱贫攻坚先进典型，鼓励干部职工主动到脱贫攻坚战场一线贡献力量。

广州农商银行助力乡村振兴
积极探索跨界合作新模式

广州农商银行课题组 *

摘　要： 广州农商银行近年来积极探索新型合作，在渠道创新、技术创新、服务创新上持续发力，以渐进、渗透、跨界方式助力乡村振兴战略的落地实施，全力推动广州城乡深度融合、协调发展。

关键词： 跨界合作　乡村振兴　广州农商银行

近年来，广州农商银行积极探索新型合作，在渠道创新、技术创新、服务创新上持续发力，探索出了一条"经营效益与社会效益并显"的特色化发展新路子，实现对广州市辖11区全部行政村的金融服务全覆盖，以渐进、渗透、跨界方式助力乡村振兴战略的落地实施，全力推动广州城乡深度融合、协调发展。2018年6月末，村社经济组织日均存款余额678.3亿元，同比增幅37%，市场占比接近90%，涉农贷款余额286.86亿元，较年初增长24%。

一　联动"金融+电商"，助力乡村产业振兴

（一）以电商为平台，支持农业品牌"走出去"

搭建特色农副产品电商销售平台——"太阳集市"，并联手京东集团推

---

　* 课题组成员：韩晓燕，广州农商银行办公室副经理；杨旻，广州农商银行办公室员工。

动金融、电商和农业的场景互融、用户共生，为新型农村经营模式提供从源头到终端销售的全线上融资融智服务。已推出首个"悦乡甜"O2O体验农场，建立番禺、从化、增城等区域特色农产品地图，拓展广州周边近100条村社的150款地标农产品、特色民宿，实现与232家农企农场等的合作，目前"太阳集市"初具规模，累计销售各类农产品共计0.5亿元。

（二）以产业链金融为突破口，支持现代农业发展

将现代农业金融业务定为战略重点业务，研发推广"农业链"现代农业综合金融产品，以农业龙头企业为依托重点支持生猪养殖、水产品交易等多个农业细分行业（领域）发展，盘活现代农业特色资源；推出"鲜生活"产业链综合金融服务，为供销社、农贸市场、生鲜市场等生产经营者及其上下游产业链，提供融资借款、大数据拓客等一揽子综合金融服务。6月末，农业产业链余额63.52亿元，较年初增长76%。

（三）以模式创新为引领，支持乡村能人兴业

实施"一村社一对策，一村社一支行"工作部署，强化与政府农业部门、农产品产业联盟组织等的合作，创新推出批量商圈授信模式，并推出"太阳·匠人贷"系列贷款产品，设立50亿元专项授信资金，为专注农业生产、种养殖等具有岭南特色或传统工艺的行业工匠、产业带头人提供专属金融服务。6月末成功推出"太阳·匠人贷"首个子品牌"种植匠"，引金融活水以挖掘并培育优秀种植匠人，目前已为广东荔枝种植匠提供超过1000万元的预授信金额。

二 联动"金融＋科技"，改善乡村金融环境

（一）全力打造乡村互联网金融生态圈

整合应用生物识别、人机交互等技术，利用强大的"网点＋网络"服

务体系，辅以业务流程再造、客户大数据建设等，将传统的柜面业务迁移至移动端，线上挖掘的乡村居民金融需求线索在网点落地，不断强化电子银行、移动银行、自助渠道、人工渠道的"全渠道"协同与集成，实现互联网金融产品向乡村地区的纵深推进。2018年上半年手机银行、直销银行、微信银行等电子渠道总交易金额4123.5亿元，同比增40%。

（二）多维度落实乡村移动便民支付工程

打造"太阳智付"品牌，推出线下扫码、非接支付、云闪付等现场支付功能，加强与微信、支付宝、财付通、银联等机构合作，丰富远程支付功能；同步以直销银行为支撑创新推进互联网金融场景化，让城乡居民享受均等、便捷、高效的移动金融服务。目前已陆续实现交通、教育、医疗等34个便民场景的全面覆盖，包括广深动车、地铁公交、出租车的便捷支付，与幸福叮咚共建的智能交通生态圈，与市医保局的金融及医保账户聚合支付等。上半年便民场景项目累计交易42万笔，总交易额为10.12亿元。

（三）扎实推进农村基础金融设施建设

持续升级、优化在广州地区的618个网点（含社区银行83家），累计建设110家农村金融服务站，离行自助银行558家，在从化、南沙、花都等5个区的15个乡镇中相对偏远的44个村设立助农取款服务点，打通了农村金融服务的"最后一公里"，使金融服务覆盖全市1455个村，并不断丰富基础金融设施服务功能，让乡村居民能便捷快速办理现金业务、转账汇款、生活缴费、电子客票业务等。

三　联动"金融＋文体公益"，推进乡村全面进步

（一）探索推进乡村治理信息化建设

广州首家研发上线城市更新改造资金监管平台，通过企业银行互联互通

及手机验证、密码登录技术，实现监管资金的全流程电子审批和支付，确保城市更新改造资金专户管理、专款专用。推出"银农通"业务，将农村集体资金账户监管系统、村社财务管理系统与银行系统对接，实现农村集体资金数据的实时查询、电子对账、统计分析等，促进村社管理规范化。开发WiFi控制及登记系统，选取试点逐步向乡村布设免费WiFi，支持村社信息化。目前已在黄埔茅岗、文冲等5个村社推广三旧改造项目资金的全流程线上操作，累计发放三旧改造项目资金12亿元、开立保函65亿元。在海珠、白云等6区上线"银农通"，并为番禺石基、花都田美等8个村提供免费WiFi服务。

（二）建立银村合作共赢新模式

实施"六个一"工程，以走好"一个村社"、派好"一个村官"、踢好"一场球赛"、办好"一本刊物"、做好"一个公益事业"、办好"一个互联网"为内涵，全面介入传统村社与现代村社客户生态圈，重塑乡村活力、影响力。包括各级领导班子常态化走访村社，选派116位农村金融服务专员负责村社基层服务，与省市体育系统、足协合作组织全国首个"千村足球"品牌赛事，编制"布谷·村社专辑"解读"三农"政策、展现新农村建设成果，依托太阳公益基金会开展农村弱势群体扶持、村社风俗传承、村社公共设施建设等帮扶活动，并搭建"太阳集市"平台形成新型"互联网＋农业"服务模式。

（三）践行"融资＋融物＋融智"金融扶贫新路

新开发"美丽城乡建设贷""新型城镇化建设贷"产品，并将农民分红快贷、"太阳村民致富贷"等成熟支农业务产品逐步线上化，高效满足乡村建设资金需求。重点在农业主产区和小微企业聚集区等布局村镇银行，联动全资设立的珠江金融租赁公司聚焦教育旅游、医疗环保、现代农业等开展融资租赁业务，解决不同区域间金融服务水平不均衡的问题。打造大棚种植产业帮扶标杆工程，为从化莲麻村（定点扶贫村）提供电商服务，推广复制普惠扶贫农业模式，助力贫困居民增收致富。同时支持篮球场、乒乓球室、健身室等村社公共设施修葺翻新，改善乡村居住环境，2015 年至今共落地村社建设项目 198 个，惠及广州市 222 个村社。

　　下一阶段，广州农商银行将围绕乡村振兴战略的总体要求和全面打造综合金融服务提供商的战略愿景，坚守支农支小战略定位，以强化市场逻辑和质量效益要求为核心，持续推进市场化体制改革，加快综合化金融创新，推动广州地区全面实现"农业强、农村美、农民富"。

国企党建篇

State-owned Enterprises' Party Construction

广州混合所有制企业党建工作的
现状调查与对策思考

广州市国资委党建课题组*

摘　要： 加强企业党建工作，是企业的强根固魂工程。混合所有制企业的党建工作更具有其显明的特点和现实困难。本文对广州当前混合所有制企业党建工作现状进行了调查分析，探讨了改进之策。

关键词： 党建工作　混合所有制企业　广州

中央《关于深化国有企业改革的指导意见》提出，要把建立党的组织、开展党的工作，作为国有企业推进混合所有制改革的必要前提。全国国有企业党的建设工作会议强调，要把加强混合所有制企业党建作为国企党建工作的重点

---

* 课题组成员：陈浩钿，广州市国资委党委书记、主任；覃海宁，广州市国资委党委委员、副主任；吴龙，广州市国资委企业党建处处长；徐嵋：广州市国资委企业党建处副调研员。

任务。近年来，广州市国资委党委深入学习贯彻上级有关文件和会议精神，积极深化国有企业改革，在大力发展混合所有制经济的同时，大力推进国企党建强根固魂工程，加强组织领导，抓基层打基础，补短板强弱项，抓示范创品牌，建机制促发展，全面提升国有企业党建工作水平，有力推进全市国资国企改革创新发展。但仍存在管党治党责任传导不到位、党的基层组织建设没有完全覆盖的现象，特别是混合所有制企业党建工作还存在"最后一公里"的问题。为此，本课题组坚持问题导向，深入开展了广州混合所有制企业党建专题调研，研究提出了新形势下加强广州混合所有制企业党建工作思路和对策建议。

一　广州混合所有制企业党建工作的基本现状

（一）广州混合所有制企业的主要类型

通过组织对 33 家监管企业及其下属企业开展全面的专题调研，梳理出了混合所有制企业类型与产（股）权情形主要包括以下 4 种类型 7 种情形。

一是国有控股的混合所有制企业。即国有企业单独或共同出资，合计拥有产（股）权比例超过 50%，且其中之一为最大股东的企业。目前这类企业共有 281 户，占广州市级国企户数 1966 户的 14.29%。

二是国有实际控制的混合所有制企业。即单一国有及国有控股企业直接或间接持股比例未超过 50%，但为第一大股东，并且通过股东协议、公司章程、董事会决议或者其他协议安排能够对其实际支配的企业。目前这类企业共有 163 户，占广州市级国企户数的 8.29%。

三是国有资本参股但不控股的混合所有制企业。通常包括 3 种情形：第一种是国有企业对外出资，拥有股权比例 50% 的合资企业（此文且称"股权对等"混合所有制企业），目前这类企业共有 30 户，占广州市级国企户数的 1.53%。第二种是国有产权代表依法进入董事会、监事会，参与企业重大生产经营决策，选举董事长，选择企业管理人员，维护国有产权的合法收益。第三种是企业仅扮演财务投资者角色，不参与直接经营管理。目前，这类企业共有 152 户，占广州市级国企户数的 7.73%。

四是其他混合所有制企业。通常有两种情形：异地合股企业和境外合资企业。目前这两类企业共有 168 户，占广州市级国企户数的 8.55%。

（二）混合所有制企业党员和党组织分布情况

由于广州国有企业市场化程度比较高，混合所有制改革起步比较早，目前混合所有制成分比例比较大，企业党员和党组织比例也比较大。混合所有制企业占广州市国企总户数的近四成，企业党员人数占广州市国企党员总数超过四成，企业党组织占广州市国企党组织总数超过三成（见表1）。

表1　广州市混合所有制企业党员和党组织分布情况

单位：家，%

项目名称		混合所有制企业	国有企业	占比	备注
总户数		749	1966	38.10	
党员数		29718	71253	41.71	
党组织数		1307	3535	36.97	有关数据依据33家集团公司报送数据统计和财经快报、企业党建年报口径
其中	党委	87	282	30.85	
	总支	96	247	38.87	
	支部	1124	3006	37.39	

（三）混合所有制企业党组织设置及管理情况

从控股企业看（这里把企业类型与产股权情形的前两类两种情形统称为控股企业，下同），市内企业绝大多数设立党组织并由上级企业党组织管理，少数成立联合党组织和挂靠相关党组织；异地企业主要实行属地、属资双重管理，其次实行属地管理，较少实行属资管理（见表2）。

从参股企业看（包括企业类型与产股权情形的后两类 5 种情形，下同），市内企业绝大多数设立党组织并由上级企业党组织管理，少数纳入所在企业设立的党组织管理或成立联合党组织；异地企业一般实行由党员派出单位管理或挂靠属地管理，较少实行属地、属资双重管理（见表3）。

表2　广州国有企业控股混合所有制企业党组织设置及管理情况

单位：%

情　形		各集团公司混合所有制企业党组织数	占比	备注
市内控股企业	设立党组织并由上级企业党组织管理	广汽集团等 26 家集团公司共计 850 个党组织	94.97	此组数据未包括其他情形的党组织数
	成立联合党组织	越秀集团等 2 家集团公司共计 24 个党组织	2.68	
	党员少于 3 人挂靠相关党组织	广药集团等 6 家集团公司共计 21 个党组织	2.35	
异地控股企业	属地、属资双重管理	广汽集团等 3 家集团公司共计 53 个党组织	59.55	
	属资管理	万力集团等 3 家集团公司共计 7 个党组织	7.87	
	属地管理	越秀集团等 5 家集团公司共计 29 个党组织	32.58	

表3　广州国有企业参股混合所有制企业党组织设置及管理情况

单位：%

情　形		各集团公司混合所有制企业党组织数	占比	备注
市内参股企业	设立党组织并由上级企业党组织管理	广汽集团等 12 家集团公司共计 113 个党组织	92.62	此组数据未包括其他情形的党组织数
	成立联合党组织	万力集团 2 个	1.64	
	纳入所在企业设立的党组织管理	无线电集团等 2 家集团公司共计 7 个党组织	5.74	
	属地、属资双重管理	广汽集团 5 个	20.83	
异地参股企业	由党员派出单位管理	广州发展等 2 家集团公司共计 11 个党组织	45.83	
	挂靠属地管理	广汽集团等 6 家集团公司共计 8 个党组织	33.33	

（四）混合所有制企业党员教育管理制度落实情况

从控股企业看，一是党员教育培训抓在经常。相关企业通常开展有党委理论学习中心组、党支部理论学习，利用企业官网、企业微信群和 QQ 群、微信公众号、移动新闻客户端、智慧党建 App 等新媒体平台开设党建学堂，绑定"廉洁广州"随身微教育平台、开展纪律教育月专题教育活动，部分企业利用内部党校、OA 系统、宣传专栏、企业报纸、优秀支部案例专刊等教育阵地开展教育，少数企业开展了党员"微党课"活动，有的企业通过创建企业党建专刊、专栏以及电子报、微早读等平台，定期更新推送最新党建动态。相关企业还综合开展有学习贯彻党的十九大精神等专题教育培训、支部书记培训、党务干部培训、入党积极分子培训等。二是党员日常管理基本规范。大多企业能够正常开展发展党员、党员统计等基础管理工作，较多借助广东省党务管理信息系统开展党籍管理和党员组织关系转接，使用建行党费易系统管理党费收缴。三是党员组织生活多有开展。大多企业能够落实"三会一课"、领导班子民主生活会和支部党员组织生活会、民主评议党员、谈心谈话等制度性活动。

从参股企业看，党员的教育、培训、管理和组织生活通常由挂靠单位或者属地党组织负责，少数纳入属资管理的党组织由单位上级党组织负责。

（五）混合所有制企业党组织活动开展情况

从控股企业看，一是常规活动基本覆盖。绝大多数企业能够按照基层党组织常规活动要求，组织开展主题教育（如开展"两学一做""不忘初心、牢记使命"、党建知识应知应会考学竞赛、党的十九大主题演讲比赛等），主题党日（如开展"七一"主题党日活动、"向秀丽雷锋志愿服务队"、"太阳公益"党员志愿服务等），达标创优（如开展"车轮滚滚党旗红""先锋先行、优质优效""党建树品牌、经营争先锋""大道先锋"等党员先锋队、党员攻关项目、党员技能比武、党员示范岗等），评星定级（如开展先进基层党组织或者样板党支部、优秀共产党员或者星级党员、优秀党务工作者评选等），共建共享（如开展支部"结对共建"、党员"良师益友"等活动），帮扶困难等系列党组织活动。二是创新活动较有特色。部分企业结合实际创新了一些党组织活动方式，比如开展"书记项目"竞赛活动、"忆传统·明责任·当标杆"主题教育活动、"千名党员素质提升工程"、

"享工作·创未来·共绘新家新蓝图"企业文化活动等，部分企业还开展了书记集体签署承诺书、党员公开承诺、"戴党徽亮身份"、建言献策、编演"廉洁主题情景剧"、廉政亲情寄语等活动。

从参股企业看，对托管企业党组织，纳入集团党委组织活动安排；对处于停产状态暂未注销的企业，原党组织已撤销的，党员全部分流至集团所属其他企业党组织参加组织活动；对少数按照属地管理（包括纳入当地非公企业党委管理）的党员，有的开展联合共建共享活动，有的活动比较松散。

（六）混合所有制企业党务工作队伍建设情况

从控股企业看，一是党务工作队伍配备比较重视。17家集团公司实行了各级控股企业的党组织书记选配，方式上有指派有选举，有专职（多为二级企业）有兼职（多为三级以下企业总经理或副总兼任）；22家集团公司建设并配备各级企业党组织班子成员，区别不同情况设有专（兼）职副书记（多为上级企业党组织外派，有的兼任纪委书记，有的兼任下级单位党组织书记），专（兼）职纪委书记（或纪委委员，有的兼任工会主席），总支、支部委员多为兼职（多为行政班子中党员兼任）；24家集团公司采取内选外聘等不同方式，配备了专（兼）职党务工作人员共计2882人（其中专职494人、兼职2388人）。二是党员发展和党务培训存在短板。在党员发展和培训工作上，除广汽集团推行企业党员和业务骨干"双向培养"做得较有特色外，其他集团公司这方面普遍不够重视；党务干部培训只有11家集团公司组织开展，党组织书记培训仅有6家集团公司组织开展，企业党组织委员的培训几乎还是空白。

从参股企业看，绝大多数纳入属地党组织管理。此外，广汽集团明确企业中方负责人兼任党组织副书记；越秀集团明确企业行政负责人兼职党支部书记，外方允许党支部每月半天开展党组织活动；万宝集团参股企业由党员大会选举党组织班子成员，书记多由中方副总经理兼任，有的支部书记由工会主席兼任；广智集团广日股份、西门子公司均有完整的党委和支委建制，设有党群工作部由党委副书记直接管理；风行集团有家异地企业成立有党组织及班子，党建日常工作由行政部门党员身份工作人员兼任。

（七）混合所有制企业党建工作基础保障情况

从控股企业看，一是组织保障尚未过半。仅 11 家集团公司控股企业成立有专职（党群工作部或党建工作部）或合署（多与纪检、工会合署办公）党务工作机构。二是阵地保障基本达标。17 家集团公司控股企业按照"六有"（有场所、有设施、有标志、有党旗、有书报、有制度）标准建设有 246 个党建活动阵地（场所），面积合约 5409 平方米，涉及 587 个党组织，平均每个党组织的活动场地 9.22 平方米。三是经费保障相对充裕。经费来源与标准多半采取党费留存（收缴党费额的 20%）、上级党委下拨（收缴党费额的 10%）、企业行政拨付或计提（通常每名党员 300~500 元/年），越秀集团还将这部分党费作为企业管理费用实行税前列支；本地企业党组织工作经费纳入企业预算，一般按照企业上一年度职工工资总额的 1%~2% 安排；异地企业党费上缴到属地党组织，次年全额返还给企业；近半数的集团公司控股企业在党建经费上有不同的支付方式和标准，万力集团确保不少于 50% 的纳入管理费用的党费用于企业生产经营一线的基层党组织。经费使用与管理多半采取上级党委统筹管理下拨经费，严格按照中组部有关规定和财务制度执行；企业按规定申请提取使用党建经费，通常用于购买学习资料、邀请专家学者专题辅导、开展中心组学习以及"七一"专项活动经费等，并定期（分季度或年度）报告和公开使用情况。四是机制保障有所创新。大部分集团公司控股企业落实了党组织党建工作主体责任清单、书记抓党建述职评议考核、党组织班子成员"双向进入"和"一岗双责"以及挂点督导、"三重一大"议事决策、专职副书记季度工作例会、党务公开等机制；22 家集团公司控股企业建立有党建工作队伍激励保障机制，包括党务工作人员和经营管理人员同职级同待遇、党务工作人员和经营管理人员双向交流、建立党建联盟实行成员企业轮值制度、党组织书记月度例会和季度考核等，广州国发还将控股企业专职党支部书记的企业党建考核权重调高到 40%。

从参股企业看，党建工作有关组织保障、经费保障、阵地保障和机制保障大多纳入属地党组织或者由挂靠单位党组织统一安排；涉及活动经费有的纳入属地党组织或者由挂靠单位党组织统一安排，主要由企业行政承担（通过从管理费用列支或使用专项活动经费），也有部分经费由集团公司党委划拨，有的企业没有明确经费保障。

二 当前广州混合所有制企业党建工作存在的主要问题

（一）企业党的组织和党的工作覆盖尚未到位

控股企业中，有的投资企业存在着地域分布零散、规模大小不一、党员人数占比不均、合资企业较多等硬件短板，不同程度制约了党建工作和活动的开展；有集团公司 23 家控股企业因没有党员没有设立党组织；有家企业有党员 5 名但未按照要求成立党组织。

参股企业中，有集团公司混合所有制企业党组织设置和作用发挥面临多种问题，各方出资人党建工作认识不容易达成统一共识；12 家参股企业因没有党员没有设立党组织。有集团公司参股的民营企业在建立党组方面存在困难。

（二）部分企业党员发展与实际需求有较大差距

控股企业中，有集团公司反映党员发展名额与企业实际需求有较大差距，部分企业党员人数占员工总数的比例较少；有的企业反映党员教育受时间和经费的影响，党员的教育形式单一、深入不够，需要创新形式、提高实效。

参股企业中，同样存在党员发展名额偏少和党员人数偏少的问题。

（三）部分企业存在"党建入章"和党员管理短板

控股企业中，2 家集团公司反映部分合资企业党建制度尚不健全，需通过协商谈判取得合资方的支持；2 家集团公司反映境外企业和部分股东单位较多的企业，在推进党建工作进章程过程中存在困难；5 家集团公司反映部分基层党支部组织生活不严肃、不规范，党组织对党员的监督管理办法不多，对不履行职责和存在问题的党员大多只是批评教育；有家跨地混合企业实行属地管理的党支部 11 名党员已经离职，但组织关系仍未转出。

参股企业中，2 家集团公司反映该类企业抓党建工作落实主要依靠"文件""会议"，压力传导出现断层，对挂靠管理党员的考核评价落实有待加强。

（四）部分企业党员组织活动仍然存在着障碍

控股企业中，有集团公司反映随着企业管理精细化，支部组织生活有时会面临时间难找、人员难齐、效果难保的尴尬局面；2 家集团公司反映异地党员和一线党员工作地点分布广散、工作时间不一致等特点，较难集中起来开展党建活动。7 家集团公司反映党组织活动方式创新力不足，"主题党日"活动开展形式单一枯燥。

参股企业中，有集团公司反映广州百特公司外方投资者不接受党组织在企业开展活动；有集团公司反映党员活动时间受企业经营情况影响。

（五）党务队伍素质和阵地活动质量有待提升

控股企业中，7 家集团公司反映党务工作者编制较少，各企业基层党务工作者多为兼职，且流动性比较大；有集团公司反映部分企业党组织的党务工作机构应设未设；15 家集团公司反映熟悉党建工作人员匮乏，培训时间难以保证，业务素质难以高质量完成各项党务工作；5 家集团公司反映企业党支部标准化建设不均衡，少数企业没有独立的党建活动场所。

参股企业中，有集团公司反映即使设置了党组织也缺乏完善的组织和制度、场所保障。

（六）党组织在企业发展中作用发挥不够明显

控股企业中，3 家集团公司反映在党建制度的建立以及党员队伍先锋模范的建设强度还不够，部分党员先锋模范作用发挥不够充分。3家集团公司反映党的建设工作与经营中心工作密切结合得不够深入，党建与经营管理存在"两张皮"等现象。

参股企业中，有集团公司反映党组织工作在企业中作用缺失。

三 进一步加强广州混合所有制企业党建工作的路径思考

随着国企改革的不断深入，混合所有制企业将呈现快速增长之势，同时党的基层组织建设"两个覆盖"要求也越来越规范，但目前中央、省市层面均未出台加强混合所有制企业党建工作的相关文件。鉴此，建议根据党章和公司法等有关法律法规，结合《中国共产党支部工作条例（试行）》和加强党的基层组织建设"三年行动计划"的贯彻实施，以及广州混合所有制企业党建工作实际，率先探索出台加强混合所有制企业党建工作的指导意见，分类施策，规范提升。

（一）规范两类控股企业的党建工作

按照国有企业党建工作标准和要求，在国企党建领域研究和推进，重点从规范其基本组织、基本队伍、基本制度、基本活动、基本保障入手，全面提升两类控股企业党建工作质量。包括扩大企业党的组织覆盖，提升企业党的工作覆盖，选优配强企业党建工作队伍，强化企业党建工作队伍激励，抓好企业党员教育管理，严格企业党组织生活制度，围绕企业发展开展系列主题教育和创建活动，结合企业特点开展达标创优和评星定级活动，加强企业党建经费保障，强化企业党建阵地建设等。把两类控股企业的党建工作纳入监管企业党组织抓基层党建工作述职评议考核的重要内容。

（二）改进股权对等企业的党建工作

对合资方为外资企业的，外方一般不会长期控制影响中方人才队伍、开展干部轮换等事宜，由国资方主导企业党建工作并落实党管干部、党管人才等面临的阻力相对较小，而且协调方单一或较少容易沟通；故对此类企业的党建工作应通过加强沟通力争"党建入章"，同时充分发挥一线党员在生产经营中的先锋模范作用，促使逐步纳入控股企业党建阵营中来。对合作方为民营企业的，民资方通常会寻求与股权相匹配的干部管理和人才支配的权力，如果由国资方主导党建及落实党管干部、党管人才，往往会面临用尽全力却落实难、效果差并给股东和谐共进、企业运营带来不利影响，故可考虑通过设置独立党组织并纳入属地党组织管理或指导，或者把企业党建工作交由民营企业主导并纳入非公企业党建阵营。

（三）落实国有参股企业的党建工作

对国有参股企业建立党组织的，建立"先党后政、党政合议"的决策机制，选派优秀党员以党组织代表的身份通过股东大会或者职工代表大会进入监事会。对国有企业参股的混合所有制企业正式党员人数不足3名或不具备单独建立党组织的，可采取加入联合党组织、依托区域性党组织或者行业党组织管理。对有正式党员但没有建立企业党组织的混合所有制企业，党员教育管理、党员组织生活、党员创建活动以及有关保障，全部纳入属地管理的党组织统筹。对没有建立党组织或没有正式党员的国有参股企业，由上级党组织选派企业党建工作指导员或联络员，做好企业发展党员和孵化党组织工作。

（四）创新混合所有制企业党建工作

积极借鉴"两新"组织（非公企业、社会组织）党的建设工作方式方法，明确混合所有制企业党组织的地位作用和主要职责，参照"两新"组织成立专职领导机构、健全管理体系。同时，充分契合党组织和党员"双报到"（企业党组织向属地镇街党工委报到和在职党员向单位所在地或居住所在地党组织报到）的机制，探索开展开放式党组织活动，推动企业党组织与其他单位党组织开展结对共建活动，结合发挥新媒体的融合优势，把党的活动阵地拓展到网络上，增强党组织活动的吸引力和影响力。

激活基层党建"神经末梢"、打通基层党建"最后一公里"对策研究

广州市国资委基层党建"深调研"课题组*

摘　要：　党建工作的难点在基层，亮点也在基层。在推进党的建设新的伟大工程这一历史进程中，激活"神经末梢"、盘活基层党建"大棋局"至关重要。当前广州国企基层党建工作总体富有成效，但也存在一些短板和不足，今后需要进一步提升政治站位，以党的政治建设为统领，毫不动摇加强党对国有企业的全面领导；坚持基层导向，抓住党支部这个"神经末梢"，推动基层党组织全面进步、全面过硬。

关键词：　基层党建　国有企业　广州

2018 年 2 月至 3 月底，广州市国资委基层党建调研课题组到广钢集团、环投集团、友谊集团、赛马娱乐总公司、广百集团、工业发展集团等 6 家企业开展基层党建"深调研"。2018 年 8 月中旬起至 8 月底，调研组继续到越秀集团、建筑集团、设计院、岭南集团等 4 家企业开展基层党建"深调研"。调研组直接下沉到二、三级企业党组织，采取现场座谈交流、个别访谈、查看资料、检查工作台账、查看党建阵地、现场抽查提问和试卷考试等方式了解企业基层党建工作开展情况。

---

* 宋衡，广州市国资委副巡视员；胡晋清，广州市国资委机关党委副书记；杨方，市国资委机关纪委副书记；庄林湖，广州地铁集团运营事业总部党建主管（挂职）。

一 广州国企基层党建工作相关情况分析

（一）学习贯彻习近平新时代中国特色社会主义思想和党的十九大精神方面情况

相关企业党委高度重视习近平新时代中国特色社会主义思想和党的十九大精神学习宣传贯彻工作。

一是切实加强组织领导。均制定了总体方案，成立领导机构，党委书记担负起"第一责任人"职责，结合实际制订推出学习宣传贯彻"一揽子"计划措施，通过组织参加"新时代红色文化讲习所"宣讲活动、书记带头讲党课、调研督学、线上考学、党建知识竞赛、参观红色教育基地、重温入党誓词、观看红色教育纪录片、培育打造主题教育示范点等形式，推动学习宣贯工作覆盖至全体党员。

二是着力加强宣传引导。通过网站专栏、内部刊物、微信微博、海报横幅等各种渠道和方式，开展多角度、全方位、立体化、多频次的宣传播报，大力宣传习近平新时代中国特色社会主义思想和党的十九大精神，营造学习宣贯的浓厚氛围。基层党组织通过开展形式多样的活动，不断扩大学习宣贯的覆盖面，增强实效性。越秀集团持续编印学习材料以及党员应知应会学习小手册，印发至集团所有基层党组织和全体党员。建筑集团穗新公司本部支部举行"十九大主题猜灯谜"活动，激发了党员学习热情，提高了学习效果。

三是积极推动改革发展。把学习贯彻习近平新时代中国特色社会主义思想与业务工作结合起来，开展"大学习、深调研、真落实"工作，大力引导企业党员干部积极投身国企改革发展实践，积极发挥好我市国有企业在促进国民经济发展中的基础性、主导性作用。越秀集团明确提出"集团资产规模进入万亿俱乐部、地产销售迈入千亿行列、金控成为千亿市值上市公司、交通资产达到千亿规模"的发展目标。建筑集团根据新时代新任务，制定了集团发展规划蓝图，提出用 3 年时间再造一个"广州建筑"，到 2020

年营业收入达到 1000 亿元，实现利润 10 亿元，进入中国企业 500 强前 200 位。设计院将党的思想建设落实到具体生产部门，将科学发展思想与生产所的业务发展结合起来，引导设计师开展绿色、节能设计，创造优质设计作品。岭南集团聚焦践行新发展理念、创新驱动战略、供给侧结构性改革等内容，落实到岭居创享公寓等新产品绿色环保研发、南沙花园酒店投入运营服务粤港澳大湾区经济等具体工作中，为实现高质量发展注入强劲动力。广钢集团提出要以学习贯彻党的十九大精神为动力，推动落科技产业园区项目落地实施。友谊集团与华乐街道、丽柏广场签订"共治共管共享"环市东广场协议，为市民提供"有品质、有情怀、慢生活"的环市东品质生活氛围。

（二）在履行基层党建工作责任制方面

重点调研了解《全市国有企业党的建设重点任务清单》贯彻落实、党建工作督查问题整改落实、党建阵地建设、党建经费保障、党务人员配备和队伍建设等方面情况。总体情况呈现了"三个有"。

一是基层党建工作有统筹部署。均明确各级党组织书记严格履行第一责任人职责，推动组织党委班子研究党建工作经常化，推进落实党建进公司章程全覆盖，每年召开抓基层党建工作述职会议，从人、财、物等方面加大保障力度。围绕"七个标准化"建设要求，立足企业实际，细化充实组织设置、班子建设、党员教育管理、组织生活、作用发挥、运行机制、工作保障等工作标准，以标准化建设推动党支部各项基础工作规范化。越秀集团制定《越秀集团党支部标准化规范化建设指导意见》《越秀集团加强和改进党支部考核工作指导意见》两份文件，将党支部标准化建设与集团基层党组织分类定级评价的做法相融合，对集团分类定级评价标准进行优化完善，设置"领先级""优化级""规范级""发展级""初始级"五个等次，持续提升基层党支部的组织力。建筑集团对标上级制定《加强和改进基层党支部考核工作的实施办法》，对抓好基层党建作出全面部署。设计院印发《广州市设计院关于开展党支部标准化建设的通知》，明确党支部"三会一课"的目标任务和原则要求。岭南集团研究出台《岭南集团党委开展党支部标准化建设实施方案》《岭南集团党支部标准化建设考核办法（试行）》，覆盖127个党支部，从党支部组织机构的设置、职责、制度、流程等方面提出了34条具体要求，量化考核分值，与企业党建工作考核挂钩。广百集团力争在党委建制的二级企业，一律设立专职党委副书记，更好抓好基层党建工作部署落实。赛马娱乐总公司加强日常党建研究部署，每半年召开党建工作会议，与党支部书记签订目标管理责任书，促进党建工作各项任务落实。环投集团研究部署开展"书记项目"，研究制定《广州环投集团党支部标准化建设指南》，切实提高基层党建工作科学化水平。广百集团研究制定《关于进一步加强党支部规范化建设的意见》，确保集团各党支部组织健全、制度完善、运行规范、活动经常、台账齐备、作用突出。

二是基层党建工作有日常监督。结合实际制定基层党建考核方案，党委督促抓落实。广钢集团研究制定年度党建工作考评方案，把党建工作考评纳入《广钢集团薪酬与绩效管理方案》，权重为30%。工业发展集团制定《下属企业党建工作考核检查量化表》对党支部进行考核。岭南集团党委结合组织生活会检查、排查整顿软弱涣散党支部等工作，对下属企业18个党支部进行了抽查，在会议记录、学习课时、台账管理等方面提出了整改落实意见。

三是基层党建工作有鲜明导向。树立"党的一切工作到支部"的鲜明导向，注重将基层党建工作与生产经营工作紧密结合，引导党员发挥先锋模范作用，努力把党支部打造成为宣传党的主张、贯彻党的决定、领导基层治理、团结动员群众、推动改革发展的坚强战斗堡垒。越秀集团推动党支部和党员在生产经营管理中发挥作用，重点落实党员示范岗和党员责任区制度，开展党员亮身份活动，越秀交通属下所有公司组建了党员突击队，广纸集团深化了全体党员示范岗建设，努力做到关键时刻有党员带头、关键难题有党员攻关，充分发挥党支部的战斗堡垒作用。建筑集团建材公司党委推行"双目标管理"模式，每年对党支部开展支部建设和经营工作情况进行双考核，推动党支部在推动经营业务发展中更好地发挥战斗堡垒作用。岭南集团广之旅发挥旅游行业窗口功能优势，党员带头，全体员工履行业务工作与文明督导一岗双责，严格把好组团关、落地关、行程关，持续提升公民旅游文明素质。友谊集团开展支部结对共建活动，以共同夯实党建基础、协同攻克工作难题为目标，结对子 24 对、提出共建项目 83 项。广百集团在二级企业党组织中开展"党员攻关"项目，在广百股份公司建立"党员先锋号"等等，这些举措提升了基层组织战斗力。

（三）在推进"两学一做"学习教育常态化制度化方面

重点调研了解"两学一做"学习教育常态化制度化工作方案制定及贯彻落实、"三会一课"制度执行、党员队伍管理和建设等情况。

一是全面部署落实。均制定落实"两学一做"学习教育常态化制度化工作方案，既有上级"规定动作"的部署落实，又有本集团"自选动作"的部署落实。在加强党内政治生活、党员领导干部落实双重组织生活制度、党费收缴及使用工作规范、党员佩戴党徽等方面加强工作指引，推进基层党建运行机制规范化。2018 年"七一"前后，均落实各党支部重点围绕"纪念"明方向、"学习"强党性、"落实"有作为三方面内容召开了一次专题组织生活会，开展党支部书记公开承诺活动。

二是认真开展督导。集团层面以"两学一做"学习教育常态化制度化为抓手，对照督导指南列出的推进"两学一做"学习教育常态化制度化 22 项工作要点以及基层党组织 10 项督导重点，日常检查督促各基层党组织党支部换届选举、发展党员等工作的落实情况，形成"支部自查、交叉检查、上级督查"的联动检查机制，建立了本单位基层党支部"三会一课"工作台账以及督导工作台账。

三是积极谋划创新。结合工作实际创新开展工作，特别是在《广州市基层党组织主题党日优秀案例 100 例》印发后，进一步掀起了创新创优组织生活的热潮。越秀集团着力加强党建阵地建设，推行越秀交通党建阵地建设"三区"（阅览区、宣誓区、警示区）、"四有"（有党员活动中心、有党员会议室、有党建展示室、有企业特色）、"五上墙"（组织架构上墙、党员身份上墙、管理制度上墙、考核评比上墙、党务公开上墙）做法，以点带面，2019 年上半年在集团 63 个独立单位在职党支部中，有 53 个党支部建立党员活动阵地及活动室，在珠江新城 CBD 标志性建筑——广州国际金融中心 58 楼开辟 500 多平方米区域，建设党员教育中心，设立党员教育室（含宣誓区）、培训室、阅览室等功能区，为党员学习教育创造良好条件。设计院鼓励基层党支部结合实际，开展设计＋党建沙龙、前往贫困村开展主题党日、前往遵义会址参观学习等形式多样的党员活动。岭南集团广之旅深挖红色旅游资源，积极尝试红色人文景观和绿色自然景观相结合、革命传统教育与促进旅游产业发展相结合的新型主题旅游模式，全渠道推出红色之旅线路，借助行业优势，助力党建宣传和党建文化建设。广钢集团各级党支部结合企业生产经营开展"特色党支部"创建、党员微党课、党员亮身份、党员一句话承诺等活动。广百集团每月通过"党建基地"发布基层党组织学习计划和资料，分两期组织 109 名党务干部赴井冈山培训取得较好效果。工业发展集团立足建立线上党建课堂开发广府通智慧党建平台并向其他市属国企进行推介。

二 广州国企基层党建工作存在的短板和不足

（一）基层党建品牌建设和阵地建设面临发展不平衡、不充分的问题

部分企业基层党组织对创新党建工作助力改革创新发展缺乏研究思考，没有深刻认识到党建与企业经营发展是"一体两翼"的关系，对发挥基层党组织的首创精神不够重视，党建工作创新举措不多，从当前情况看，国企基层党建工作经验和特色品牌主要集中在少数几个大的市属国企。党建阵地建设方面，部分基层单位办公地点党建阵地建设有待加强，党建教育氛围营造得还不够浓厚。

（二）基层党支部在执行组织生活制度方面仍存在一些短板

基层党支部在落实"三会一课"、主题党日等组织生活制度方面，仍存

在一些短板和不足。大多数基层党支部组织生活形式多采取集中学习、硬性灌输的方式，组织生活的多样性和灵活性不够，缺乏对党员的吸引力。部分党组织学习宣传贯彻"照本宣科"的痕迹较为明显，结合岗位工作实际不够，党员参与学习讨论的热情和积极性不高。部分基层党支部工作记录存在不到位、不细致、不规范的问题。

（三）基层党支部书记抓党建工作的能力素质须进一步提升

基层党支部书记抓党建工作能力的强弱，直接影响党支部的战斗堡垒作用发挥。从目前情况看，个别党支部负责人还存在开展党建工作投入时间和精力不足，对党支部有关基础工作和业务知识不够熟悉的问题。个别党支部负责人将支部作用发挥等同于日常管理，对"党的一切工作到支部"的鲜明导向把握不精准，对如何抓好支部党建工作、发挥党支部战斗堡垒作用缺乏深入思考和实践探索。为提升党支部书记抓党建工作的能力素质，当前国资系统各层级不断加大对党支部书记的轮训力度，但与实际需求相比仍存在差距，培训的针对性和实效性有待提升。

三　进一步加强基层党建工作的对策建议

通过此次督查调研，进一步了解部分监管企业基层党建和"两学一做"学习教育常态化制度化推进情况，也层层传导了工作压力。为着力解决基层党建"最后一公里"问题，进一步推进"两学一做"学习教育常态化制度化，组织开展好"不忘初心、牢记使命"主题教育，根据专题督查调研情况及国资系统基层党建工作实际，提出以下意见建议和工作对策。

（一）提升政治站位，以党的政治建设为统领，毫不动摇加强党对国有企业的全面领导

习近平总书记在全国国企党建工作会议上强调，坚持党的领导、加强党的建设，是我国国有企业的光荣传统，是国有企业的"根"和"魂"，强调

必须坚持党对国有企业的领导不动摇，为国企坚持和加强党的全面领导指明了方向。之后，中央、省、市制定出台系列文件，明确了抓好国企党建的具体措施。当前，广州市国资系统正按照中央和省、市委关于加强国有企业党的建设的决策部署，狠抓基层党组织建设各项任务，组织开展系列学习宣贯工作。

下一步，须持续用习近平新时代中国特色社会主义思想武装头脑、指导实践、推动工作，以习近平总书记对广东工作提出的"四个走在全国前列"重要批示精神谋划推动国资国企改革创新发展，健全落实党的全面领导的制度机制，严格落实"四个同步、四个对接"要求，努力把国资国企各级党组织锻造得更加坚强有力。

（二）层层压实责任，树立全面从严治党工作导向，切实抓好管党治党工作任务的落实

广州市国资委党委已成立党建工作领导小组，委班子成员对挂点监管企业开展督导工作进行了任务分工，设立企业党建处统筹国企党建。下一步，重点抓好以下几方面工作的落实。

一是树立从严管党治党工作导向。国企党组织书记要履行抓党建第一责任人职责，领导班子中的其他党员干部履行"一岗双责"的要求，分层分类明确党建责任，形成党委统一领导、党政齐抓共管，一级抓一级、层层抓落实的党建工作格局。

二是坚持问题导向找差距。督促企业各级党委坚持以问题为导向抓好自查自纠，对照中央巡视反馈问题和党建重点任务清单，逐条对照检查、逐项梳理归类，逐级建立抓党建工作问题清单、任务清单、责任清单，推进国企党建工作抓重点、补短板、强弱项，全面夯实基层党建基础。

三是发挥党建考核的指挥棒作用。研究制定企业党建工作责任考核机制，对履责不力的基层党组织领导和党员干部进行问责，逐步建立纵向到底的层级责任体系、横向到边的齐抓共管体系、定向到人的推进落实体系，以考核倒逼管党治党任务落实。

（三）创新工作思路，突出抓好国企党建创新发展，强化示范引领带动整体提升

广州市国资委党委已制订下发抓党建、强党建三年行动计划，着力打造"123"党建示范点（10个示范党委、20个示范党总支、300个示范党支部）。下一步，须进一步创新工作思路，持续完善党建顶层制度设计，推进党建工作与中心工作的深度融合，组织开展好加强基层组织建设"一十百千万"行动，加强党建阵地建设和"互联网＋党建"等党建新模式的实践探索，精心培育和打造一批在全市乃至全省、全国有特色、叫得响、影响好的党建工作特色品牌，支持鼓励国有企业精心打造一批党员之家、党群服务中心、党建服务综合体、红色驿站、党建文化长廊等党员活动阵地，努力构建广州国企党建品牌集群和"1＋N"党建服务中心联盟，引领带动国资系统党建工作全面上水平。

（四）坚持基层导向，抓住党支部这个"神经末梢"，推动基层党组织全面进步、全面过硬

当前，广州市国资委系统以"两学一做"学习教育常态化制度化为抓手，制定党支部考核指导意见，指导企业探索建立党建量化考评机制，2018年以来先后召开企业党建推进会、境外企业党建座谈会等会议，举办国资系统基层党支部书记示范培训班以及"不忘初心、牢记使命"党建知识竞赛等活动，在国资系统中全面营造严抓基层党建的氛围、牢固树立"党的一切工作到支部"的鲜明导向。下一步，重点抓好以下几方面工作的落实。

一是抓好基层党支部工作量化考核、交叉考核。全面、准确、客观评价党支部工作效果，推动基层党建由上层发力向基层用力转变，避免"上面九级大风，下面纹丝不动"，下大力气解决基层党建"最后一公里"问题。

二是以标准化建设和整顿软弱涣散基层党组织为抓手，补齐基层党建短板。坚持在组织建设上持续发力，在组织生活上真抓真严，指导监管企业党委结合自身实际推进基层党组织标准化建设，创新创优组织生活，对落实"三会一课"、谈心谈话、民主评议、主题党日等落实情况开展常态化督导检查，推进基层党组织进一步规范党内政治生活，执行好组织生活制度，发挥好战斗堡垒作用。

三是锻造一支专业专注的国企专兼职党务工作者队伍。按标准比例选强配齐专职党务工作人员，建立党务培训交流和知识竞赛平台，推进"千名书记大轮训"，在专兼职党务工作者队伍中选树先进典型，加强正面激励，提高专兼职党务工作者开展党建工作的积极性。

（五）抓好衔接配套，推进"两学一做"学习教育常态化制度化工作，组织开展好"不忘初心、牢记使命"主题教育

重点从抓基层组织、抓党员队伍、抓衔接配套三方面着手。

一是进一步强化基层党组织的政治功能和服务功能。以深入学习宣传贯彻习近平新时代中国特色社会主义思想和党的十九大精神为主线，以党支部为基本单元，以"两学一做"为载体，指引各级基层党组织不断提升"三会一课"质量，创新开展"主题党日"活动，不断丰富学思践悟的形式和内容，着力提升基层党组织的组织力。

二是融入工作实践抓好党员队伍的教育管理。结合实际开展好系列党员主题活动，通过开展"亮身份、亮承诺、亮业绩"活动、设立"共产党员先锋岗"、建立"共产党员责任区"、组建"共产党员先锋队"、实施"共产党员先锋工程项目"等具体措施，发动党员广泛参与，灵活依托载体，创新活动形式，在实践锻炼中强化对党员的宗旨意识、理想信念教育，充分发挥广大党员的先锋模范作用。

三是进一步落实工作目标、学习内容、学习形式"三个衔接"。将工作目标和落脚点放在切实提高广大党员践行"两个坚决维护"的政治自觉上，牢固树立"四个意识"，坚定"四个自信"；工作内容方面应持续重点学习贯彻习近平新时代中国特色社会主义思想和党的十九大精神，贯彻落实好习

近平总书记对广东工作提出的"四个走在全国前列"重要批示精神，扎实推动学习成果转化为实际工作成果；学习形式上应吸收借鉴在开展"两学一做"学习教育中好的经验和做法，比如党员干部领学带学督学、知识竞赛、考学、实地参观教育、利用信息化手段提高学习教育效率等，推动主题教育深入开展。

新时代激发机关党员干部干事创业动力的策略研究

广州市国资委机关党委课题组 *

摘　要： 新时代下，机关党员干部呈现出思想状况较为稳定但存在低落焦虑情绪；更为重视工作氛围，但工作动力有待提高；工作能力得到发挥，但内心趋于求稳怕变；工作总体满意度高，但职业认同感不够强；能力建设备受重视，但易陷本领恐慌等方面的新特点。本文从思想、制度、激励三个层面分析原因，并从"内在动力"着手，突出"四个激发"，从"外在环境"突破，健全"四个机制"，提出激发党员干部干事创业动力的若干策略。

关键词： 干事创业　动力　机关党员干部　广州

习近平总书记在全国组织工作会议上指出，实现中华民族伟大复兴，坚持和发展中国特色社会主义，关键在党，关键在人，归根到底在培养造就一代又一代可靠接班人。党的干部是党和国家事业的中坚力量，坚持党对一切工作的领导，必须充分调动党员干部的积极性、主动性、创造性，提高他们的责任感。党政行政机关，首先是政治机关，机关广大党员干部更要牢固树立"四个意识"，坚定"四个自信"，做到"三个表率"，以昂扬斗志

---

　* 课题组成员：罗俊获，广州市国资委党委委员、总经济师、机关党委书记；胡晋清，广州市国资委机关工会主席、机关党委专职副书记；蔡若佳，广州市国资委机关党委副主任科员。

投身新时代的建设当中。当前中国特色社会主义进入新时代，社会主要矛盾已经转化为人民日益增长的美好生活需要和不平衡不充分的发展之间的矛盾，经济社会新形势对广大机关党员干部提出了新的更高要求，也带来了更大的压力。因此，新时代下激发广大机关党员干部干事创业动力就显得尤为重要。

为及时了解和掌握机关党员干部队伍的思想动态，确保机关党员干部队伍的思想稳定性，努力激发干事创业动力，本文基于2018年广州市直机关党员干部思想状况调查，对调查数据进行分析，摸清机关党员干部的思想状况，同时提出相应的对策建议，为营造积极进取、敢于担当、勇于创新的良好氛围提供基本参考和借鉴。

一 新形势下机关党员干部的思想动态新特点

本次调查通过无记名问卷调查方式，对机关140名党员干部的思想动态情况进行摸查，从调查对象结构来看，男性占60.9%，女性占39.1%；35岁及以下占17.9%，36~45岁占43.1%，46岁及以上占39%；科级及以下干部占33.3%，处级干部占51.2%，局级及以上干部占15.5%（见图1）。

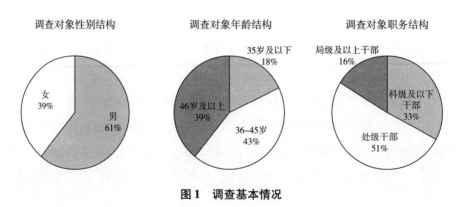

图1 调查基本情况

经过分析，调查对象思想状况呈现以下五个特点。

（一）思想状况较为稳定，但存在低落焦虑情绪（见图2）

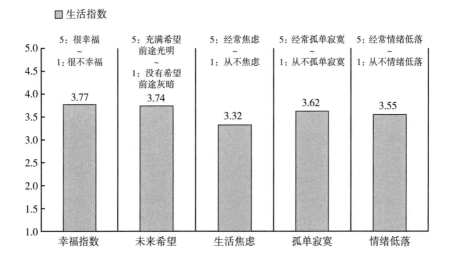

图2　生活状态调查情况

党员干部的思想状况直接影响党员干部干事创业的动力，在机构改革的大背景、新形势下，机关党员干部作为改革的主体对象，应对机关党员干部的思想新动态加以关注。调查发现，在工作状态上，37.4%的党员干部认为精神饱满，能积极投入到工作中，50.4%的党员干部认为工作状态平和，能认真完成工作任务；在生活状态上，党员干部生活幸福感指数平均约为3.77（1：很不幸福，5：很幸福）；未来希望指数平均约为3.74（1：没有希望，前途灰暗，5：充满希望，前途光明）；生活焦虑指数平均约为3.32（1：从不焦虑，5：经常焦虑）；孤单寂寞指数平均约为3.62（1：从不孤单寂寞，5：经常孤单寂寞）；情绪低落指数为3.55（1：从不情绪低落，5：经常情绪低落），可见党员干部虽然幸福感较强、对未来充满希望，但也同样存在焦虑、孤单情绪。在思想状况上，30.2%的党员干部认为思想状况很稳定，53.1%的党员干部认为思想状况较为稳定。在党员干部思想方面存在的主要问题上，48%的党员干部认为主要问题是理想信念淡化，38.2%

的党员干部认为主要问题是服务意识、公仆意识不强；此外，33.4%的党员干部认为坚持从严管党治党最需要解决的问题是"脱离群众，没有从群众中来、到群众中去"。总体来看，党员干部队伍工作、生活思想状况趋于稳定、积极，但有个别党员干部处于工作压力大、忙于应付、焦虑孤单的状态，且一定程度上存在理想信念、服务意识淡化的问题。

（二）更为重视工作氛围，但工作动力有待提高

随着社会主要矛盾的转化，根据马斯洛需求层次理论，机关党员干部的生理、安全需求已经基本实现，更多地追求社交、尊重、自我实现的需求。调查发现，在提高工作效率和工作积极性的相关因素上，有88.6%的党员干部认为家庭的支持和理解比较重要，有87.7%的党员干部认为与领导和同事的关系比较重要，有85.3%的党员干部认为工作中获得的成就感比较重要，有83%的党员干部认为工作表现和业绩对个人进步的影响比较重要，有68.2%的党员干部认为社会声望比较重要。在思想问题上，超过半数的党员干部认为工作动力不足是当前党员干部思想方面存在的主要问题。84.6%的党员干部认为目前广州市形式主义、官僚主义十项负面清单中最突出的问题是"急功近利、哗众取宠"，有78%的党员干部认为最突出问题是"文山会海、浮在面上"。此外，在党员干部工作情况中发现，有37.4%的党员干部最近一个月参加会议超过10次，有23.6%的党员干部最近一个月起草的文稿超过10篇，有73.2%的党员干部下班后仍需处理公务的平均时间达到每周10小时以上。总体来看，机关党员干部目前更为关注工作氛围、人际关系、成就感、社会尊重等动力因素，但文山会海、工作压力大、工作动力不足是当前不容忽视的问题（见图3至图6）。

（三）工作能力得到发挥，但内心趋于求稳怕变

在"您认为自身能力在现岗位能否得到发挥"问题上，95.1%的党员干部认为能力得到基本发挥和充分发挥。有39%的党员干部认为"为官不为、不敢担当"是目前广州形式主义、官僚主义十项负面清单中最突出的问题之

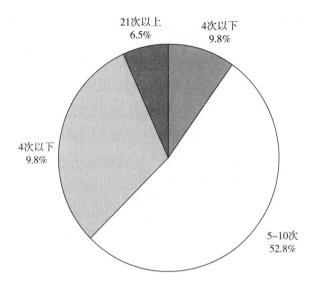

图3　最近一个月参加会议次数

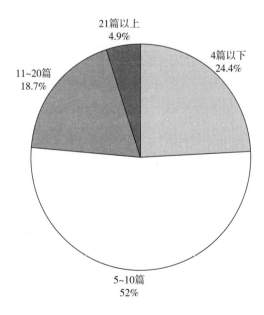

图4　最近一个月起草文稿数量

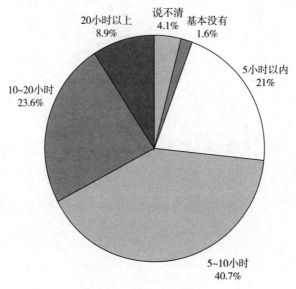

图5 下班后仍需处理公务的平均时间（每周）

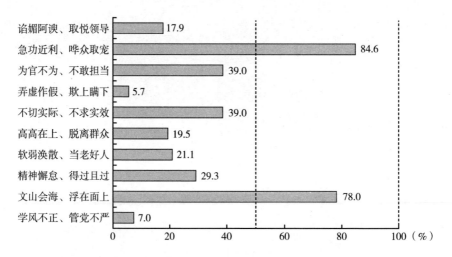

图6 目前广州形式主义、官僚主义十项负面清单中最突出的问题

一。有57.9%的党员干部最关心在机构改革中能否适应新的岗位职责要求。77.3%的党员干部认为工作的稳定性相对重要，重要指数达到4.05（1：极不重要，5：极重要）。由此可见，机关党员干部对于稳定的诉求较强，工作能力得到较好的发挥，但担当精神和开拓意识有待进一步加强（见图7）。

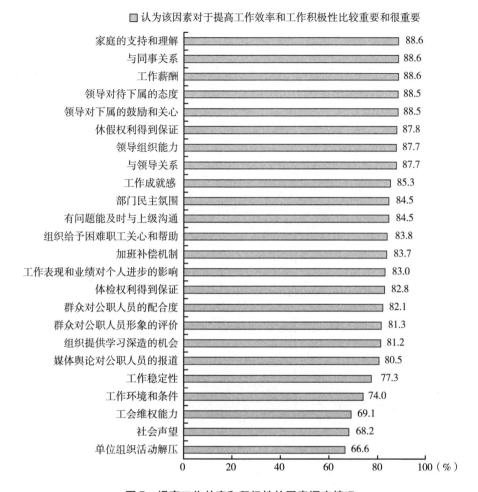

图 7　提高工作效率和积极性的因素调查情况

（四）工作总体满意度高，但职业认同感不够强

在提高工作效率和工作积极性的各项评价指标来看（1：极不重要，5：极重要），现实情况的总体满意度较高（3.54），其中满意度较高的有家庭的支持与理解（4.07）、体检权利得到保证（3.92）、与同事关系（3.92）、部门民主氛围（3.73）、休假权利得到保证（3.73）、与领导关系（3.72）、工作稳定性（3.71）；现实情况的满意度最低的是工作加班的补偿机制（如补休、补贴）

（2.91）。此外，40.7%的党员干部认为当前党员干部存在的主要问题是"职业认同感不强"。总体来看，党员干部对工作的各个方面满意度均高于3，各方面满意度较强，但职业认同感弱化是机关党员干部队伍面临的一个新课题（见图8）。

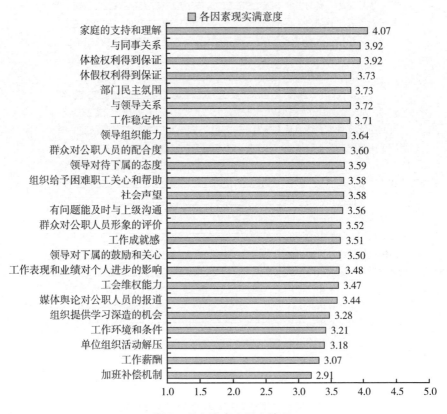

图8 现实满意度调查情况

（五）能力建设备受重视，但易陷本领恐慌

调查中发现，81.2%的党员干部认为组织提供学习深造的机会很重要，重要指数达到4.12（1：极不重要，5：极重要）。在影响职务升迁的因素中，有78.1%的党员干部选择了工作资历与经验，有77.7%的党员干部选择了工作绩效，有67.1%的党员干部选择了专业知识与技能，这些因素均表现为个人的工作能力（见图9）。有调查发现，44.7%的党员干部存在"本领恐慌"的

担忧。有65.9%的党员干部认为工作中的压力最主要来自"工作要求严标准高任务重的压力",有50.4%的党员干部认为来自"增强能力素质的压力"。由此看来,党员干部的能力建设得到高度重视,与此同时,有许多机关党员干部在能力和本领提升方面存在压力和焦虑心态(见图10)。

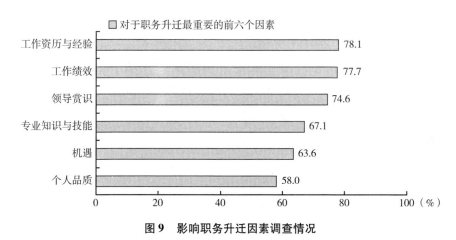

图9 影响职务升迁因素调查情况

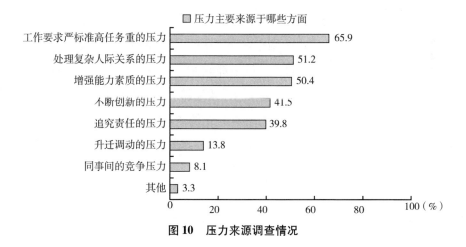

图10 压力来源调查情况

二 当前机关党员干部干事创业动力不足的原因分析

总的来说,机关党员干部队伍素质不断提高、队伍结构明显改善,能较好地适应事业发展需要，但也一定程度上存在能力不足"不能为"、动力不足"不想为"、担当不足"不敢为"等问题，究其原因有多个方面。

（一）从思想层面分析

当前，中国特色社会主义进入新时代，社会发展进入了新时期，在新的历史条件下，随着社会生活越来越多样化，人们的思想认识也出现了新情况、新问题、新矛盾。受"物质主义""拜金主义""精致利己主义"等不良思潮影响，有极个别机关党员干部的价值观念出现扭曲，思想防线松弛，理想信念缺失，比如个人主义、功利之心放大膨胀，放纵欲望、嘲讽理想，迷信西方文化等等。同时，在泛媒介时代，机关党员干部普遍受到"全覆盖、零距离"的社会监督，稍有不慎就有可能被曝光、被责难，这也给干部心理上带来更大压力，思想上带来更多顾虑。

（二）从制度层面分析

目前仍存在部分制度设计不够合理的问题，如部门及岗位工作职责难以清晰划分，尤其实际工作中个别存在分工不明、责任不清导致推诿扯皮、文山会海等内耗现象。此外，机关党员干部职务晋升通道较为狭窄，领导职位稀缺，且干部能上能下机制尚未健全，导致干部"横向交流制约多""纵向交流难度大"等现象，职业身份成为不可逾越的鸿沟。还有极个别干部年龄渐长后认为升职无望，心里出现较大落差，存在不思进取、消极怠工等情况。

（三）从激励层面分析

机关党员干部薪资水平不高，受高房价、通货膨胀等因素影响，生活压力较大。同时，不同岗位干部工作压力分布不均，有些干部长期"5 + 2""白加黑"，有些则得过且过"混日子"，由于机关内部考核评价机制不够完善，且缺乏差异性薪酬激励机制，同职级干部的工资收入差别不大，导致少部分机关党员干部认为工作是"干多干少一个样、干好干坏一个样、干与不干一个样"，较大程度地影响了机关党员干部干事创业的积极性。

三　激发机关党员干部干事创业动力的策略研究

（一）从"内在动力"着手，突出"四个激发"，筑牢党员干部理想信念

1. 强化政治理论学习，激发党员干部政治担当

组织全体党员干部深入贯彻落实习近平新时代中国特色社会主义思想和党的十九大精神，深入学习贯彻习近平总书记对广东重要讲话和重要指示批示精神，坚持用习近平新时代中国特色社会主义思想武装头脑、增强信心、指导实践、推动工作。组织专题讲座、学习研讨、交流讲坛、故事分享、主题征文等活动，通过个人自学、专家讲学、互帮互学、集中培训等方式，坚持全面学、贯通学、深入学，激发党员干部学习的积极性和主动性，加强对机关党员干部特别是年轻党员干部进行系统的理想信念、革命传统、社会主义核心价值观、政治规矩和政治纪律的教育，拧紧人生观、价值观、世界观的"总开关"，始终保持共产党员政治本色，切实做到对共产主义真信、真懂、真追求，引导广大机关党员干部增强"四个意识"，坚定"四个自信"，做好"三个表率"。

2. 挖掘身边人身边事，激发先进典型示范带动作用

开展"学习身边人身边事"主题活动，挖掘平凡岗位上的闪光人物和优秀党组织，开展先进典型分享交流座谈会等活动。由先进典型进行现场教育、现身说法，并充分发挥支部学习园地、党建工作专栏以及"一报一微一网"等宣传阵地的作用，传播优秀共产党员的先进事迹和感人事例，提升先进典型的荣誉感，激发机关正能量，形成"学习先进、崇尚先进、争当先进"的良好氛围。鼓励各党支部和党员干部学习身边人身边事，推动党员干部在活动中认知、接受和感悟，提升道德修养。充分调动发挥党员的先锋模范作用和党支部的战斗堡垒作用。

3. 关注党员需求和动态，激发党员干部归属认同感

用好党员干部谈心谈话机制，委领导与分管处室的同志、党支部书记与

党员干部除了至少每半年开展一次谈心谈话，更要形成常态化的谈心谈话机制，密切关注党员的学习、工作和生活，急大家之所急，想大家之所想，解大家之所难，把解决思想问题与解决实际问题结合起来。办公室、人事处、机关党委、机关工会要从工作环境、干部能力提升、党员学习教育、党员生活权益等方面入手，多渠道、全方位地关心帮助党员，做党员的坚强后盾，切实维护党员的合理诉求和合法权益，做党员干部的贴心人。

4. 提升服务意识与能力，激发自我实现的价值取向

结合"深调研"活动，让广大机关党员干部走出机关、走向社会、走进基层，亲眼见证社会发展，了解社会实情，感受工作成效。增强党员的荣誉意识，大力推进党务公开，充分保障党员民主权利，切实增强党内工作和党内生活的透明度，增强广大机关党员干部的参与度。结合工作主业，大力开展教育培训，分析和总结干部知识、经验、修养等方面的不足，并对其素质构成进行分析，本着缺什么补什么的原则，因人施教，分层次和类型对机关党员干部进行有针对性的培养教育。通过以上举措，让机关党员干部"看到工作实绩""感到工作成就""得到成长提高"，切实增强在工作中的"获得感"，更好地实现自我价值。

（二）从"外在环境"突破，健全"四个机制"，推动党员干部奋发有为

1. 建立容错纠错机制，营造积极的干事创业环境

目前机关党员干部一定程度上存在"怕出事、恐担责、避风险"的心态，不利于营造机关干事创业的良好氛围。因此，搭建干部容错纠错机制十分必要。要逐步完善容错纠错保护机制，坚持"三个区分开来"原则，鼓励探索、宽容失误，明确免于责任追究的原则、界限、情形，对未能实现工作目标或出现偏差失误的，如符合法律法规和政策规定，且未谋取私利的，应不作负面评价，能及时改正纠错的，应免除相关责任或从轻减轻处理。营造积极的干事环境，消除机关党员干部"干多错多"的焦虑心态。进一步完善权责清单和负面清单，对什么该干、什么不该干加以明确，既要树立规

矩意识和底线意识，把握纪律"红线"，也要为担当者担当、为负责者负责、为改革创新者撑腰鼓劲，坚定机关党员干部的勇担当、敢作为的底气与信心。

2. 建立健全交流培训机制，培养素质过硬的干部队伍

一是对于在同一工作岗位任期过长的或人岗不适的，应及时安排交流轮岗。可采取下派任职、上派挂职、平级交流等方式，拓宽交流渠道、扩大交流范围，形成机关与基层双向交流、重要岗位定期交流、长期任职轮岗交流的良性循环。二是加强培训，全面增强党员干部"八个本领"。围绕新时代新任务新要求和建设高素质干部队伍的目标，有针对性地组织开展干部教育培训，并选派优秀年轻干部参与国家省市重大任务，到工作一线培养锻炼。通过交流培训，不仅有利于机关党员干部提高工作热情、激发工作活力，更有利于机关党员干部多岗位锻炼成才，不断学习新的知识，成为业务能手和"多面手"，增强担负新时代改革开放重任的本领能力。

3. 建立健全干部考评机制，突出选贤选能用人导向

探索科学的绩效考评办法，以绩效激励干部，以考评激发作为。一是突出考核重点。把贯彻落实习近平新时代中国特色社会主义思想作为党员干部考核工作最核心最本质的任务，突出对上级决策部署落实情况考核。二是借鉴"360度考评"的考核方法，由上级、同级、下级、业务相关者和本人对党员干部进行全方位评估，设置不同主体不同权重，客观分析研判干部综合素质，为干部提拔任用、年度考核评价等提供有效依据，切实做到人事相宜、人岗相适。三是倡导以岗位竞聘为主要方式的竞争性干部选拔任用机制，有助于"选好人、用好人"，突出"选贤选能""讲担当重担当"的正确用人导向，大力加强干部队伍建设，激发党员干部的干事创业动力。

4. 健全减压关爱机制，提升干事创业的精气神

要加强党员的思想建设，坚持以人为本，关注党员干部的需求，关心党员干部身心健康。一是要开展形式丰富的教育实践活动，积极组织"春游"、"秋游"、交流座谈等集体活动，通过活动振奋精神、鼓舞士气、凝聚

人心。二是建设减压释压空间，如阅读休闲室、集体活动场所等，改善工作环境与条件。三是邀请心理专家开设心理培训课程，搞好心理咨询和负面情绪疏导工作。四是落实党内关怀帮扶机制，走访慰问困难党员，在政治上爱护、思想上关心、工作上支持、生活上帮助党员，解决后顾之忧，有效提升机关党员干部干事创业的精气神。

广州地铁集团构建"红色羊角"
一体化大党建格局研究

广州地铁集团有限公司课题组 *

摘　要： 广州地铁面临"新时代地铁"的建设目标，提出构建"红色羊角"大党建格局，把党的方针政策路线作为企业发展的根本宗旨，把党的领导融入企业管理的各个领域，把党的建设整体纳入企业各级组织建设和生产经营的各个环节，拓展组织覆盖、整合党建资源、创新党建活动、发挥组织作用、引领事业发展，从而构建出的统一领导、上下联动、有机协调、齐抓共管，推动了地铁发展持续提速，为广州建设国家重要中心城市及粤港澳大湾区建设提供有力支撑。

关键词： 红色羊角　大党建　新时代地铁

广州地铁是城市公共服务的重要载体，现有419个基层党组织，4级党委，党员7500余名，约占员工总数的1/3。广州地铁集团始终围绕党的中心工作和地铁实际，使党建工作纵向贯通战略规划、公司治理、企业管理、企业文化、组织架构和业务发展等各管理层面，横向带动政府、乘客、同

＊ 课题组成员：丁建隆，广州地铁集团党委书记、董事长；莫东成，广州地铁集团党委副书记、董事，地铁党校校长；曹晓军，广州地铁集团党委组织部部长、地铁党校副校长、武装部部长、党群工作部党支部书记；蒋凌霜，广州地铁集团党委组织部副部长；邱晓敏，广州地铁集团党群工作部党建管理高级主管。

行、员工、合作伙伴、社区等利益相关方力量，从单一运作模式转变为主体多元、相融互动、资源聚合的共建共治共享新格局，有效提升企业党建工作的整体职能和规模效应，为新时代地铁建设提供坚强保证。

一　主要背景

（一）顺应形势，强化国企党建引领

新修订的党章明确指出，国有企业党委要发挥领导作用，把方向、管大局、保落实，依照规定讨论和决定企业重大事项。近年来，习近平同志对国企党建先后作出多次重要指示，并在全国国有企业党的建设工作会议上明确指出，坚持党的领导、加强党的建设，是我国国有企业的光荣传统，是国有企业的"根"和"魂"。习近平总书记在视察广东时，对广东提出了"加强党的领导和党的建设"等四个方面的要求，全省上下倍受鼓舞、倍感温暖、倍感振奋，倍增继续前行的干劲与力量。广州地铁集团作为广州市国有企业，站在改革开放再出发的新使命面前，如何提高政治站位，发挥党组织的领导核心和政治核心作用，始终在思想上政治上行动上同党中央保持高度一致，确保党的各项方针政策、重大部署和国企党建任务清单在广州地铁落地实施，是新时代广州地铁集团面临的重大课题。

（二）围绕中心，推动地铁改革发展

十九大报告提出，要建设"交通强国"。一直以来，发展轨道交通事业是政府落实"以人民为中心"发展战略、谋划城市发展布局的重要手段。广州地铁现已建成开通15条共478公里，日均客流超过825万人次（最高已突破1000万人次），到2020年、2025年建成开通的线网里程将分别达620公里、1000公里，每年投资额将超过200亿元。在建设融资、施工管理、乘客服务、资源开发等任务面前，如何找准抓手，凝聚、调动各级党组织、全体党员的思想和力量，为实现"建设好、运营好、经营好广州地铁，服务好社会，带动好产业发展"目标提供强有力的政治、思想和组织保障，将面临严峻考验。

（三）不忘初心，提升群众民生福祉

广州市委提出，要建立健全国有企业党建工作综合保障机制，构建"一中心多站点"党群服务中心格局，提供党员发展、教育、管理、活动服务内容，以及满足员工群众生产生活需求的服务。广州地铁集团经过 20 多年发展，员工队伍已壮大至 2.4 万人，平均年龄 30 岁（30 岁以下员工占 64.5%），员工队伍的急速增长，以及一直以来的点多、线长、面广、人员分散、年轻化的实际，给增强基层党建工作的纵深度和覆盖面带来了压力。要求广州地铁集团的思想引导和文化建设工作必须以核心价值为导向，以"同驻共建""共治共享"的管理模式推进大党建格局的建设。

二　主要做法

广州地铁集团始终坚持党的领导、加强党的建设，着眼发展、真抓实干，将党建工作贯穿于企业改革及生产经营的全过程，以"四有四强"为总体要求（有地铁体系、有地铁载体、有地铁实践、有地铁经验；党组织强、干部队伍强、员工本领强、业务发展强），以实施三个"红色工程"（"红色引擎""红色堡垒""红色力量"）为内容，从顶层设计到基层管理，全方位打造"红色羊角"一体化大党建格局。

（一）实施"红色引擎"工程，筑牢"国企姓党"

构建"红色羊角"一体化大党建格局的根本前提，就是要强化党的领导，特别是要将政治领导摆在首要位置。将党的建设融入地铁事业各个环节，主动融入国家战略发展大局，提升各级党组织的组织力，强化各级党组织的政治功能，确保党的路线、方针、政策在广州地铁贯彻落实。广州地铁集团发挥党委领导核心和政治作用，坚持"把抓好党建当作最大业绩"，明

确"123456"党建管理思路，以"大党建"为重要抓手，增强政治定力和能力，引领广州地铁在新时代找准定位、拔高站位、持续领航。

1. 筑牢"党建，为地铁铸魂"工作精神

广州地铁集团坚持以习近平新时代中国特色社会主义思想为指导，坚持党的领导不动摇，坚持思想教育"全覆盖"。对照新时代党的建设总要求和国企党建任务目标，印发集团党的建设工作重点任务措施清单，明确88项重点任务，进一步压实党建责任。开展"大学习、深调研、真落实"工作，实现全司理论学习全覆盖，高质量完成"新一轮轨道交通建设攻城拔寨"等专项调研课题，把上级精神转化为推动地铁改革发展的具体工作举措。召开集团党代会，提出"把广州地铁建设成为服务型、引领型、融合型、持续型的新时代地铁"的奋斗目标，为地铁"十四五"规划和长远发展提供战略构想、明确实现路径、凝聚发展力量。

2. 推进"双纳入""双进入"

明确国企党组织在企业治理结构中的法定地位，落实地铁全资和控股的17家企业将党建工作写入公司章程，推动4家地铁参股、控股方为国企背景的子公司实施"党建进章程"。将党建融入公司治理，公司改制为集团公司后，迅速理清决策程序，明确党委会与公司三会的权责边界，实行党委会"三重一大"前置决策。对照新时期好干部标准，树立政治、理念、业绩、能力"四位一体"和党务干部优先的用人导向，实行党委班子与经营班子"双向进入、交叉任职"，近5年选拔中高层及以上管理人员74人次、交流轮岗81人次。地铁党校、地铁大学、培训学院三校合一，以"智慧·成长"品牌搭建人才培养全价值链。

3. 紧扣"安全建设地铁""地铁就是服务""廉洁管好地铁"三项要务

推进"平安地铁"建设，建立"党政同责、一岗双责、齐抓共管"机制，强化"懂、勤、细、狠"意识，树立"让安全成为习惯"文化，形成"人人抓安全、时时抓安全"格局；推进"爱心地铁"建设，开展系列主题互动活动，被誉为"广州地铁现象"，打造主题站、主题列车，在地铁线上形成独特的"红色风景线"；推进"廉洁地铁"建设，构建"全员廉洁教育、全方位制度体系、全过程监督机制"的"大监督"格局，建立"4＋1"工程建设监督体系，着重把好决策关、干部关、业务关。

4. 建立"1211"四套机制

切实发挥集团党委"把方向、管大局、保落实"的核心作用，每年年初召开党建和党风廉政建设部署会，每半年召开专题党委会研究党建和党风廉政建设工作，每月召开书记碰头会、政工例会，每年年底开展党建和党风廉政建设考核，进一步加强党建工作统筹布局，增强把方向、管大局、保落实的能力和定力。

5. 突出"延伸、服务、共建、融合、智能"五大特色

突出"延伸"特色，实行党的建设与国企改革"四个同步""四个对接"，实现党组织建设、党建工作全覆盖；突出"服务"特色，把党各个时期的重点与经营管理任务相结合，做到"一年一主题"；突出"共建"特色，系统开展"政企""媒企""校企""医企"等共建活动，构建全面开放、共治共享的地铁社区新格局；突出"融合"特色，发挥党、工、团组织的桥梁纽带作用，促进党群、干群关系和谐；突出"智能"特色，建成"网上党校""指尖党建"等平台，让党员随时随地参与学习、参加组织生活。

6. 搭建"理念、内容、责任、践行、管理、制度"六个体系

结合公司治理、企业管理、工程管理、运营管理、员工管理等工作推进党建标准化、规范化、精细化、信息化，将理念体系作为牵引，内容体系作为核心，践行体系作为动力，责任体系作为基础，制度体系作为保障，且贯穿党建工作全过程；同时建立集团党委体系框图、直属党组织工作框图，形成"计划规划和纲要（P）—贯彻落实和执行（D）—沟通协调和督导（C）—评价反馈和改善（A）"的管理闭环，使党建工作管理由"粗放"变"精细"，由"敞口"变"闭环"，推动党建工作融入中心、嵌入管理、落到实处。

（二）实施"红色堡垒"工程，促进党建与业务"双融合"

构建"红色羊角"一体化大党建格局的重要目的，就是要利用党组织的政治优势、组织优势，将两个优势发展为企业的发展优势。通过整合企业管

理资源，全面提升企业竞争优势，在自我发展和完善中不断为市民提供更加安全、更加便捷、更加智能、更加有温度的地铁服务。广州地铁集团发挥基层党组织政治核心和战斗堡垒作用，贯彻"党建为地铁铸魂"的工作精神，搭建"456"党建实践载体，以"大党建"汇聚发展合力，带动广大党员干部以更加饱满的状态投身一线、攻城拔寨，不断满足人民对美好生活的向往。

1. 推行"四和谐"系列工作

出台"四践行、四融合、四和谐"系列工作方案，成立 269 个由党、政、工、团四个系统人员组成的"四人小组"，建立工作细则和"七步法"，对员工群体特征进行分析，按照分层分类的原则开展队伍管理，打破集团和基层间传统的逐层传递、逐层收集、逐层反馈的沟通模式，搭建起集团和员工直接沟通的枢纽。"四人小组"直达基层开展工作，进行沟通 21804 人次，传达员工福利等 8 类政策信息共 1903 条，增强了组织与员工间的交流信任，让党组织成为员工的"灯塔"和"加油站"，提升企业和谐指数。

2. 开展"5 +"党建实践活动

延伸"地铁 +"的发展战略，开展"党建 + 安全""党建 + 服务""党建 + 创新""党建 + 共建""党建 + 智慧"实践活动，让基层党组织在开展标准化、规范化建设的基础上，结合自身实际八仙过海、自主创新，不断推进理念升级、业务升级、技术升级。近年来各级党组织陆续开展了"安全主题组织生活会""双融合双转化""红马甲""爱在地下铁""我用心您放心""管理技术双创新""检企共建"等主题实践活动，建立了"智能仓库""智惠食堂"等学习、服务平台。

3. 建设"六型"党组织

以基层党组织、党员群众需要为导向，根据地铁各工作领域的特点建设"学习型、服务型、创新型、标兵型、规范型、共建型"党组织。在工程建设领域重点建设学习型、共建型党组织，在运营服务领域重点建设服务型、规范型党组织，在市场经营领域重点建设创新型、共建型党组织，在职能部门、共享中心重点建设学习型、服务型党组织，打造了一大批基础建设牢、保障能力强的基层党组织，在 368 个党支部中评出"红旗党支部"30 个，其中有 14 个获评广州市星级党支部，实现了推动发展、群众满意、社会认可。

（三）实施"红色力量"工程，形成"一名党员一面旗帜"

构建"红色羊角"一体化大党建格局的关键所在，就是要按照新时代党的干部标准，将党的事业要求贯穿于干部人才培养和党员队伍建设等各个环节，建设政治坚定、事业自信、敢于担当、作风扎实、廉洁自律的党员干部队伍。党员是党建工作的主体，广州地铁集团坚持"党员强，地铁强；党员稳，地铁稳"理念，建立"123"党员工作模式，以"大党建"激发队伍活力，发挥党员主体作用，形成"冲锋在前是党员、困难面前党员上"的工作局面。

1. 建立"党员1＋N"工作模式

开展"一名党员带动 N 名群众"工作，各基层党组织结合党员比例明确帮带对象，制定任务清单，并建立党员联系服务责任区、领导交叉联系基层等工作机制，通过分片包干、责任到人、绩效考核，实现"党员人人有责任区，责任区处处有党员"，激励党员做表率、当先锋，带动身边群众履职尽责。

2. 建立"党员、骨干双培养"工作模式

把党员培养成骨干，即搭建党员先进性模型，明确优秀标准并实施量化评比，让党员的行为有评价维度和具体结果；制作"技能包"并因材施教实施个性培育，促进党员成长；培养和发现一批"最美党员"，挖掘党员队伍中专业性、创新型骨干人才。把骨干培养成党员，即实施"三级包干培养"，由联系人、党小组和党支部逐级负责培养；把培训内容与岗位任务紧密结合，编制学习地图，对非党员的骨干进行针对性培养，有效提高了党员发展工作质量。

3. 建立"党员身边'三无'"工作模式

在广大共产党员中开展"三亮"（亮身份、亮承诺、亮业绩）、党员"三带头"（带头学习业务、带头服务群众、带头攻坚克难）、"党员身边无事故""最美党员、明星党代表"评选等主题活动，在各级党组织组建党员突击队、先锋队、攻坚小组，在重大任务时期动员、调度党员参与志愿服务，激发党员做地铁规章制度的执行者、践行者，做改革发展的先行者、引领者，实现党员身边"三无"（无政治事故、无安全责任事故、无廉政事故）。

三　工作成效

广州地铁集团构建"红色羊角"一体化大党建格局以来，各级党组织的政治功能得以强化、工作作风得以改进、服务能力得以提高，在加强党的建设、推动业务发展、强化党群服务等方面取得了一定成效。

（一）提高了国企党建水平

制定了《坚持党的领导，加强党的建设实施意见》《加强党的建设 88 项重点任务清单》《落实国企党建会精神工作方案》《意识形态工作责任制实施细则》等制度文本、指导意见 98 个，进一步明确了党委的领导核心和政治核心地位。完善了"三重一大"决策、党委委员联系基层、党员责任区、党组织标准化建设等工作机制，推动了党建工作与企业发展同频共振、同步推进、同向用力，"国企姓党"的政治原则更加坚定、党的建设基础更加牢固，推动了基层党建全面进步、全面过硬。

（二）推动了地铁业务发展

新线建设全面开花，仅 2018 年全年，完成投资总额突破 700 亿元大关，高水平建成开通三号线机场南至机场北段、十四号线一期、二十一号线镇龙西至增城广场段、广佛线燕岗至沥滘段等 4 条（段）新线，线网总里程达 478 公里，位居世界第三。运营服务逐步提升，承担全市 50% 以上的公共交通出行量，运营服务可靠度、正点率、公共安全水平等指标在世界地铁协会（CoMET）中名列前茅，服务满意度稳居全省交通行业榜首。经营业务屡创佳绩，近年来开发房地产项目 7 个，累计开发物业面积达 121.29 万平方米，对外提供设计、监理、咨询等专业服务超过 40 个城市、100 家企业单位。

（三）激发了基层党建活力

"红色羊角"一体化大党建格局建设注重多角度、多层次、多元化，丰富了基层党组织"三会一课""主题党日"等工作内涵，搭建起32个实践式的教育阵地、体验式的教育平台和渗透式的教育窗口，使党员不仅能接受红色教育，更能在地铁生产现场加深党建与生产融合的体会，实现了党员在推动地铁发展的实践中锤炼党性，在服务群众中增强作为党员的价值感和荣誉感。2018年，员工对集团党委的工作满意度提升至99.9分。

（四）增强了党员综合素质

把发挥党员作用作为建设"红色羊角"一体化大党建格局的重要环节，建立了"春夏秋冬"党代表服务站、党员"量化"考核体系，不断增强广大党员的综合素质。近年来，有23名党员获国家、省、市劳动模范称号和"五一劳动奖章"，8名党员获国务院特殊津贴，涌现了"全国五一劳动奖章"获得者、"广东省劳模"张重阳、"全国最美青工"李天明、"广州好人"朱敏莹等一大批优秀共产党员。同时，153名中高层管理人员中，党员占比94.77%，25个劳模技师工作室中，19个由党员领头。

（五）获得了各级各界认可

在"红色羊角"一体化党建的引领下，广州地铁集团党政工团均获全国最高荣誉，并先后被命名为"全国首批学雷锋示范点""全省培育和践行社会主义核心价值观示范点""全市落实党风廉政建设'两个责任'示范点"，"六型国企党组织"被评为首届"广州党建十大品牌"、优秀"书记项目"，"1＋N"党建实践基地被授予"广州市党员教育基地"称号，成为广州市委党校首批挂牌的教学基地，先后在中组部调研、全国城市轨道交通行党建交流会、省政研会、市党建会等会议上介绍经验，2018年接待来访单位72个、党员2800余名。在广州市2018年底对全市30家党员教育基地的年度评估工作中，集团"1＋N"党建基地以得分排名第一的成绩，被评为优秀基地。

四 经验启示

经过不断探索和实践，在广州地铁集团建设一体化大党建格局，有以下启示和体会。

一是必须始终"不忘初心、牢记使命"。要始终坚持以人民为中心的发展思想，在工作中准确把握广州地铁作为"政府为民服务窗口"和"城市公共服务重要载体"的政治站位和战略定位，牢牢记住"地铁为广州提速"的初心和使命，主动承接国家、省、市发展战略，积极响应人民对美好生活的向往，在我国建设交通强国、助力广东当好"两个重要窗口"、推进粤港澳大湾区中担当作为。

二是必须坚持把政治建设放在首位。要牢牢把握"国企姓党"的政治原则，牢固树立"四个意识"，坚定"四个自信"，始终坚持党的领导、加强党的建设，全面贯彻落实新时代党的建设总要求，筑牢国有企业的"根"和"魂"。要以政治建设引领大党建格局，加强党建实践与地铁发展各项工作的融合，不断强化党建引领、做实党建常规、整合党建资源、创新党建特色。

三是必须坚持新发展理念引领地铁改革发展。要始终突出发展是第一要务、创新是第一动力不动摇，优化顶层设计、坚持改革创新，推进理念创新、技术创新、管理创新、文化创新。要坚持"打开大门建地铁"，发挥党统全局、协调四方的作用，注重凝聚各方力量，建立共建共治共享的地铁社区新格局，在建设好、运营好、经营好广州地铁，服务好广大市民的基础上，带动好产业发展。

四是必须打造高素质的员工队伍凝聚地铁发展力量。要将人才是第一资源的理念落到实处，按照新时代好干部标准，将党的事业需要、组织认可、群众满意的好干部选拔上来，将新时代党的组织路线贯穿于企业人才标准、激励、开发、认证、发展等各个方面，为地铁改革发展做好组织保障。要尊重员工主体地位，激发员工的创新活力，关心员工工作生活，疏通员工职业发展及诉求渠道，让员工与企业共享改革发展成果。

五是必须坚持全面从严治党营造良好的干事创业氛围。要牢固树立管党治党意识，不断增强党组织的组织力、创造力、凝聚力、战斗力，激发党员带领广大员工怀揣梦想埋头干，撸起袖子加油干，勇于担当激情干的实干氛围，在真抓实干中成事、立业、惠民，在全体党员员工奋发图强中迈向美好未来。

广汽集团加强混合所有制企业
党建工作的实践与思考

广州汽车集团有限公司课题组 *

摘　要： 发展混合所有制经济，是深化国有企业改革的重要举措。加强混合所有制企业党的建设，是一个必须完成好的时代课题。同时，在混合所有制企业加强党的建设，面临经费保障、价值体现、非国资方认可等多重挑战。面对这个时代课题，广汽集团从源头发力、从基础发力、从实绩发力，坚持让党建工作创造切切实实的价值，坚持让事实说话，主动适应混合所有制企业的内在规律和发展要求，以企业党建作为战斗力保证，加快推动高质量发展。

关键词： 混合所有制企业　党建　广汽集团

发展混合所有制经济，是深化国有企业改革的重要举措。2015 年 8 月，中共中央、国务院印发《关于深化国有企业改革的指导意见》，明确提出发展混合所有制经济。同年 9 月，国务院印发《关于国有企业发展混合所有制经济的意见》，进一步明确推进混合所有制改革的具体举措。2018 年启动

---

* 课题组成员：严壮立，广汽集团党委副书记、董事、组织人事本部本部长；蔡杰，广汽集团组织人事本部副本部长，组织部部长；夏强，广汽集团组织部副部长；王丽丽，广汽丰田总经理办公室主任；徐金霞，广汽乘用车党委办公室副主任；赵明录，广州汽车集团股份有限公司汽车工程研究院职员。

的国企改革"双百行动",提出要实现"五大突破、一个坚持",即在混合所有制改革、法人治理结构、市场化经营机制、激励机制以及历史遗留问题方面实现突破,同时要坚持党的领导。在全面从严治党、国企深化改革和混合所有制改革深入推进的大背景下,加强混合所有制企业党的建设,成为一个必须完成好的时代课题。同时,在混合所有制企业加强党的建设,存在经费保障、价值体现、非国资方认可等多重挑战。面对这个时代课题,广汽集团从源头发力、从基础发力、从实绩发力,坚持让党建工作创造切切实实的价值,坚持让事实说话,主动适应混合所有制企业的内在规律和发展要求,以企业党建作为战斗力保证,加快推动高质量发展。

一 广汽集团混合所有制企业基本情况

随着经营规模的迅速壮大和综合实力的显著增强,广汽集团所有制结构发生了巨大的变革,全集团混合所有制经济主要为股份有限公司、中外合资经营企业、与民企合资经营企业 3 种类型企业,分别为 3 户(占比 1.6%)、56 户(占比 30%)、35 户(占比 19%),共计 94 户,占集团正常运营纳入统计范围的企业数的比重为 50%,约占全集团投资企业的资产总额、营收收入、利润总额、缴纳税收比例的 67%、71%、84% 和 80%。从成立初期单一的所有制结构演变为目前产权多元化的混合所有制经济,集团所有制结构进入了改革创新的新阶段。在这个大背景下,广汽集团党委加强混合所有制企业党建工作,既是落实深化改革各项任务的应有之意,也是推进企业发展的必要路径。

二 广汽集团推进混合所有制企业党建工作的主要做法

从党建的角度看,广汽集团所属混合所有制企业可分为两大类:第一类,国资持股比例为 50% 以上的企业有 30 户,占比 32%,其党建工作由大股东广汽方主导,严格执行广汽集团党委坚持党的领导加强党的建设各项工做规划与部署；第二类，国资持股比例为50%及以下的企业有64户，占比68%。第二类又分为两种情况，即国资方与非国资方共同控制的情况和国资方不控股的情况。

根据上述分类，广汽集团党委分类施策，制定了不同情况下加强混合所有制企业党建工作的推进思路。第一类，以全面落实国有企业党的建设各项任务为出发点，坚持高标准、严要求，系统谋划、全面推进，确保坚持党的领导加强党的建设成为根本遵循。第二类，再根据控制情况进一步明确。对国资方与非国资方共同控制的企业，考虑到非国资方主体单一、广汽集团具有主场优势等情况，以推进党建进章程、经费按比例计提等方式，推动党建工作由广汽方主导，根据企业特点开展党的活动、加强党员教育管理、发挥党员和党组织作用。对非国资方控制的企业，根据情况灵活采取由广汽方主导、广汽方业务指导、属地管理等多种方式加以解决。具体做法包括以下几个方面。

（一）推进党建进入混合所有制企业章程，从源头发力加强党建

在混合所有制企业开展党建工作，首要的难题是抓党建的底气和法理不足，党组织和党务工作者开展党建工作面临无法理依据、无条件依托的尴尬境地，导致说话没力量，办事没底气，面对质疑和否定时往往缺乏有力的论证依据和反驳回击。这个根本问题不解决，加强混合所有制企业党建工作就成了无源之水无本之木。

公司章程是公司内部的"宪法"，倘若能在章程中写入加强党建的相关内容，开展工作也就有了依托和底气。这一实践，广汽集团党委在十八大前就已经开展。2007年成立广汽日野商用车公司时，就在公司章程15页第十章第10.5条规定要建立党组织，明确"合营公司按照中国法律规定，在合营公司中设立中国共产党党章规定的中国共产党组织；合营公司应当为中国共产党组织的活动提供必要的条件"。目前，广汽集团已实现党建总体要求进企业章程全覆盖，集团及属下国有全资、控股近百家企业已全部落实，广汽本田、广汽丰田等10家非国有控股、合资企业也同步完成"党建进章

程"，明确企业党组织在公司法人治理结构中的法定地位。同时，党建总体要求不仅顺利纳入合资企业章程，还实现党团经费由行政划拨，如广汽丰田、广汽三菱明确按职工年度工资总额5‰预算列支。

（二）树立各方共同接受认可的价值理念，从基础发力加强党建

在混合所有制企业开展党的工作、加强党的建设，面临的基础课题，是国资方与非国资方价值判断与价值选择的不同。解决这个难题，必须求同存异，从双方价值理念的共同追求出发，让非国资方逐步认可抓党建的意义与价值。认清中外双方的差别，摸清外方工作原则和方法与我们党建理论原则相近之处，逐步促进外方理解党建工作。加强党的建设，根本目标之一是通过一系列思想动员和组织动员，提高企业效益、增强企业竞争实力，进而实现国有资产保值增值；而不少外企与民企，都提倡一些独特方法论、企业文化，如丰田之道、本田哲学，以影响员工思想行为、激发聚合员工力量，进而提升企业经营效益和核心竞争力。两者的目标存在共同的指向，在一些工作原则和方法方面也存在共同的指向。

表1　对比中外骨干表述不同的工作原则与方法

编号	具体表述	中共党员	外方人员
1	为实现共产主义而奋斗	有	无
2	干部人才管理	党管干部、党管人才	造车育人
3	合规经营	全面依法治国、依法治企	遵守企业所在国法规
4	企业人员反腐	廉洁从业纪律、正风肃纪	接受全球事业体的监察与处罚
5	工作作风	实事求是	三现主义
6	公司治理	党建进章程	严格履行章程与合营合同
…	…	…	…

从表1对比可见，求同存异，具备现实的可操作空间。从双方共同认可的价值理念出发，寻求开展党建工作的认可与支持，有利于从基础发力加强党建。同时，还要针对具体关键问题破解非国资方对于抓好党建的疑虑与担忧，破解非国资方对企业党建的担心，破解"党组织只是贯彻上级党组织

精神、党员参加组织活动分心耗时"等等错误理念，宣传加强党建与推动企业发展是共赢关系，宣传"党组织作用发挥得力、共产党员先锋模范作用发挥得力，对员工队伍形成强有力的示范引领，企业生产经营就会蓬勃发展"，进而厚植党建工作基础。

（三）推动党员党组织发挥作用创造价值，从实绩发力加强党建

1. 发挥思想政治工作与党风廉政建设独特优势，助力营造企业精神培育与干事创业氛围

一是党建引领培育务实奋斗的企业独特精神。抓好企业文化建设，既是党建工作的重点任务，也是党建工作的擅长之处。集团党委将广汽哲学和"创无止境　心有未来"的企业文化融入集团党建工作，牢固树立"共创共建共享"发展理念，坚持"人为本、信为道、创为先"企业理念，营造"工作专心、员工关心、生活开心"的良好氛围，充分发挥广大党员先锋模范作用，进一步提升广大员工的获得感、幸福感、自豪感和归属感。广汽菲克销售公司党委充分发挥业务特长，把坚持"客户至上"理念和重视"客户体验"的做法，融入党建工作，把党员群众的需求放在心上，量身定制党员活动形式，积极探索党建工作新思路。

二是持之以恒正风肃纪反腐，营造风清气正的干事创业环境。始终坚持"反对腐败没有旁观者，廉洁广汽建设需要践行者"的理念，推动党风廉政建设"两个责任"落地生根；紧盯"四风"问题，搭建"3161"反腐科技平台，联合外方股东互派观察员，将党风廉政建设测评结果纳入企业经营业绩考核，按5%占比与领导干部薪酬直接挂钩。

2. 推动各级基层党组织和广大党员在中心任务和重点工作中担大任、挑重担、唱主角，让党建工作在企业发展最前沿有为有位

一是建强战斗堡垒，把党旗插在企业发展最前沿。开展企业党组织书记抓基层党建述职评议考核，切实履行党支部书记"公开承诺"，把党建工作业绩纳入企业负责人任期目标责任考核。坚持"把生产经营重点作为党建工作结合点，把生产经营难点作为党建工作突破点"，让党建工作在企业发

展最前沿有为有位，让党外员工与非国资方看得见、摸得着、感受得到，"哪里有党员，哪里就干得好""哪里有党组织，哪里就有优秀业绩"。广汽三菱党委持续开展五年"红色体验营"，参与党员达 2400 多人次，通过"党课、红色景点学习、结对帮扶、团队训练"四位一体模式，将公司生产经营目标融入党建活动中，围绕双班生产、销售破局、新车型导入等企业发展核心，将党建工作软实力转化为推动企业发展战斗力。

二是牢矗党员标杆，把先锋落在建功立业排头兵。注重在攻坚克难中让党员作用发挥在明处、落到实处，在艰苦环境中让党员做表率。围绕推进重大工程、重点项目、科研攻关、转型脱困等，建立"党员突击队""党员先锋岗""党员责任区"，党员在最艰苦、最具挑战性的岗位上冲锋陷阵。合资企业党委开展"党员挂牌亮身份"、"党员承诺争先锋"、"书记项目"和"建言献策"等活动，生产一线党员带头自愿加班，积极开展"小发明、小创造、小革新、小设计、小建议"等活动。注重"双培养"，把党员培养成为骨干，把骨干培养成党员。集团目前有 3000 多名党员骨干在管理岗位任职，其中担任中层以上管理职务的有 1300 多人；在偏远艰苦地区和生产经营关键岗位上，承担急难险重任务的党员超 3500 人，占党员总数的 1/3 以上。

3. 推进党员教育培训与党建活动阵地建设，激发内生动力完善基础设施建设

一是强化内部培养深挖潜能。成立广汽党校和广汽大学，组织中高层管理人员国内高校研修班，对党支部书记和党务工作者全覆盖轮训、开发优质党务内训课程。全面实施人才兴企战略，打造向心型、奋斗型、工匠型、创新型、知识型"五型"高素质产业工人队伍。自主品牌、智能网联等领域创新火热开展、成果迭出；创新广汽（IGA）活动连续开展 13 年，创造直接经济效益 57.8 亿元；拥有市级以上劳动模范 84 人，以 80 个创新工作室为龙头的"党建带工建"创新平台，完成创新项目 14000 余项，取得专利 459 项；115 人获先进制造业创新发展奖励，占全市的 1/5。

二是加强阵地建设夯实基础。搭建广汽"智慧党建"平台，建成集"宣传、教育、管理、服务、互动"五大功能于一体的新媒体智慧党建系统和微信平台，随时随地传递党的声音、服务党员群众，全面覆盖 485 个基层党组

织、11339 名基层党员，实现党建工作公开化、精细化、信息化，构筑了与"广汽党群服务中心"线上线下相统一的党建阵地，党建工作智能化、信息化、科学化水平全面提升，广汽党建开启全新模式，进入互联网＋新时代。同时，各企业党组织正式挂牌设立党员活动室、党员之家、党工团共建活动室等，合计占地面积近 1 万平方米，确保企业党员学习有教室、开展活动有场所。

三　广汽集团开展混合所有制企业党建工作取得的主要成效

（一）强有力的党建工作助推了企业高质量发展，保障了社会责任高标准践行

2018 年集团汽车产销分别为 219.4 万辆和 214.79 万辆，实现营业总收入 3811 亿元，利税 660 亿元，在世界 500 强排名中跃升 36 位至第 202 位。广汽集团以高度的社会责任感，构建"大扶贫格局"，2010 年以来累计投入 8000 余万元，将企业精益化管理方式融入扶贫工作，与扶智扶志有机结合，先后定点帮扶广州从化、梅州兴宁、清远连州和贵州毕节 17 个贫困村，使 1300 多贫困户实现脱贫，国务院扶贫办督查组总结评价广汽集团的帮扶工作是"村企共建的典范、以工哺农的标杆、扶贫开发的专家"。

（二）党员先锋模范作用在企业生产经营中发挥明显

全体党员的拼搏创新精神深深影响带动了其他普通员工，在提升生产效率和产能上发挥了巨大效用。广汽丰田广大党员把坚定的信念和初心，作为投身到实现生产经营目标的动力，把创造企业经营目标新高作为重要使命，2018 年实现生产汽车超 59 万辆、销售超 58 万辆、工业产值 719 亿元的历史新高。广汽日野通过实施"党员先锋工程"等活动，引导广大党员干部攻坚克难，在应对国家法规新政、重要战略车型开发等关键节点上发挥了重要作用，2018 年首次实现扭亏为盈，实现三年重振的任务目标。

（三）党建工作的优质高效开展，收获了外方的认可点赞

始终把"坚持党的领导、加强党的建设"作为根本遵循，将党的理念深度融入"人为本、信为道、创为先"的企业文化，着力让各级基层党组织和广大党员在中心任务和重点工作中担大任、挑重担、唱主角，让党建工作在企业发展最前沿有为有位，让广大员工、合作伙伴看得见、摸得着、感受得到，让"哪里有党员，哪里就干得好""哪里有党组织，哪里就有优秀业绩"成为大家公认的准则和信条。合资企业外方亲眼见证了"一个支部就是一座堡垒，一个党员就是一面旗帜"，也从不理解、难接受转变为高度认可和支持。某外方高管甚至询问我方："我能不能也加入中国共产党？"外方管理人员在遇到急难险重任务、选用关键岗位人才时，还会到人力资源部"走后门"，特别强调："请给我派个党员！"

四　改进混合所有制企业党建工作的思考

（一）分类施策是加强混合所有制企业党建工作的前提基础

受历史渊源、国家政策、伙伴类别、行业性质、企业特质等因素的影响，混合所有制企业的类型多样、情况复杂，合作伙伴、员工队伍对党建工作的认知程度、价值判断、接纳与否等存在较大的差别，开展党建工作的基本定位、基本作用、开展方式等都有较大的不同，倘若以单一机械的传统思路和方法加以推进，推进必然十分困难、效果必然大打折扣。为此，必须坚持分类施策，根据混合所有制企业的不同类型，充分考虑各类企业对党建工作的认知程度、价值判断、接纳与否等实际情况，灵活制定有针对性的推进思路和措施，才能夯实党建工作基础、具备成功前提条件。

（二）激活资源是加强混合所有制企业党建工作的关键所在

加强混合所有制企业党建工作，需要依托一定的资源才能得以开展，否

则就是无源之水、无本之木。激活资源，对加强混合所有制企业党建而言，有以下几个方面的含义：一是要激活和调动其他经济成分的资源，争取合作伙伴对党建工作的认可支持与资源投入，厚植加强混合所有制党建工作的价值理念基础、物质条件基础，构筑和发展"统一战线"。二是要激发和调动基层党组织和广大党员的积极性、主动性和创造性，建强战斗堡垒，牢树党员标杆，使基层党组织和广大党员的有效作用发挥成为加强党建的重点所在，使基层党组织和广大党员成为加强党建的根本依靠，培植和壮大内生资源。

（三）系统推进是加强混合所有制企业党建工作的方法途径

加强混合所有制企业党建工作，是一个系统工程，必须系统梳理和分析面临的突出问题、存在的制约因素、可以争取的力量、需要化解的矛盾、必须采取的措施、可能面临的矛盾等，用系统论的观点去制定目标、确定思路、划分阶段、调集力量、配置资源，进而根据轻重缓急、时间任务分配等加以推进和落实。加强混合所有制企业党建，必须用"弹钢琴"的工作方法，必须有别于党政机关（用行政拨款运行）的党建，既要抓好党的建设，又要在围绕经济中心强党建的同时使党建与企业的价值创造各环节有机有效结合，如争取资源、服务经营、创造价值等，并注意节奏、相互协同；否则，党建加强而企业的发展和竞争力落后于国内外经济发展形势，成为社会包袱，甚至会把这些复兴中国梦的基层经济载体置于被市场淘汰的境地，在这些载体上的党建工作也将不复存在。此外，加强混合所有制企业党建，必须将之放置于全面从严治党、推动企业改革发展的宏观视角中，实现加强党建与助推发展的有机结合，防止单打一、两层皮现象。

广州发展集团以高质量党建引领企业高质量发展的探索实践

詹高杰*

摘　要： 广州发展集团党委紧密结合企业实际着力探索"3456"党建工作模式，不断夯实"最大政绩""深度融合""质量品牌"三大党建理念，打造党性提升、人才成长、智慧党建、活动阵地四个平台，健全统一领导、学习提高、责任传导、指导督导、激励关怀五个机制，推进强根固魂、组织力提升、凝心聚力、基础保障、头雁、先锋六项工程，切实加强党的建设，推动全面从严治党向基层延伸，以高质量党建助力企业高质量发展。

关键词： 国企党建　党建工作模式　高质量

广州发展集团股份有限公司（以下简称"广州发展集团"）作为广州市属大型综合能源企业，现有基层党组织 98 个，党员 1600 多名。近年来，广州发展集团不断推动企业党建工作创新，在实践中逐步探索形成"3456"党建工作模式，促进党建工作规范化管理、体系化运行、品牌化提升、智慧化联通、价值化创造，以高质量党的建设引领推动企业高质量发展。承担的 2 个市攻城拔寨项目、4 个市重点项目均取得积极进展；风电、光伏发电等新能源，以及

---

* 詹高杰，广州发展集团党工部主任，高级政工师。

售电、财务公司、融资租赁、智能燃气表推广应用等新业态新业务取得长足进步；企业技术创新蓬勃发展，授权专利117项，16家成员企业被认定为高新技术企业；燃煤电厂全部实现超洁净排放，达到甚至优于燃气电厂排放标准，企业转型升级取得积极进展。特别是在宏观经济增速放缓、能源市场深度调整、供给侧结构性改革不断深化的市场环境下，集团经营业绩实现稳步增长，进一步巩固了企业作为华南地区有重要影响力的大型清洁能源供应商的战略定位。被评为"2018广东上市公司综合实力10强""2018广东上市公司十佳创优品牌建设示范单位""2018广东上市公司改革开放四十年十大卓越企业"，并入选2018年《财富》中国500强排行榜（排名第299位）。

一　牢固树立"三大理念"

（一）"最大政绩"理念

广州发展集团党委认真贯彻习近平党建思想，着力提升政治站位，不断深化对国企党建重要性的认识。党委书记带头把管党治党工作作为主业，逢会必讲党建，调研必问党建。班子成员切实履行一岗双责，每次到基层调研，既调研指导业务工作，也调研指导党建工作和党风廉政建设。2018年，集团领导班子到基层联系点调研共36次，讲党课15次。党委书记、纪委书记共开展一把手约谈33人次，集体廉洁谈话65人次，各级党组织开展谈话提醒399人次，通过点问题、促整改，不断端正各单位领导班子和主要领导的政绩观和工作偏差。在企业绩效考核、干部考核中体现"党建导向"。坚持将党建考核纳入企业综合绩效考核体系，并将党建和党风廉政建设在综合绩效考核中所占的权重由15%提高到20%。坚持抓好党组织书记述职评议，严格把握评定标准，实施分类测评，坚持优中选优，实现各层级党组织书记全覆盖。对各级党组织负责人的考核首先看其抓党建的实效，对其他党员领导干部的考核也加大这方面的权重，并把考核结果与个人年度绩效考核挂钩，形成聚精会神抓党建的鲜明导向。

（二）深度融合理念

坚持把提高企业效益、增强企业竞争实力、实现国有资产保值增值作为企业党组织工作的出发点和落脚点，坚持以企业改革发展成果检验党组织的工作和战斗力，着力推动党建工作与企业生产经营等中心工作由相加相融阶段走向深度融合阶段。切实加强体制融合。通过出台《重大事项会议决策管理制度》《制度廉洁性审查评估制度》《纪检监察部门参与招投标与采购工作实施办法》，以及组织开展内控流程手册编制和廉洁风险防控，推动"四对接""四同步"。注重加强工作融合。在重要工作安排部署、重大项目建设、重大改革措施推进、与重要业务合作伙伴开展战略合作中，加强党的领导，推动党的建设，推动党建结对共建，使"＋党建"加出优势、加出特色，加出竞争力。大力促进载体融合。坚持每年开展"党建树品牌，经营争先锋"主题实践活动，探索党建工作项目化运作，推动党建＋转型升级、党建＋生产经营、党建＋创新发展、党建＋降本增效等，使"党建＋"加出效率、加出效益，加出生产力。

（三）质量品牌理念

广州发展集团把破解巡查发现和主动查找的新时代国企党的建设面临的各种问题，作为提高党的建设质量的着力点，高标准完成10个巡察"回头看"问题59项整改、联系点建设8个问题162项整改以及8个市国企普遍存在的问题的整改，推动重经营、轻党建问题以及党的建设弱化、虚化等问题得到明显改观。特别是通过市领导党建工作联系点、党风廉政建设联系点、家风建设联系点三个联系点建设在全市国企实现党建工作入章程、两委委员履职宣誓、建立家风建设长效机制等"六个率先"。着眼于巩固和扩大近年来企业党的建设成果，认真研究编写"3456"党建工作模式建设手册，出台推进党支部标准化建设实施办法、考核办法等制度文件，通过加强过程控制、夯实基层基础来保证党建工作质量。鼓励基层打造能彰显本单位特色亮点、与企业经济规模、自身形象相匹配的党建品牌。党建品牌如雨后春笋，从无到有，由少到多，目前在创品牌已达到 33 个，纳入重点培育品牌 10 个，初步涌现出"星火珠电""墙先锋""热力四射""开拓先锋""增效先锋""敬业先锋"等一批具有发展潜质和培育价值的党建特色或品牌。

二　努力打造"四个平台"

（一）党性提升平台

广州发展集团着眼于打造开展思想政治教育、增强党员、党员领导干部党性修养的主阵地、企业新旧动能转换的策源地和红色文化的继承发扬地，以及党员、党员领导干部和入党积极分子党性锻炼的熔炉，在连续两年委托市委党校办班同时，于 2018 年 8 月份成立广州发展党校。通过举办加强党的政治建设专题培训班、党员标兵党性提升班、纪检监察干部培训班、党支部书记培训班、入党积极分子和发展对象培训班、转型发展专题培训班等，培训党员干部、管理人员上千人次。2019 年计划办班 17 期，春季班已于近日开班。

（二）人才成长平台

进一步规范干部提拔使用程序，全面推进干部选人工作全纪实，增强干部选拔任用的精准度。广州发展集团在广州市属国企中率先开发上线廉政档案电子管理系统和廉情分析系统，企业主管以上干部及全体纪检监察干部共 618 名人全部填报廉政档案。加强对干部选拔中的廉洁性审查，2018 年共开展干部廉洁性审查 224 人次，提出暂缓提拔意见 4 人，有效预防带病提拔，确保选拔出来的干部组织放心、群众满意、干部服气。进一步加大跨单位、跨业务干部交流轮岗力度，全年完成集团及二级集团中层及以上领导干部交流轮岗 48 人次，占这类干部的 20% 以上。进一步优化了干部结构、激发了领导干部干事创业的活力。结合企业转型升级和新业态发展需要，明确提出"1355"即"100 名高素质复合型年轻企业管理人才""300 名高水平专家型年轻专业技术人才""500 名高技能工匠型年轻生产技能人才""50 名急需紧缺高端特殊人才"人才库和人才梯队建设计划,为集团下一步业务发展和变革提供人才保障和智力支持。

(三)智慧党建平台

广州发展集团在已开展的"发展党建""学习进行时""指尖上的党建阵地"微平台的基础上,总结基层企业开展"网上党支部"的好做法,坚持与市国资党建中心对接,研究制订具有企业自身特色的智慧党建建设方案,建设集党建宣传、党员教育、党务工作、党建管理于一体的智慧党建平台。智慧党建平台将与党员活动中心同步建设,于 2019 年 7 月 1 日前同步开通。

(四)活动阵地平台

广州发展集团积极推进"1 + N"党员活动阵地建设,按照"一企业一阵地"要求,推动属下企业多样化、多途径、多渠道建设党员活动阵地,建立党员活动室的企业已经达到 34 家,总面积为 1663.4 平方米。在加强党员学习教育、严肃党内政治生活、增进党内政治生活仪式感中日益发挥重要作用。同时,集团还按照一中心多站点目标在集团总部发展中心大厦拟投入500 万元,建设占地约 1000 平方米的党员活动中心等,全方位打造党员政治生活馆。目前已完成方案设计,正在组织公开招标,可望于 2019 年 7 月1 日前建成。

三 着力健全"五个机制"

(一)以加强领导为重点,健全统一领导机制

修订《党委会议事规则》《党委贯彻执行民主集中制制度》。2018 年广州发展集团共召开 42 次党委会议,研究讨论 148 个重大事项,召开党政联席会议 26 次,研究议题 68 个,较好地发挥了党委"把方向、管大局、保落

实"领导作用。还成立集团党的建设工作领导小组，由集团党委主要领导担任组长，班子成员和党委、纪工委部门负责人等担任组员或办公室成员，加强对党的建设工作统筹和协调。

（二）以理论武装为重点，健全学习提高机制

制订《党委理论学习中心组学习制度》《基层党组织"三会一课"工作制度》《主题党日活动制度》等，推动"两学一做"学习教育常态化制度化。2018年，集团党委围绕学习贯彻党的十九大精神、《习近平谈治国理政》第二卷、习近平总书记重要讲话精神等，先后组织举办19次集中学习研讨，属下企业党组织也开展了110次中心组学习。集团党工部还编辑印发《习近平新时代中国特色社会主义思想"关键词"》小册子1700余本，组织撰写1569篇学习体会，向市委宣传部报送的十九大精神征文还被评为全市优秀征文。参与市国资委"建设廉洁国企·推动企业高质量发展"主题征文活动，也有2篇征文获奖，并获得优秀组织奖。集团直属企业党组织也先后组织开展283次集中学习，87场理论宣讲。对推动理论武装工作深入开展起到了很好的促进作用。2018年成为近年来参与面最广、受众最多、学习最为系统的一年。

（三）以明确责任为重点，健全责任传导机制

健全党建工作责任制制度、主体责任纪实制度，广州发展集团共印发贯彻落实全市国有企业党的建设工作重点任务措施清单82项、年度党建责任清单62项、党风廉政建设责任清单74项，并建设党风廉政建设监督评估系统对两个责任落实情况实施在线监督，使各级党组织和班子成员知责明责履责。

（四）以强化落实为重点，健全指导督导机制

修订《领导干部联系基层工作制度》，广州发展集团各级领导班子每个成员都设立基层联系点、联系班组和联系职工，定期深入联系点指导工作、倾听意见，带学督学导学。集团党委还建立党建工作定期不定期督导机制，

及时发现和解决存在的问题。也都普遍建立健全党建工作季度例会制度，加强工作汇报交流，加强对已布置工作的督促检查，促进党建工作抓在日常，严在经常。

（五）以加强考核问责为重点，健全激励关爱机制

全面推行党组织书记抓党建述职评议，修订完善基层党建考核办法，形成 11 个方面 41 个子项目的考核评价标准，以及自评、考评、测评全方位考评体系。广州发展集团还制订党内问责实施办法，对检查考核中发现的管党治党不力、党的建设缺失、维护党的纪律不力等情形实施问责，促进正确履行党建职责。认真贯彻落实中央办公厅《关于解决形式主义突出问题为基层减负的通知》和市委 1 号文件，防止文山会海反弹，加强分类考核，强化结果导向，落实"三个区分开来"，切实为基层减负，为担当者担当，为负责者负责。完善企业激励机制，向贡献大、敢担当、有作为的单位和基层干部倾斜。专门制定驻村干部考核激励办法，在调档晋级上给予倾斜。切实保护干部干事创业的积极性。

四　大力推进"六项工程"

（一）强根固魂工程

完成 52 家属下企业章程修订工作，基本实现国企党建进章程全覆盖，并建立党建入章程工作与项目并购、新建公司同步推进机制。保证党组织发挥作用法定化、组织化、制度化、具体化。通过修订完善党委会议事规则、党政联席会议管理规定，厘清不同治理主体重大决策会议的决策权和权责边界。

（二）"头雁"工程

广州发展集团 2018 年结合基层组织班子建设和换届改选，共任免基层

党组织书记 43 人次。通过选配党性强、懂业务、会管理、学历高、年富力强的党员管理人员担任党组织负责人，使党组织带头人队伍结构得到明显改善，103 名党组织书记中，研究生以上学历占 16.5%，本科以上学历的占 93.2%，45 岁以下占 21.36%。在选优配强基层党组织负责人的基础上，连续三年举办党组织书记脱产集训班，实现 100 多名各级党组织书记全覆盖。选派 20 多名优秀党支部书记参加市委组织部、市国资委党委举办的党支部书记示范班，使党务工作者的思想政治素质和业务能力得到有力提升。

（三）先锋工程

广州发展集团坚持把党组织和党员的先进性建设成效置身于推动企业攻坚克难和高质量发展的实践中检验，紧紧围绕企业中心工作，面向基层，大力推进典型培育和选树工作。属下燃气集团西区分公司越秀抢险队今年被评为第五批全国学雷锋活动示范点。基层党员罗铮被评为广州市优秀共产党员。2017 年开展评选活力党支部（共评出 5 个）及"立足岗位做贡献基层党员标兵"（共评出 50 名），取得良好反响。2018 年结合抗击台风"山竹"，评选出 10 个先进集体和 48 个先进个人。2019 年初，根据主题实践活动开展情况，评选出 5 个先锋党（总）支部、15 个先锋党小组、28 个党员先锋。为推动企业改革发展不断注入正能量，提振精气神。同时还严格标准开展软弱涣散党组织排查和整顿工作，通过领导挂点、定期督导，促进转化提高。整顿转化成效得到市国资委陈浩钿主任的充分肯定。

（四）组织力提升工程

制订印发提升党的基层组织组织力工程三年行动计划，广州发展集团围绕提升政治领导力、组织号召力、发展推动力、自我革新力等 6 个方面提出 21 项工作措施，推动全面从严治党延伸到基层、党的一切工作落实到支部。结合新形势新任务新要求，优化基层组织设置，解决超大总支、超大支部问题，将集团总部党总支升格为总部党委，一个三级企业党总支升格为党委，并进一步优化了部分基层党支部设置。严格党内政治生活，高质量开好党员领导干部民主生活会和党支部组织生活会。各级党组织的政治引领力、发展推动力得到明显增强。

（五）基础保障工程

坚持继承创新，及时总结提炼和固化党建工作成果，广州发展集团先后印发 20 多项党建工作管理制度，初步形成操作性强、有效管用的制度体系；坚持按职数配备各级党组织成员，现有专职党务工作者 70 多名，占党员总数的 4.4%；落实按照"国有企业党组织纳入管理费用的党组织工作经费，一般按照企业上年度职工工资总额 1% 的比例安排"规定，对党组织经费预算及时调整。

（六）凝心聚力工程

坚持党对群团工作的统一领导，推动群团组织增强政治性、先进性、群众性。广州发展集团依托团委成立了读书文学社，组织开展"悦读新时代，争当好新青年"活动，激发青年员工的创造力。组织开展"说说新时代身边的好党员"演讲比赛以及家风建设系列活动等，培育注重认真、追求卓越、和谐发展的企业文化。加强党对统战工作的领导，落实"四个纳入"要求，加强对党外知识分子的教育培养和使用，组织召开统战对象座谈会，举办统战对象专题培训班，最大限度地凝聚起推动高质量发展的智慧力量。目前集团系统主管级及以上无党派干部达到 123 人，具有高级职称的党外知识分子 16 人、重要业务骨干 49 人。

广智集团坚持夯实基础与创新品牌
并重全面推动党建工作的探索实践

广州智能装备产业集团有限公司课题组*

摘 要： 广智集团党委结合集团重组的新情况、新形势，践行"做强保障，做优服务，做大影响"的企业党建理念，着力抓基层、打基础，补短板、强弱项，创品牌、树标杆，构建党建工作新格局，使集团党建工作全面迈入新阶段，进一步将企业党建工作优势转化为推动企业改革发展的竞争优势。

关键词： 党建 基础品牌并重 制度保障 广智集团

广州智能装备产业集团有限公司（以下简称"广智集团"）于 2017 年由原广州电气装备集团有限公司和广州广日集团有限公司联合重组而成立，是 2018 年中国企业 500 强，在 2017 年中国机械工业百强企业中位列第八，现有基层组织 105 个，在册党员 2580 名。

2018 年作为集团起步之年，在抓党建谋发展上存在不足，主要表现在：一是党建与经营深度融合上仍然处于起步阶段，部分下属企业在谋划党建与经营融合方面的意识还不强、能力还不足、办法还不够；二是在全面从严治党责任传导不够到位，下级党组织落实主体责任过多依赖集团党委的布置和推动，缺乏创新性、主动性和持久性，存在"上热下冷""上重下轻""上

---

* 课题组成员：蔡瑞雄，广智集团党委书记、董事长；王福铸，广智集团党委副书记、总法律顾问；邵颖，广智集团党委工作部部长；翁思桦，广智集团党委工作部。

强下弱"问题；三是人才队伍建设整体需进一步加强，人员年龄偏大，定向培养力度不足，高素质人才引进太少，人才队伍储备不足，缺少新鲜血液激活团队；四是基层党组织队伍建设不强不专，由于历史原因，部分企业党建与生产经营脱节，没有独立的党务工作部门，没有配备专职党务工作人员等问题，不适应新时代企业党建工作需要。针对以上问题，集团党委结合集团重组的新情况、新形势，践行"做强保障，做优服务，做大影响"的企业党建理念，着力抓基层、打基础，补短板、强弱项，创品牌、树标杆，构建党建工作新格局，使集团党建工作全面迈入新阶段，进一步将企业党建工作优势转化为推动企业改革发展的竞争优势。

一 强化战略部署，系统谋划党建路径

（一）构建大党建体系，全面强化党委领导

广智集团党委高度重视，善抓契机，成立专门的党委工作部统筹党委工作，按新时代党建和企业发展相结合的要求对组织机构进行整合，全力推进党建进章程工作，从机制上明确了党委工作部的党办、组织、宣传、政法、统战、外事、扶贫、保密等职责地位，同时加挂集团团委牌子，真正形成大党委格局。2018 年上半年已推动 64 户属下企业（含合资企业）基本完成党建进章程工作，明确了各级党组织在公司治理中的地位和职能。2019 年已召开集团党委会议 32 次，审议前置研究或研究决策事项接近 150 项。

（二）突出理论武装，强化政治担当

广智集团党委领导带头开展理论学习、讲授专题党课活动，深入基层党组织开展党建工作调研和指导，强化"四个意识"、坚定"四个自信"。集团党委通过编印学习资料、知识小手册等措施，扎实开展传达学习、专题讨论、集中培训、分头宣讲、督导调研等活动，使十九大精神和习近平新时代

中国特色社会主义思想传达落实到每一位党员，深入到每一位职工群众。自党的十九大以来，共开展学习接近200场次，参与率达100%。

（三）加强顶层设计，构建"123456"党建工作方针

"一"即贯穿一条主线，即深度融合，保障发展。"二"即落实两个责任，即落实全面从严治党和党风廉政建设主体责任和纪委监督责任。"三"即彰显三个作用，即把方向，管大局，保落实。"四"即推动四个创新，即企业党建信息系统管控创新，企业基层党建考评机制创新，企业党员干部队伍管理创新，企业宣传舆论文化载体创新。"五"即实现五个融合，即从严治党与依法治企深度融合，"两个责任"与"两个能力"深度融合，政治优势与竞争优势深度融合，党建目标与企业目标深度融合，党建文化与企业文化深度融合。"六"强化六项建设，即政治建设、思想建设、组织建设、作风建设、纪律建设，把制度建设贯穿其中。

二 强化制度保障，全方位压实责任

（一）推进制度化建设，全方位构建制度体系

广智集团党委按照"先急后缓、统筹推进"的原则，梳理完成了150项制度发布，包括"三重一大"决策管理制度、决策议事规则、财务管理制度、组织人事管理制度、资产管理制度、薪酬管理制度等，确保新集团的平稳有序运行。

（二）全面建立党建工作例会制度

以问题为导向构建集团"书记会议"制度，形成党委工作部部长和重点企业党委专职副书记两周一例会、企业党总支建制以上书记一月一例会、企业党支部建制以上书记一季一例会制度，既实现联系、沟通、交流和管理，更能层层压实和督查督导基层党建工作责任。而创造性地将"书记会

议"轮流安排到各企业现场召开，通过到企业的实地交流和经验分享，在企业间形成良好的相互学习、相互争优的氛围，更有利于新集团融合发展。

（三）实施"挂图作战"工作模式，落实党风廉政建设主体责任

集团党委结合年度党的建设工作部署，梳理《2018 年广智集团党委落实主体责任措施分解表（作战图)》，共分设 6 大履责项目、13 大履责目标、35 项履责任务措施等，按时限要求及时记录体现各级责任人开展党风廉政建设工作调研部署、学习教育和推进落实等履责情况。创新实施党风廉政建设"挂图作战"工作模式，采用"定项目、定目标、定措施、定时限、定责任"落地方式，实行"时间倒排、任务倒逼、责任倒追"工作方法，力求强化担当、压实责任、逼出潜力，以"挂图作战"的姿态和决心，着力在落实主体责任"清单化、痕迹化、常态化"上狠下功夫，有序推进实现主体责任"全方位延伸、无死角覆盖"工作目标。

三　创新党建管理模式，全方位加强基层党建

（一）全力打造集团智慧党建平台

结合广智集团企业党组织分布广、党员人数多的特点，集团党委充分运用新一代信息技术，以"互联网＋"为导向，推动"智慧党建"服务管理平台建设，创造性地设计了积分排行榜、直播间、党建热力图、网上党校、卡片学习、党建互动社区等功能，打造"活力支部""红色阵地"，探索"党务管理智能化，信息维护精准化、党建活动个性化"工作模式。2018 年 7 月集团智慧党建平台已上线运行，截至 12 月底注册使用的用户已接近 1800 人，同时在线人数高达 150 人次，支部党建互动社区已发布党建图文动态近 500 条。

（二）全力推进基层党支部规范化建设

全面推动以"制度化、标准化、流程化"为核心的基层组织规范化建

设工作，2019年7月集团党委编印《党支部标准化建设工作手册》一套三本下发至属下各企业党组织，从党支部组织机构的设置、职责、制度、流程、表格、党支部阵地建设等方面进行标准化管理，并明确了党支部工作标准的考核细则，为党支部标准化规范化建设提供基本依据和具体指南，使党支部标准化建设落到实处。

（三）全力推进集团党建阵地建设

按照"有活动、有阵地、有特色"的方针，全面部署党工团阵地建设工作。一方面整合各方资源打造集团公司总部党建阵地、广日工业园党建阵地和广重集团钟村基地党建阵地，其中广日工业园阵地面积约1000平方米，计划设置7个功能区块，预计能容纳100多人同时开展党建活动，充分发挥党建阵地的功能性和实效意义。另一方面聚焦党建品牌建设，打造汇集集团产业特色、企业文化基因、展示党员队伍风采的"集团总部——二级战略业务单元企业——三级重点骨干企业"的三级党员活动阵地，增强广大党员的向心力、凝聚力。

（四）全力推进支部品牌建设

为了更好地挖掘各党支部和党员的先锋模范作用，广智集团党委在各级党组织推行党支部品牌建设，各企业党支部结合所在企业发展实际，根据各自的特性，开展了一批富有成果品牌建设活动，如价值型党支部、安全型党支部、活力型党支部、创新型党支部、技术攻关型党支部，充分展现不同支部的党建工作特色，极大地带动战斗堡垒和先锋模范作用的发挥。

四 落实党管人才责任，严抓党风廉政建设

（一）开展基层党组织的深调研工作

集团党委书记、副书记亲自带队到集团企业党组织开展全方位的深调研工作，从企业党建情况、党风廉政建设情况和干部队伍建设等状况进行深入

了解和剖析，更好地建立和完善集团党建、党风廉政建设机制体制和人才储备机制，使党建工作与经营工作更好地融合，支撑集团各项事业的发展。2018 年度完成企业党组织深调研 28 次。

（二）强化党组织的领导和把关作用

按照《党政领导干部选拔任用工作条例》的要求，切实注重准确识人、因事择人、依事选人。广智集团党委全面整合现有人才资源，开展"优才计划""猎聘行动"，启动 12 位中层干部的猎聘工作，建立了与新集团管控体系相适应的干部管理体系，调整企业干部任职 20 项次，提拔任用集团中层干部 8 人次。

（三）全力推进基层党建工作述职考评

结合推进落实党组织书记全面从严治党主体责任和抓基层党建工作"第一责任人"的工作要求，实施开展企业党组织书记述责述廉述德活动，采用召开集团党委扩大会议"面对面"述职及民主评议的方式进行，先后对集团直属企业党组织 20 名书记进行了综合考评，民主测评结果均获"较好"以上评价，全部达标。

（四）保持反腐败高压态势

坚持深入履行主体责任，加强年轻干部的党性修养和培养锻炼，注重开展对新任职领导干部的任前廉洁谈话；同时落实选优配强各级纪检干部，要求企业将优秀人才选拔到纪检队伍，切实充实纪检队伍力量。2018 年已开展任职谈话 100 人次、谈话提醒 68 人次、党组织书记述责述廉述德 20 人次，与集团本部各部门和直属企业等 32 个单位签订了《党风廉政建设责任书》，进一步加强了党风廉政建设和教育工作。

（五）切实解决历史遗留问题

全面调整和优化广日股份党委会、董事会、监事会、经理层的建设和领导班子的配备。在广日股份、广柴股份、广州电缆厂等党委建制的企业全面配备党委副书记、纪委书记，设立专门的党群和纪检监察部门。同时，加强信访办理和纪律审查工作，受理信访件9件，应办结率100%，查处违纪违规案件8宗8人，给予诫勉谈话4人，移送线索2宗；按照"分步实施，规范清理"的工作要求，对集团领导干部兼职情况进行了全面的清理，共计清理职务兼职48个，调整任职职务20个。

Abstract

Annual Report on State-owned Assets Supervision and Managerial of Guangzhou in China (*2019*) is co-edited by Guangzhou State-owned Assets Supervision and Administration Commission, Guangzhou University, and the Association of Blue Book Research of Guangdong Regional Development and published nationally. This report is consisting of seven parts, including I. General Report, II. Innovation and Development, III. Mixed Reform, IV. transformation and upgrades, V. Supervision and Management, VI. Social responsibility and VII. State-owned Enterprise Party Construction, bringing together results of the Guangzhou State-owned Assets Supervision and Administration Commission and state-owned enterprises' in-depth research. It is an important reference material for Guangzhou's state-owned economic operation in 2018 and related thematic analysis and predictions for 2019.

In 2018, the performance of the state-owned economy in Guangzhou was generally stable and progressed. The industrial income grew steadily, but the growth of profits, especially automobile manufacturing industry, was slow due to market pressure. The finance industry reversed its downtrend in the first half year, and its performance improved significantly. The scale of commercial services industry grew steadily, but the profitability of industry decreased because of economic depression. The real estate construction industry, although against the market trend, has experienced rapid growth, and the expansion and innovation have achievedremarkable results. In addition, the infrastructure and public service industries were generally stable and the asset-liability ratio has been further optimized. In terms of types of enterprises in 2018, the dominant position of the competitive state-owned enterprise market in Guangzhou was further highlighted. The state-owned net assets of quasi-public welfare enterprises continued to increase. The direct supervision of enterprises was in good working condition, and the profits of entrusted supervision enterprises increased substantially.

In 2019, the state-owned economy of Guangzhou City will further consolidate the foundation of independent innovation, insist on the promotion of mixed ownership reform of state-owned enterprises with listed companies as the mainstay, and vigorously cultivate and develop driving forces for investment in major industrial projects. It is expected that the state-owned economy will make new accomplishments in future years.

Keywords: Guangzhou; State-owned Economy; State-owned Supervision; Municipal State-owned Enterprises

Contents

I General Report

Abstract: In 2018, the State-owned economic performance in Guangzhou was stable and progressive. Income generated by local industries grew steadily, the scale and yield of financial loans increased significantly, and the real estate construction industry rose rapidly, even though against the market trend. In 2019, the State-owned economy of Guangzhou City will further consolidate the foundation of independent innovation, vigorously promote the reform of mixed ownership of State-owned Enterprise, actively cultivate and develop new kinetic energy and it is expected that the state-owned economy will accomplish new results in future years.

Keywords: State-owned economy; Municipal State Enterprise; Guangzhou

II Innovation and Development

Research Report on the Innovation-driven Developments of Guangzhou Municipal State-owned Enterprises

Guangzhou SASAC Development Planning Group / 021

Abstract: Innovation is the first driving force to lead development as well as the strategic support for building a modern economic system. At present, the investment in science and technology innovation of state-owned enterprises in Guangzhou is generally maintaining a rapid growth trend, and innovative benchmark enterprises and innovation platforms are in a leading position in the state-owned assets system of Guangdong Province. However, some state-owned enterprises also have problems of lack of long-term planning for innovation and of insufficient innovation vitality. Therefore, it is necessary to take measures such as strengthening the cooperation platform for innovation of state-owned enterprises and intensifying assessments to further promote the innovation-driven development of state-owned enterprises in Guangzhou.

Keywords: State-owned Enterprises; Research and Development Investment; Guangzhou

Research on the Innovation and Development of Financial Holding Enterprises under the Goal of Building a Modern Economic System

Guangzhou Finance Holdings Group Research Team / 028

Abstract: Facing the rapid shift of macroeconomic growth, economic structural transformation and upgrading, and speeding up of state-owned enterprise reform, The Finance Holdings has core competency in providing a comprehensive financial service for the real economy. Adhering to the stable work philosophy, the Guangzhou Finance Holdings aims to enhance the economic strength of financial services by fully integrating into the construction of Guangzhou's "three centers and one system", by actively implementing the reform of state-owned enterprises, by taking the responsibility of state-owned capital, and by persisting in the innovation of management. The Guangzhou Finance Holdings represents the importance of state-owned enterprises in the road of fully implementing the spirit of 19th National Congress of the Communist Party of China and in building a modernized economic system.

Keywords: Guangzhou Finance Holdings; Innovation and Development; State-ownedAssets and Enterprises Reform

Research on the Construction of Smart Traffic Demonstration Zone in Guangdong-Hong Kong-Macao Greater Bay Area

Guangzhou Public TransportCo. Ltd. Research Group / 039

Abstract: Transportation, as an important support for economic development, is an essential part of the implementation of the regional integration development strategy of Guangdong-Hong Kong-Macao Greater Bay Area, and an essential condition for ensuring economic growth and social progress in the Bay Area. In order to promote the economic integration development of the Bay Area and build a modern urban agglomerated transportation system, this paper researches on the construction of the smart transportation demonstration zone in the Bay Area, clarifies the construction target of the demonstration area, builds the construction framework of the demonstration area, and analyzes the main construction contents based on the framework.

Keywords: Guangdong-Hong Kong-Macao Greater Bay Area; Smart

Traffic; Agglomerated Transportation System

Exploration and Practice of Innovative Development
of Fengxing Milk

GuangzhouFengxing Milk Co. Ltd. Research Group / 047

Abstract: In the case of Country's comprehensively promotion in the development and rejuvenation of high quality dairy industry, Fengxing Milk, the most venerable dairy company in Guangzhou, facing the pressure of market share loss, environmental protection and cost, as well as the development opportunities generated by consumption upgrading and people's longing for a better life, actively explores comprehensive innovations in production and processing technology, operation models and institutional mechanisms to forge a unique core competency.

Keywords: Systematic Innovation; Fused Innovation; Collaborative Innovation; Fengxing Milk

Study on the Brand New Online-Offline Integrated Passenger
Transport Mode of Guangzhou Second Bus Company

Guangzhou Public Transport Research Team / 057

Abstract: Guangzhou Public Transport Company actively adapts to the changes in passenger demand, actively explores the new development of the road passenger operation industry in the new era, and creates a new Online-Offline Integrated Passenger Transport mode. Through the implementation of pilot projects such as customization and business routes, Guangzhou Public Transport has gained both good economic and social benefits, and has explored a reproducible and scalable "passenger-oriented, Internet-based" transportation organization model for the development of the transportation and Customer organization.

Keywords: Customized Transportation; Internet + Transportation; Fused Development; Guangzhou Second Public Transport Company

Research on Innovation and Development of "Smart Retail" Mode

of Guangzhou Friendship Group

Abstract: Guangzhou Friendship Group vigorously implements the innovation-driven strategy, proactively carries out the digital transformation of "physical retail + Internet", deploys and promotes "smart retail" construction projects, and builds intelligent network application terminals with leading levels in the physical retail industry through "three platforms". In the creation of "high-quality, sentimental, trustworthy, intelligent local excellent brand of business", the company has made precise efforts and made new achievements, which has made the "old brand" of Guangzhou Friendship Group continue to renew its "new vitality".

Keywords: Smart Retail; Digital Transformation; Guangzhou Friendship Group

Research on the Integration and Innovation of "Categorical

Innovation + Cultural Creation" of Guangzhou Pearl

River Beer Co. , Ltd

Abstract: In the period when China's economy system is transforming and when the economic structure is optimizing, the integration of innovation and development has become the main factors for revitalizing the real economy. As the representative of "Guangdong Grain and Pearl River Water", Pearl River Beer has deepened the supply-side structural reform as the main goal, adhered to the innovation-driven development, and took the lead in implementing the "model innovation + cultural creation" development model in the industry. With an international perspective, Pearl River Beer has aggregated High-end consumption, modern supply chain, literary and business travel integration and other fields to form a dynamic development model, and promote China's beer industry to the high end of the global value chain.

Keywords: Fused Innovation Development; Categorical Innovation; Cultural value creation; Pearl River Beer

Innovative Research on Tourism Industry's Integrated Development Model of GuangzhouLingnan Holdings Co. , Ltd

Luo Qian / 090

Abstract: In order to accelerate the transformation and upgrading ofLingnan tourism industry from single travel agency, hotel to business travel, accommodation industry, exhibition industry and catering industry pan-tourism ecosystem, Lingnan Holdings explores the industrial integration development model through practice such as Bogus and Sun Tour. The creative integration and complementary matching of resources in the whole industry chain form unique innovation capabilities and new formats such as "exhibition + catering + tourism" and "sports + tourism".

Keywords: Lingnan Holdings; industrial integration; pan-tourism ecosystem

Research on Technology Companies' Establishment of

Innovation and ClosedLoop of the Guangzhou Radio Group

Abstract: In recent years, Guangzhou Radio Group has formed a comparative advantage of innovative closed-loop by building scientific research platform, construct research teams, breaking through core technologies, transforming scientific achievements and protecting intellectual property. By increasing both input and output, Guangzhou Radio Group has promoted the development of high-quality enterprises and created new momentum for sustained growth. This paper summarizes the multi-level innovation system built by the Radio Group using multiple platforms to promote the accelerated development of scientific research results, and has some inspiration and reference for the long-term development of innovative high-tech enterprises.

Keywords: Innovative closed-loop; multi-level innovation system; industry-university research; military-civilian integration

Ⅲ Mixed Reform

Analysis and Prospect of the Mixed Reform of Guangzhou

State-owned Enterprises in 2018

Abstract: This paper takes the three aspects of Guangzhou state-owned capital ownership reform in 2018, the main practices and the next-step targets as the starting point, expounds the important strategic deployment of the Guangzhou State-owned Assets Supervision and Administration Commission in deepening the reform of state-owned enterprises and promoting the healthy development of the state-owned economy. The Guangzhou SASAC also take multiple measures to actively promote the mixed reform of state-owned assets, to stimulate the vitality of enterprises, and to build a positive practice of the integration and development of different ownership economies, and then take the development ofGuangdong-Hong Kong-Macao Greater Bay Area as an opportunity to help create a win-win situation and promote high economic growth, reform and innovation in Guangzhou.

Keywords: Guangzhou State-funded enterprises; mixed ownership reform; integrated development

Investigation Report on the Work of Mixed-Ownership Reform of State-owned Enterprises in Guangzhou

Guangzhou Municipal State-owned Assets Supervision and Administration

Commission Mixed-Ownership Reform Research Group / 115

Abstract: Under the circumstance when the Country is overwhelmingly promoting the "mixed ownership reform" of enterprises, Guangzhou Municipality actively promotes the reform of state-owned assets, and has achieved gratifying results in terms of diversified ownership structure, corporate governance and capital strength. However, there are still many problems in the new mixed-change and employee-holding of the company. It is necessary to actively explore and improve the safeguard promotion measures to promote mixed reform, accelerate the process of the reform of mixed ownership at the group level, and create a fusion of different ownership systems in Guangzhou.

Keywords: Municipal State-owned Enterprises; Mixed-ownership reform; Guangzhou

Contents ↖↘

Research on the Practical Experience of Promoting the

High-quality Development of State-Owned

Enterprises by Mixed Ownership Reform of

Guangzhou Pearl River Piano Group

Guangzhou Pearl River Piano Group Research Team / 133

Abstract: This paper elaborates on the overview of Pearl River Piano Group's effort in promoting reform and development through the reform of mixed ownership system. It systematically analyzes and summarizes the practical experience of the Pearl River Piano Group in the multi-level and multi-faceted mixed ownership reform at the group level and subordinate enterprises level in recent years. Bold reform and innovation are the keys to the growth of Pearl River Piano and aremain factors that makes Pearl River Piano a leading company in the piano manufacturing industry and a leading player in the Chinese musical instrument industry.

Keywords: Pearl River Piano; Mixed Ownership Reform; Reform Practice

Guangzhou State-owned Capital Operation Holdings' Exploration and

Practice of "Capital Management, Mixed Property Rights,

and Development Seeking" *Gao Dongwang* / 142

Abstract: Reforming the state-owned capital authorization management system and developing the mixed ownership economy are important parts of state-owned enterprise reform. Guangzhou State-owned Capital Operation Holdings, the first state-owned capital investment operation company of Guangzhou, has come up with multiple empirical measures focusing on "capital management and mixed property rights" and has achieved good results. Guangzhou State-owned Capital Operation Holdings' research reveals that the goal of capital management is to createvalue, that key of the mixed property rights is to inspire vitality, and key of development is to focus on reform and innovation.

Keywords: Guangzhou; State-owned Capital Operation Company; Capital Management; Mixed property; Development

Ⅳ　Transformation and Upgrade

Investigation Report on Industrial Transformation and Upgrades of State-owned Enterprises in Guangzhou

Guangzhou Municipal State-owned Assets Supervision

and Administration Commission / 149

Abstract: After 40 years' rapid economic development, the growth rate of Chinese economic has slowed down in recent years, and the economic growth has shifted from high-speed to medium-high speed, from scale-type extensive growth to quality-efficient intensive growth, from factor-driven investment to innovation driven. All State-owned enterprises are facing problems in adapting to the evolution of China's economic transformation, which is more advanced in form, more scientific indevelopment, more complex in division of labor, more rational in structure, and more open. This paper takes Lingnan Group, Shuitou Group and Guangzhou Restaurant as samples to study the industrial transformation and upgrading of state-owned enterprises in Guangzhou, and puts forward feasible opinions.

Keywords: Industrial Transformation and Upgrades; State-owned Enterprises; Guangzhou

Contents ↰

Practical Research on State-owned Manufacturing Enterprises'

Leading on the Transformation and Upgrading

of Traditional Industries with Comprehensive Innovation of

Guangzhou Pearl River Piano Group

Abstract: Facing various development challenges and opportunities brought by local economic, Guangzhou Pearl River Piano Group insists on institutional innovation, technological innovation and management innovation to promote the transformation and upgrading of enterprises from traditional musical instrument manufacturing to comprehensive musical instrument business. Taking institutional innovation as Primary force, Pearl River Piano Group promotes the optimal allocation of production factors and the development of industry with the innovation of science and technology and with the help of the capital market. Pearl River Piano's practical experience of transforming and upgrading with innovation and development has enlightened the vitality and sustainable development of state-owned enterprises in the new era.

Keywords: Pearl River Piano; Innovation and Development; Transformation and upgrading

Practical Research on Expanding Gas Business and Building

Gas Energy Industry in Iron and Steel Enterprises of

Guangzhou Iron and Steel Enterprise Group

Abstract: In the case of shutting down the steel production base and losing large users, the Guangzhou Iron and Steel Group has vigorously expanded its gas business andvigorously built an emerging gas energy industry, which has achieved good results in industrial transformation and upgrading. The exploration and practice of Guangzhou Iron and Steel Group proves that the innovative development mode is an effective way for enterprises to accelerate their growth, and the vitality of enterprise is based on macro-industry upgrading.

Keywords: Gas Business; Emerging industry; Guangzhou Iron and Steel Enterprise Group

V Supervision and Management

Investigation Report on the "One List and Two Matters" System of Guangzhou State-owned Assets Supervision

Guangzhou Municipal State-owned AssetsSupervision

and Administration Commission / 182

Abstract: This research report is based on the reform approach of "transformation based on management of capital", exploring the issue of institutional construction and the legal basis of the SASAC. The research elaborates on problems raised by enterprises in the "deep research", and conducts an analysis to explain the issues that need to be resolved as soon as possible in terms of rights and responsibilities. On the basis of absorbing the achievements of the State-owned Assets Supervision and Administration Commission of the State Council and the local state-owned assets commissions in the construction of the system of rights and responsibilities, the proposes a clear positioning (investor positioning), focusing on a transformation (transformation of capital), insisting on two combinations (decentralization and supervision), highlighting the "four focus", promoting "four enhancements", and achieving "two measures", state-owned capital efficiency, state-owned enterprise vitality, to improve the system of rights and responsibilities

Keywords: Investor; List of Rights and Responsibility; State-owned Capital; functional transformation

Contents

Research Report on Strengthening Financial Management
of Quasi-public Enterprises

Abstract: Through a comprehensive survey of state-owned enterprises in Guangzhou and some state-owned enterprises in the transportation industry, it is found that some quasi-public enterprises have high asset-liability ratio, unreasonable debt structure and weak profitability. These issues will further deteriorate, and may have a negative impact on the implementation of the future infrastructure investment projects in Guangzhou. Therefore, it is recommended to establish a financial prevention and control system for quasi-public welfare enterprises by adhering to the party management enterprise, stabilizing policy support, guiding enterprises to optimize debt structure, improving independent blood production capacity, and strengthening enterprise supervision.

Keywords: Quasi-public Welfare Enterprise; Financial Risk Prevention and Management; Financial Management

Research Report on the Cross-service Pilot of Secretary
of the State-owned Enterprise Discipline Inspection
Commission and Chairman of the Supervisory Committee
of Guangzhou Municipality

Abstract: The cross-service pilot of Secretary of the State-owned Enterprise

Discipline Inspection Commission and Chairman of the Supervisory Committee of Guangzhou Municipality has enriched the means of supervision by the Commission for Discipline Inspection, effectively enhanced the authority of the Board of Supervisors, and achieved great results in enhancing supervision and synergy and in improving supervision effectiveness. However, there are also problems in defining the responsibilities of the discipline inspection and supervision department and the supervisory board. Therefore, the independence of the full-time supervisors is difficult to guarantee and it is necessary to further reform, innovate and accelerate the construction and improvement of the state-owned enterprise supervision system with Chinese characteristics.

Keywords: Discipline Inspection and Supervision; Board of Supervisors; Joint Supervision

Research Report on the Construction of Comprehensive Supervision Mechanism for Guangzhou State-owned Assets Supervision Enterprises

Guangzhou State-owned Assets Supervision and Administration

Commission's "deep research" research group / 219

Abstract: The main focuses of state-owned enterprises and supervision institutions in Guangzhou is to construct a comprehensive supervision mechanism that serves both the board of supervisors and other supervisory bodies, to further improve the system, to clarify responsibilities, and to ensure that comprehensive supervision is effective. Through investigation, this paper, while analyzing the current status of the comprehensive supervision mechanism of enterprises, focuses on the research of constructing supervision and closure, strengthening work coordination, improving supervision chain, strengthening problem verification and strengthening the use of results.

Keywords: Comprehensive Supervision; Mechanism Construction; State-owned Supervision Enterprise

Contents

Research on Financial Management Reform Driven
by Financial Shared Services
—*Case study of Guangzhou Metro Financial Shared Service Center*

Guangzhou Metro Group Research Team / 229

Abstract: In the era of shared economy, it is important for companies to learn how to effectively use various resources. Based on case study of the construction of the financial sharing service center of Guangzhou Metro, this paper analyzes how to build a financial shared service center in Guangzhou Metro, how to formulate risk response strategies from multiple perspectives and how to make good use of the value brought by financial sharing to enterprises, in the context of international situation and national policy. Meanwhile, the report also elaborates on the changes on financial management brought by shared financial services in terms of the stratification of financial personnel functions (financial staff divided into three levels: strategicfinance, shared finance, business finance), comprehensive budget reform, and development of new technologies in the intelligent era.

Keywords: Shared Services; Financial Sharing; Management Change; Guangzhou Metro

Research on the Multi-level Supervision System of State-owned
Enterprises under Investment Directorappointment System of
Guangzhou Automobile Group

Wang Xiao / 237

Abstract: Through comprehensive research supported by Guangzhou Automobile Group's board of directors, finance directors appointed by shares holder companies, Board of Supervisors, and Audits, this paper analyzes the operation status and implementation effect of GAC Group's financial director appointment system, and puts forward suggestions for continuing to improve the financial director appointment system.

Keywords: Investment Company; Financial Director; Appointment System; Guangzhou Automobile Group

Research on Risk-oriented Value-added Internal Audit System of Guangzhou Pharmaceutical Holdings

Guangzhou Pharmaceutical Holdings audit Research Team / 247

Abstract: Regarding the changing economic environment, ways to transform and upgrade internal audit has been widely discussed both in the theory and in practice. Based on the practical experience of Guangzhou Pharmaceutical Holdings, this paper constructs a risk-oriented value-added internal audit model and its implementation path, and explores an effective way for internal audit to play the role of "preventing risks and improving efficiency". The paper concludes that it is significant for companies to have risks under control in order to increase their profits and efficiency.

Keywords: Risk-oriented; Value-added; Internal audit; Guangzhou Pharmaceutical Holdings

Research on Risk analysis of State-owned Enterprises Group's reduction on Leverage of GuangzhouLingnan International Enterprise Group

Kang Kuanyong Lin Zengtong / 257

Abstract: Under the circumstance where the market leverage rate is generally high, the reduction of leverage has become one of the most important goals for state-owned enterprises to prevent and control risks. Taking the experience ofLingnan Group as an example, this paper discusses how the state-owned enterprise group can establish an effective mechanism to resolve the problem of high leverage and controlling debt risk, providing other state-owned enterprise groups with case experiences.

Keywords: state-owned enterprise group; reduce leverage; prevent and control debt risk

VI   Social Responsibility

Research on Financial Enterprises' Practice of Social Responsibility with Inclusive Finance of Guangzhou Finance Holdings

Guangzhou Finance Holdings Research Team / 267

Abstract: With the continuous development of inclusive financial business, the connotation of inclusive finance has continued to be rich, and its influence has been extended to promote economic growth, serve the general public, help the poor, and support green development. This paper actively explores the relationship between inclusive finance and financial enterprises' social responsibility from the aspects of economic growth, supporting the development of small and medium-sized enterprises, providing perfect financial services and making good effort on poverty alleviation. It analyzes Guangzhou Finance Holdings' inclusive finance, elaborates on the experience of Guangzhou Finance Holdings in fulfilling social responsibility, and summarizes inspirations gained from inclusive financial practice.

Keywords: Inclusive finance; Social responsibility; Small and Micro enterprises

Case Study of Guangzhou State-owned Enterprises Taking Social
Responsibility and Helping Poverty Alleviation

GuangzhouVanlead Group , Guangzhou Light Industry & Trade Group ,
Guangzhou Development Group Joint Research Team / 276

Abstract: This paper focuses on the measures and successful experiences of
GuangzhouVanlead Group, Guangzhou Light Industry& Trade Group and
Guangzhou Development Group to fulfill the social responsibility of state-owned
enterprises, to innovate, to assist industries and to help poverty alleviation. Such
experience was reproducible, experienced, productive and worth promoting.

Keywords: social responsibility; precise poverty alleviation; industrial
poverty alleviation; state-owned enterprises

Practical Research on Financial Enterprises' Gradual, Infiltrated and
Cross-borderedways to Promote Rural Revitalization of
Guangzhou Rural Commercial Bank

Guangzhou Rural Commercial Bank Research Team / 292

Abstract: In recent years, Guangzhou Rural Commercial Bank has actively
explored new types of cooperation, and continued to exert its efforts in channel
innovation, technological innovation and service innovation. It has promoted the
implementation of the rural revitalization strategy in a gradual, infiltrated and cross-
bordered manner, and fully promoted the deep integration of urban and rural
areas' development in Guangzhou.

Keywords: Cross-bordered Cooperation; Rural Revitalization; Guangzhou
Rural Commercial Bank

Ⅶ State-owned Enterprises' Party Construction

Investigation and Countermeasures on the Current Status

of Party Construction Work in Guangzhou Mixed

Ownership Enterprises

Abstract: Strengthening the party construction work is basis of enterprises' development. The party construction work of mixed ownership enterprises has its obvious characteristics and practical difficulties. This paper investigates and analyzes the current status of party construction work in all of Guangzhou's mixed ownership enterprises, and discusses the possible improvement.

Keywords: Party Construction Work; Mixed Ownership Enterprises; Guangzhou

Research on the Countermeasures of Activating the "Nerve

Endings" and Opening up the "Last Mile"

of the Grass-root Party Construction

Abstract: The difficulty of party building work is at the grassroots level, and the highlights are also at the grassroots level. In the historical process of advancing the new great project of party construction, it is vital to activate "nerve endings" and revitalize the ideal of macro-development of the grass-root party construction. At present, the grass-root party construction work of Guangzhou state-owned enterprises has achieved good results in overall, but there are still some shortcomings. In the future, it is necessary to further enhance political positions, take the party's political construction as the guide, and unswervingly strengthen the party's overall leadership over state-owned enterprises. What's more, the enterprise must seize the "nerve endings" of the party branch and promote the whole progress and integrity of the grass-root party organizations.

Keywords: grass-root party construction; the state-owned enterprise; Guangzhou

Strategic Study on Encouraging the Entrepreneurial Motivation of Party Members in the New Era

Guangzhou SASAC Party Committee Study Group / 319

Abstract: Under the new era, it is shown that the party members have stable ideological status but still present relatively low anxiety; they pay more attention to the working atmosphere but their motivation needs to be improved; their working ability has been exerted but they tend to be in a stable progress and fearful of innovations; the satisfaction for job accomplishment shows a high level but Partymembers lack a strong sense of professional identity; they have skills and strong capabilities for work, but they are easily falling into a panic for how to exert them. This paper analyzes the reasons from three aspects: ideology, system and motivation. In addition, the paper starts from the "intrinsic motivation", highlights the "four inspirations", breaks through the "external environment", improves the "four mechanisms", and proposes several strategies to inspire the party members to create entrepreneurial motivation.

Keywords: Entrepreneurship; Motivation; the Party Members; Guangzhou

Research on the Model of Integrated Party Construction of Guangzhou Metro Group's "Red Horn" Project

Guangzhou Metro Group Research Team / 333

Abstract: In order to response to the goal of "new era subway", Guangzhou Metro proposes to build a "red horn" integrated party construction project, to use the party's principle as foundations of enterprise development, to assimilate party's leadership into all areas of enterprise management and to integrate the party construction into all aspects of construction and production management at all levels. The project also plans on expanding organizational coverage, integrating party construction resources, innovating party activities, playing an organizational role, leading the development of the metro industries and therefore provide strong support for the construction of Guangzhou as nation's major city and the construction of the Guangdong, Hong Kong and Macao Bay area.

Keywords: Red horns; Big Party Construction; New Era Subway

Innovative Research on Party Construction Work in Mixed Ownership Enterprises of Guangzhou Automobile Group

Guangzhou Automobile Group Research Team / 344

Abstract: The development of a mixed ownership economy is an important measure to deepen the reform of state-owned enterprises. A successful party construction in mixed ownership enterprises is the goal of Chinese new era. Such party construction is facing multiple challenges such as funding issues, profit problems, and non-state-owned recognition. Responding to such challenges, Guangzhou Automobile group strives and contributes to the party construction work by actively adapting to the laws and requirements of mixed ownership enterprises' development, by taking party construction as main power, and therefore promotes of high-quality development.

Keywords：Mixed Ownership Enterprise；Party Building；Guangzhou Automobile Group

Research on High-quality Construction'sLeading on the High-quality Development of Guangzhou Development Group *Zhan Gaojie* / 353

Abstract：The Party Committee of Guangzhou Development Group closely cooperates with enterprises to explore the "3456" party construction work model, and constantly consolidates the three party construction concepts of "maximum political achievements", "deep integration" and "quality brand" to build four working platforms including party spirit growth, talents development, intelligent party construction and activity positions. In addition, the committee also strives to perfect the five mechanisms of unified leadership, learning improvement, responsibility transmission, guiding supervision, and inspiring care, to promote six projects of strengthening the party spirit, strengthening organizational power, unifying people, guaranteeing basic rights, pioneering, selecting role models, to promote party construction, to maintain strict party management in the grassroots level and to promotes the high-quality development of enterprises with high-quality party construction.

Keywords：State-owned Enterprise Party Construction；Party Construction Model；High Quality

Research on the Effectiveness of Pragmatism and Innovation on Promoting Party Construction of Guangzhou Intelligent Equipment Group

Guangzhou Intelligent Equipment Group Research Team / 362

Abstract：The party committee of Guangzhou Intelligent Equipment Group combines the new situation and circumstances of company restructuring, and implements the concept of " building a strong guarantee, providing excellent service, and making a big impact", by focusing on the grassroots level, laying the foundation, complementing shortcomings, analyzing strengths, creating new brands and setting benchmarks. The work of committee brings a new party construction environment, leads the party construction in the company to a new stage, and further transforms the advantages generated by party construction into market competency that promotes enterprise reform and development.

Keywords: Party Construction; Equal Weights of Brands; Systematic guarantee; Guangzhou Intelligent Equipment Group

图书在版编目（CIP）数据

中国广州国有资产监督管理报告.2019／陈浩钿主
编. -- 北京：社会科学文献出版社，2019.12
ISBN 978 - 7 - 5201 - 5835 - 0

Ⅰ.①中… Ⅱ.①陈… Ⅲ.①国有资产管理 - 研究报
告 - 广州 - 2019 Ⅳ.①F123.7

中国版本图书馆 CIP 数据核字（2019）第 272999 号

中国广州国有资产监督管理报告（2019）

主　　编／陈浩钿
副 主 编／陈江正　涂成林

出 版 人／谢寿光
组稿编辑／任文武
责任编辑／高振华
文稿编辑／李　昊

出　　版／社会科学文献出版社·城市和绿色发展分社（010）59367143
　　　　　地址：北京市北三环中路甲 29 号院华龙大厦　邮编：100029
　　　　　网址：www. ssap. com. cn
发　　行／市场营销中心（010）59367081　59367083
印　　装／三河市尚艺印装有限公司

规　　格／开 本：787mm×1092mm　1/16
　　　　　印 张：25.5　字 数：387 千字
版　　次／2019 年 12 月第 1 版　2019 年 12 月第 1 次印刷
书　　号／ISBN 978 - 7 - 5201 - 5835 - 0
定　　价／98.00 元

本书如有印装质量问题，请与读者服务中心（010 - 59367028）联系